本书作者　全国武术比赛冠军　骆广才先生

作者简介

骆广才　本名骆光财，1962 年出生于浙江义乌的一个武术世家，毕业于浙江大学体育系，教育学学士，现为义乌市机关公务员，在义乌市体委工作多年，从事体育宣传和群众体育，主抓武术工作。历任中国武术协会会员、浙江省武术协会理事、金华市武术协会顾问、义乌市体育总会秘书长、义乌市武术协会主席及名誉主席，国家一级武术裁判、一级散打裁判、一级武术教练、健身气功教练。为《体坛报》特约记者，《义乌体育》主编，经常在国家、省、市级新闻媒体及国家体委《体育工作情况》发表稿件；多次参加浙江省武术挖掘整理工作。

自幼开始习拳，博采各家之长，功夫精湛，十多次获得全国传统武术比赛冠军、全国武术之乡武术比赛冠军，还受到了国家体育总局武术运动管理中心、中国武术协会领导的亲自授奖。值得一提的是，作者的软器械绳镖堪称一绝，曾在全国多项赛事中勇夺冠军，还赢得了"绳镖王"的美誉。担任过全国武术比赛、浙江高校武术比赛、浙江省散打比赛的裁判长等；担任过金华市公安系统武术散打比赛的总裁判长以及驻地武警部队的格斗套路创编和教学工作，其有效指导还使地方武警部队在参加上级组织的比赛中获得佳绩。

作者为传承与传播传统武术文化而著书，先后出版的著作有《太极拳实战用法》《武术散手技法》《武术套路集成》《传统杨式太极拳》等，总字数 206.8 万字。可以说，这些都是作者几十年从事武术事业的经验总结。

作者的父亲骆朱瑞先生　　　　骆朱瑞获全国武术比赛金牌

骆朱瑞　1926 年出生于浙江义乌的一个武术世家，自幼习武，身怀绝技，擅长硬功，曾获全国传统武术比赛金牌；2015 年创造了 90 岁参加全国传统武术比赛年纪最大的纪录，得到了国家体育总局武术运动管理中心、中国武术协会领导的亲切接见和关怀。骆朱瑞的太公骆祖流为国学生，是清朝的武举人。

　　2014 年 5 月 17—19 日，骆朱瑞先生参加在江苏徐州举行的 2014 年全国传统武术比赛获得金牌，并获"体育道德风尚奖"。

（图片来源：国家体育总局新闻中心　记者：中国体育报蒋亚明　2014 年 5 月 22 日）

王百容先生　　　　　　吴根法先生　　　　　　孙久才先生

王百容（原名王溥慈，1889—1986），浙江义乌人，时任上海国术馆文书，师从太极拳宗师杨澄甫先生学习杨式太极拳，晚年回乡，在义乌弘扬传统杨式太极拳。作者在义乌市体委工作时，拜访过王百容先生，受到了王百容先生的言传身教。

吴根法　1945 年出生于浙江义乌，历任义乌市武术协会副主席、顾问。从小习练民间传统武术，后来师承太极名家王百容等，潜心研练和推广杨式太极拳术，把古老的杨式太极拳发扬光大。作者师从吴根法先生学习民间传统拳种。

孙久才　山东省梁山县梁山泊武术学校总教练、国家级非遗梁山梅花拳十八世代表性传承人。作者师从孙久才先生学习民间传统拳种。

　　2010年6月21日，全国武术之乡武术比赛闭幕式在陕西宝鸡隆重举行，国家体育总局武术运动管理中心副主任、中国武术协会副主席陈国荣先生（左一）给刚刚获得冠军的本书作者（右二）颁发金牌和获奖证书。

　　2013年5月25—29日，全国传统武术比赛在江苏徐州体育馆隆重举行，亚洲武术联合会技术委员会主任、国家体育总局武术运动管理中心副主任、中国武术协会副主席陈国荣先生（中）亲切看望年龄最大的运动员骆朱瑞先生，并与骆朱瑞父子合影留念。

2015 年 5 月 26—28 日，全国传统武术比赛在福建邵武市隆重举行，国家体育总局武术运动管理中心副主任、中国武术协会副主席张玉萍女士亲切看望 90 岁高龄的运动员骆朱瑞先生，并与骆朱瑞先生合影留念。

2015 年 6 月，中国武术九段、国家武术研究院专家委员会专家、国家级武术教练、中华武术百杰、浙江省武术协会副主席陈顺安在义乌与作者（右）合影留念。20 世纪 70 年代作者少年时，陈顺安先生时任浙江省武术队总教练，他带领省武术队到义乌推广武术，作者学习了绳镖、对练等多个套路；作者还曾多次到省武术队训练基地学习，受到陈顺安先生的言传身教和精心培养。

2015 年 6 月，浙江大学体育系教授、博士生导师、国际 A 级武术裁判林小美在义乌与作者（右）合影留念。作者多部专著的出版得到了林小美教授的精心指导和极大鼓励。

2015 年 10 月，作者（右）在杭州与时任浙江省武术专业委员会主任、浙江大学体育系武术教研室主任吴忠农合影留念。作者在杭州大学求学期间（1981—1985 年），吴忠农老师担任作者所在武术班和武术队的老师，作者为武术班班长、系武术队队长。恩师言传身教，细心指导，讲授理论，示范动作，对作者的成长起到了极为重要的作用。正是在恩师的悉心培养下，作者才能在那时练就扎实的武术基本功，并对武术有了更深刻的感悟。

2015年10月，中国计量大学教授、硕士生导师季建成在杭州与作者（右）合影留念。作者在杭州大学求学期间，季建成老师担任作者所在武术班和武术队的老师。恩师言传身教，细心指导，讲授理论，示范动作，对作者的成长起到了极为重要的作用。

2015年11至12月，作者（左一）参加国家体育总局健身气功管理中心在昆明举办的全国健身气功教练员培训班，并获得合格证书。图为浙江省学员与全国著名健身气功教练、丽水学院副教授晁胜杰博士（右二）合影留念。晁胜杰恩师还是国家体育总局健身气功精英培养对象、健身气功援外教练，《健身气功·八段锦》《健身气功·易筋经》《健身气功·太极养生杖》等功法图书参编者，丽水市古琴协会主席。

　　2020年11月义乌第十届武林大会隆重举行，图为作者与中国龙狮运动协会裁判委员会副主任、浙江省龙狮运动协会副主席、金华市武术协会副主席、浙江师范大学副教授骆春燕师妹在工作时的照片。

　　2014年7月5-7日，作者参加在湖南东安举行的第十一届全国武术之乡武术套路比赛，经过奋力拼搏，最终技压群雄，获得绳镖、对练两项冠军。图为作者在东安一中体育馆留影。

　　2015年5月26—28日，作者参加在福建邵武举行的全国传统武术比赛，获得两项冠军。

作者的女儿骆艺自幼酷爱习武，在美国留学期间不忘练习中国武术，弘扬中国武术文化。

（图为骆艺在美国纽约大学获硕士学位留念）

1996年作者与爱人、女儿在北京合影留念。

作者为增强耐力坚持长跑，几十年如一日。2017年绍兴国际马拉松比赛获得21.0975公里同龄段55人中第一名。2019年11月参加绍兴国际马拉松比赛，以3小时19分59秒的成绩跑完42.195公里，获得同年龄段110人中第五名；12月参加永康马拉松比赛，以1小时32分49秒的成绩跑完21.0975公里。

（图片与成绩来源：马拉松官网）

母校大学体育系八一(3)班毕业留影

杭州大学体育系 1981 级（3）班毕业留念，前排左起第一人为作者

新闻媒体对作者的报道

冬练三九

　　昨天，义乌迎来2012年的第一场雪，让许多市民兴奋不已，纷纷走出家门，用相机、手机拍照留念，全然忘了寒冷的侵袭。

　　早晨，绣湖公园，一男子光着膀子在雪中练着绳镖，他就是2010年在宝鸡举行的全国武术之乡武术比赛中获得金牌的骆广才。他在锻炼间隙，还高声唱起歌曲《传奇》。记者问他冷不冷，他风趣地回答："我这样锻炼，就像农民在田里干活，全身是汗，还会冷吗？"

记者 高和平 摄

（2012年1月7日《浙中新报》）

绝 活

　　昨天下午，为期两天的"体彩杯"义乌市第二届武林大会在义乌绣湖体育馆落下帷幕。本届武林大会共吸引了 62 支代表队的 915 名武术爱好者参赛，其中包括 10 多名常驻义乌的老外。本次大赛分武术各类拳种、各类器械竞技、传统单练、对练等 40 多个项目。备受义乌武术界关注的"金台拳"在本次武林大会上首次亮相，给现场观众留下了深刻印象。

　　图为义乌知名拳师骆广才在开幕式上大秀绝活"绳镖"，他的这套拳术在重庆 2012 年 7 月 20 日举行的第九届全国武术之乡武术套路比赛中，为义乌武术代表队夺得了唯一一块金牌。

记者杨霄 王志坚 摄

（2012 年 12 月 17 日《浙中新报》）

传统

杨式 太极拳

骆广才 著

Chuantong Yangshi
TAIJIQUAN

ZHEJIANG UNIVERSITY PRESS
浙江大学出版社

图书在版编目（CIP）数据

传统杨式太极拳 / 骆广才著. — 杭州：浙江大学
出版社，2022.5
　　ISBN 978-7-308-22526-7

　　Ⅰ．①传… Ⅱ．①骆… Ⅲ．①太极拳—基本知识
Ⅳ．①G852.11

　　中国版本图书馆CIP数据核字（2022）第061758号

传统杨式太极拳

骆广才　著

责任编辑	王元新
责任校对	阮海潮
封面设计	春天书装
摄　影	卢国良
摄　像	徐武军
出版发行	浙江大学出版社
	（杭州市天目山路148号　　邮政编码　310007）
	（网址：http://www.zjupress.com）
排　版	杭州林智广告有限公司
印　刷	杭州宏雅印刷有限公司
开　本	787mm×1092mm　1/16
印　张	26.5
插　页	6
字　数	547千
版 印 次	2022年5月第1版　2022年5月第1次印刷
书　号	ISBN 978-7-308-22526-7
定　价	148.00元

前言

武术又称国术，是以中华文化为理论基础，以具有技击内涵的动作为基本内容，以套路、格斗、功法为主要表现形式的中国传统体育项目。武术是中华民族的古老国粹，在中华民族这片故土上世相传习、历久不衰，凝聚了数千年来中华儿女智慧的结晶，承载了中国传统文化的思想精华，是以身体动作诠释中国文化的生动载体，是民族宝贵的文化遗产。经历了代代宗师的呕心沥血，千锤百炼，以至渐成系统，日臻精良。其形式之多样、内容之丰富、技艺之严谨、理论之通达，不愧为一门强身健体、攻防技击的体育科学，一宗熠熠生辉、璀璨夺目的民族文化。

太极拳是中国武术宝库中独树一帜、构思特异的一颗明珠。它的文化内涵非常丰富，因为它植根于中国几千年传统文化的沃壤之中，它那根须深深扎进了中国传统哲学、传统医学、传统养生学、传统军事学、传统心理学、传统美学等多学科的广袤而深厚的领域。它是中国传统文化的积淀，是"人文与科学"融合一体的产物。周文王说："文武一道。"孔子说："有武事者，必有文备；有文事者，必有武备"。太极拳最突出的文化内涵，一是以中国古典哲学《易经》的太极阴阳和谐辩证法为拳理依据；二是以道家养生典籍《黄庭经》和传统医学的经络学说为内功依据；三是以戚继光《纪效新书》中的《拳经》为拳术依据。

中国传统文化人生哲理的核心，是一个"道"字，"一阴一阳谓之道"，"物一无文"；而循道处世的要诀又是一个"德"字。"道"即是人生哲理之大道，是人类观察世界、认识世界、改造世界的思想方法，又称思维方式。"德"即"凡事先修德"；习武者"习武先修德"。老子说，"道生一，一生二……"，其"一"即太极。太极分则为阴阳，阴阳合则为太极。"阴阳思维，整体调节"为道之妙用。太极图的整体性及其阴阳互根、阴阳对称、阴阳变化的螺旋形式等特征，与太极拳密切相关。

恩格斯指出："由矛盾引起的发展或否定的否定——发展的螺旋形式"（《马克思恩格斯选集》）。阴阳作为事物运动的两个方面，对立统一于太极拳运动之中，这是太极拳物质运动的源泉。太极拳以阴阳哲理为纲，以阴阳相济为运动之质，以顺逆螺旋为运动之形。太极拳所有大小动作都是以腰部为总机关（枢纽）的立体螺旋运动，体现了立体螺旋的整体劲和螺旋劲。所谓"一动无有不动"，其"一"者，腰也，丹田也。拳论云："四肢一动顺逆缠，所有动作走弧线。周身处处皆掤圆，立体升沉呈螺旋。"周身如龙似蛇，纵看立体螺旋，横看环环相套，如旋风、旋涡，又如江河滚滚、滔滔不绝，既具有健身性，又有技击性和艺术性。

"拳法之妙，在于运劲，运劲之要，在于阴阳互根。"习拳就是千方百计保持自身平衡，推手就是想方设法破坏对方平衡。"来，则顺势捋；去，则顺势发。""以其人之力，还治其人之身"即所谓"借力打力"。因为太极拳的文化内涵极其丰富，所以人们称之为"文化拳"。它把健身、护身、修身融为一体，是一种完整的人格修炼术，不仅锻炼人的体格，而且修炼人的性格、品质、思维方式等，是人体科学的组成部分。爱因斯坦说："科学，是一本永远写不完的书。"

越是民族的，越是世界的；源于中国，属于世界的太极拳作为中国传统文化遗产和人类非物质文化遗产已经成为全人类共有的精神、文化财富，是强身健体、预防疾病、体疗康复的重要手段之一。中国传统医学有三个比较明显的特征：一是辨证施治中的整体观；二是阴阳平衡论；三是经络学说。这三个特征与太极拳的拳理极其一致。根据阴阳学说，"生命就是对立运动"，唯动、唯静都不完整。太极拳的微妙之处在于运动中达到"动静平衡"。正如艺术理论家温克尔曼说的一种状态："就像海的深处永远停留在寂静里，不管它的表面多么狂涛汹涌。"

当今，太极拳作为中国古老的文化遗产，深受全世界人民青睐，成为促进东西方文化交流的重要桥梁和纽带。美国《时代》周刊提出，"中国的太极拳，是最完美的运动"；俄罗斯《文化报》提出，"中国的太极拳是一种整体健康术"。甚至有不少国际友人因为迷恋太极拳而喜欢上中国。2020 年 12 月 17 日太极拳被联合国科教文组织列入人类非物质文化遗产代表名录。

传统太极拳是太极拳传承和发展的"源头活水"。为了能比较系统地整理和继承我国的武术文化遗产，以便进一步推广，造福后代，作者受母校浙江大学出版社之托，对有关太极拳方面的内容包括已出版的书籍进行了精心整理，反复修订，并收集了大量资料，开始了这本书的编写工作，可谓日夜兼程，奋笔疾书。本书旨在挖掘传统拳种，推广传统技法，传承民族文化，弘扬民族精神。全书共分六章，内容包括太极拳的拳理拳法、武德、传统杨式太极拳、传统杨式太极剑、传统杨式太极枪、桩功。内容丰富，拳种珍贵，技法独特，讲究实战，图文并茂，生动形象，是一本适合广大读者学习和传承传统杨式太极拳的武术教材。作者的示范视频，读者可通过扫描书中的二维码观看。

练好太极拳必须抓住三个基本环节：守规矩、明拳理、懂劲道。只有精通拳理，把规矩而强壮的外形与充实而完整的内劲，融会贯通、完美统一，方可达到较高的境界。拳论云："收之，气归丹田；发之，气贯四梢。"即使在冬天练习太极拳也会感觉四肢发热，这是真气充足和外溢的现象。太极拳运动"养浩然之正气，炼通灵之肌体"，抒发自己宽阔的胸怀和高洁的情操，不仅仅在于肌体功夫深厚坚实，更在于唤起内在的精神力量。"练拳练体练人格。"孔子说："德不孤，必有邻。""仁者寿。"拳的神韵正是一个人的品质、道德修养的再现。希望读者"从难、从严、过细地下功夫"，身心兼练、内外兼练、形神兼备，天人合一，顺应自然，达到思通千古、胸怀宇宙的思想境界。

太极拳是大道，理精法密，博大精深。书中的内容是以前人研究成果为基础，前人留下的太极功夫，造诣高深，功法独特，作为宝贵遗产有待进一步挖掘、整理、传承、弘扬，笔者所能做到的，不过是有限的继承和发展。由于本人水平有限，编写时间仓促，书中存在错误和不周全之处，敬请各专家不吝赐教，以便再版时有所改进。书中"桩功"由中国科技大学王丁虹老师作技术示范，在此表示谢意！王丁虹是全国武术套路锦标赛武式太极拳冠军、全国太极拳比赛吴式太极拳冠军、武英级运动员、运动健将。

杨叔子院士指出："一个民族，没有科学技术，一打就垮；没有精神和文化，不打自垮。"中华优秀传统文化是中华民族的根和魂，是我们最深厚的文化软实力，是我国的独特优势。文运同国运相牵，文脉同国脉相连。2017 年 1 月，中共中央办公厅、国务院办公厅发布《关于实施中华优秀传统文化传承发展工程的意见》，第一次以中央文件形式专题阐述中华优秀文化传承发展工作。在新时代，只有用好中华优秀传统文化的宝贵资源，把跨越时空、超越国度、富有永恒魅力、具有当代价值的文化精神弘扬起来，以文化人，以文育人，才能不断提高国家文化软实力，推动社会主义文化强国的建设。中国武术是中国文化的经典代表，传承和弘扬中华优秀传统文化是每个中华儿女应该做的，作者身为武术爱好者和工作者，更当义不容辞，志在把民族的国粹武术文化以教材的形式传承于世界文化之林，传播于百姓之中，强民，惠民，为民，乐民；做中华优秀传统文化的忠实传承者和弘扬者，"路漫漫其修远兮，吾将上下而求索……"

骆广才

2022 年春节于义乌绣湖之畔

目 录

第一章　太极拳的拳理拳法

太极拳是中国几千年灿烂文化的历史产物。明末清初，中国武术泰斗、河南省温县陈家沟陈氏第九代陈王廷（1600—1680），在祖传拳术的基础上，研究了多种传统拳术。其中，包括明代抗倭将领、民族英雄、军事家、武术家戚继光编著的《纪效新书》中的《拳经》，从其32个拳式中吸取29个拳式。陈王廷博采众家之长，结合中华传统哲学、中医经络、道家导引吐纳、养生功法、《易经》太极阴阳等学说，荟萃了中华传统武术、医学、哲学、兵学、美学、运动学诸多优秀文化，融技击、健身和养生功能于一体，创编了具有内外兼修、刚柔相济、阴阳开合、虚实转换、快慢相间等特点的太极拳。太极拳动作柔和、缓慢、轻灵，符合人体生理规律和大自然运转规律，因老少皆宜、延年益寿而备受推崇，在武林独树一帜。

经过一代代宗师的传承和发展，太极拳已形成陈、杨、吴、孙、武、和等诸多流派。杨式太极拳源于河南省温县陈家沟的陈式太极拳。河北广平府（今永年县）人杨福魁（1799—1872），字露禅，是杨式太极拳的创始人。自幼家贫好武，在陈家沟人陈德瑚于永年开的中药店中干活。陈见其忠实可靠，聪明能干，便派其至陈家沟家中做工。适逢陈长兴借陈德瑚家绛帐授徒。杨心中十分羡慕，有心拜师学艺，但因每日事多，抽不出空闲时间，又怕陈不收自己为徒，便于工余时间，在一旁观看陈氏师徒练拳，时间长了，竟有所得。后被陈发现，见其是可造之才，不但不怪罪他，反而大胆摒弃门户之见和江湖禁忌，正式收其为徒。杨露禅十八年中三下陈家沟，深得太极拳精髓。

杨露禅学得陈式太极拳后，经介绍到北京教拳。当时洋枪洋炮已经输入中国，有人感到面对洋枪洋炮，拳术的攻守技击作用将会减弱，于是出现了"详推用意终何在，益寿延年不老春"的思想，主张武术向健身防病方面发展。当时跟杨学拳的人中，不乏官僚和统治阶级中的上层人物。这些人，平时生活奢侈而体弱多病，谈不上刻苦锻炼。据此，杨露禅在教学过程中逐渐将陈式太极拳中的跳跃、震脚、跌岔和显于外的刚劲等动作，改为不跳、不震、不跌、不速的动作，并对陈式太极拳套路中的缠丝劲做了改动，使整个太极拳的姿势较为简单，动作柔和易练，后又经其子杨班侯（1837—1892）、杨建侯（1839—1917）修改，产生了小架和中架，杨建侯之子杨澄甫（1883—1936）在祖传基础上再次修改定型，这便是目前流行的杨式太极拳。杨式太极拳的特点是形态姿势舒展大方，速度缓匀，刚柔内含，轻沉兼有。杨式曾发展为大小两架，自小架传入吴家后，杨式不复再传小架。

杨澄甫在修改定型杨式太极拳的同时，著有《太极拳使用法》《太极拳体用全书》，对杨式太极拳理论进行了阐述，并身体力行，在北京、广州、杭州、上海以及国外等地收徒传拳，是杨式太极拳的一代宗师。

第一节　太极拳的基本功法

杨式太极拳的基本特点是自然、舒服、合适、柔和、轻灵、圆活、优美、大方；讲究"道法自然"，即身体的一切部位都要自然，听其自然，任其自然，求其自然，得其妙领；周身合适，谓之"万法通"。自然，意气才能放松舒散出来。练拳时全身放松，心情舒畅，悠然自得，自得其乐，面带微笑，充满自信；松、稳、慢、匀，如长江流水，连绵不断。外如行云流水，内似腾云驾雾。如下半身在水里，上半身在水上，腰在水面，有漂浮感。太极拳一开一合都要舒服，起点要舒服，运行要舒服，终点要舒服，变换要舒服；自己练着舒服，别人看着舒服；自己感到心里美，别人看着欣赏美。太极拳之美，不仅在于造型，而且在心、在神、在韵、在功，做到美的造型与美的意境相统一。练拳要心意纯真、拳势工整、阴阳合德、天机活泼、一片神行。

一、身法

（一）头颈部

1.虚领顶劲

虚领顶劲又称虚灵顶劲，虚领，就是颈部放松；顶劲，就是头自然上顶。虚领顶劲是太极拳之纲，提纲挈领才能领带全身。顶劲上领，身躯轻灵，是整个运动之关键。百会穴的顶劲与丹田、会阴穴的沉劲，上下形成一条相吸相开的轴心线。上有提劲，下有沉劲，物必自直而端正。顶劲领起来，自然会有灵机，如鸡冲、蛇行、马跑，都是顶起头来。百会与天虚虚相接，包括身体，更包括心灵。百会领起，头顶引领，以头领身，劲领全身，神贯于顶，心境平静，精神自然提起，有利于运动轻灵，意气贯通，松沉直竖，中正安舒。

头部端正，有利于保持身正平衡、重心稳定。头部达到要求的具体表现是，下颏微收，颈项和衣领的后部微贴。要在虚灵，微有顶劲；如果顶过了，身体就会僵硬。所谓"头顶悬""提顶""吊顶""竖项"，都是要求头顶正直，意念向上虚空，与全身保持中正安舒。头部自然上顶与天虚虚相接，天是没有实质的，是虚的，一想就已经顶着天了；不要想着顶一个硬物；既要避免颈部肌肉僵直、僵硬，又不可东偏西歪、自由摇晃。僵硬则气血不能流通，头歪则身体不能平衡。当头自然上顶和身体自然松沉，产生一个上下对拔的感觉，有利于脊椎的拉伸和身法的灵活。面带微笑，身体放松。

2. 以眼为纲

眼睛是五脏之精华，精气神之窗口。"百拳之法，以眼为纲。"眼为心之苗，眼为心之先锋。眼要平视。眼神与动作，主要是手的方向保持一致；"眼以看敌为主，余光左顾右盼"。意动势随，头随身动。神聚于眼，目光四射，炯炯有神，威而不猛，精神贯注，神态自然。目光的转移，应当先于动作，凡意欲去何处，必须目光先去。不能低头下视，在"进步栽捶""搂膝指裆捶"中目光下扫也不能低头，不能丢掉顶劲。练拳做到"三到位"：眼神到位、劲力到位、动作到位。眼神不到位而动叫作妄动。

所谓眼神，指太极拳运动时结合神意气的集散，通过视线所及处的转化来体现内在精神、气势的一种方式。眼神的运用要配合形体动作和意气走向的一开一合而一收一放，使周身内外上下皆一致，神意气相合。眼神的运用以意领气，体现在视线的轨迹上，放时向前延伸，收时向回含收。放时，将眼中的内气从两眼的外角松弛地放射出去；收时，将放出的眼气由茫然一片的视野中渐渐向中间聚拢，再由眼部正中尽收眼底。

技击练法与养生练法对眼神的要求不同。技击练法时神意气从手指通出体外一至三尺，穿透对方身体，然后把通出去的内气画个弧沿原路收回体内，进行"内外气交换"，既增强功力，也有利于养生；同时，眼神放远，也要收回，做到有放有收，只放不收则伤内气。养生练法时神意气从"中心"达于四周，到手心、脚心为止，再从手心、脚心回到"中心"，手脚有气感即可；眼神不必向外扩展延伸，到手即收回，眼神内敛（内含），蓄而不露，内视丹田或平视，视而不见。

3. 呼吸自然

（1）自然而然、顺其自然，是呼吸的关键，这叫"呼吸自然"。初练太极拳者，应该以自然呼吸为主。练拳时一般鼻吸鼻呼，以自然为准。按照自己的习惯和需要进行呼吸，该呼就呼，该吸就吸，动作和呼吸不要互相约束，切不可屏气，以免伤身体。动作熟练后，有意识地引导呼吸，使其更好地适应劲力与动作的要求，这种呼吸叫"拳势呼吸"。比如动作接近完成时，劲力沉稳坚实，肩胛内含，胸腔收缩，沉肩、虚胸、实腹，应该有意识地呼气；用力含蓄轻灵，肩胛开放，胸腔舒展时，应该有意识地吸气，这叫"开吸合呼"或"蓄吸发呼""提吸沉呼""起吸落呼"。例如，做起势时，两臂慢慢平举时吸气；身体下蹲两臂下落时呼气。"全身意在精神，不在气，在气则滞"，"以意运气，非以力使气"，就是指动作和呼吸要自然协调配合，不可机械勉强。

"拳势呼吸"的运用不是绝对的，主要动作和肩胛开合较明显的动作，做到"拳势呼吸"。在练一些过渡动作或起落开合不很明显的动作，以及个人感到呼吸难以结合动作时，采用辅助呼吸（短暂呼吸）加以调节。所谓"调息绵绵"，调息就是调节呼吸，绵绵就是呼吸不断、细微、深长、均匀。练习者因人而异，速度不同、体质不同、水平不同，动作与呼吸的配合都要顺其自然、从容不迫、舒适安逸，不能勉强；否则违反了自然生理规律，不仅不能得到好处，反而可能造成呼吸的不顺畅和动作的不协调。太极拳呼吸总要自然，符合太极拳"气以直养而无害"的原则。一个动作可以一呼一吸，呼气为出劲，吸气为入劲；也可以几次呼吸。以鼻呼吸，吐故纳新，呼吸连绵，顺其自然。呼则吐肺腑之浊，吸则吞天地之清。

"身动息随"，指动作与呼吸的主从关系，即呼吸应顺遂动作的开合而顺其自然，而不是以呼吸去指挥动作。不能以机械的、勉强的"一呼一吸"来支配太极拳的"一开一合"运动。不要动作等呼吸，也不要呼吸等动作，避免出现憋气和动作忽快忽慢现象，否则会损伤身体。

（2）肺部呼吸与腹式呼吸相互结合：太极拳属于内家拳，注重意念力、丹田力、呼吸力三个方面的内功修炼。只有使肺部呼吸（外呼吸）与腹式呼吸（又称丹田呼吸、内呼吸、胎息）相互结合，才有利于加大肺活量，更好地实现有氧代谢，增强体能。进行胸肺呼吸的同时，重视腹式呼吸。肺呼气时，丹田、命门膨胀有鼓荡之感，胸肺收缩，横膈肌上升——丹田的离心力；肺吸气时，收腹，松胯，丹田、命门放松，会阴穴上提，胸肺膨胀，横膈肌下沉——丹田的向心力。腹式呼吸实质上是丹田这个部位各脏腑收缩和膨胀的功能。肺呼，丹田膨胀；肺吸，丹田收缩。拳论云："张为蓄，弛为用。"是指吸气时蓄劲为张，这时肺容量增多；呼气时发劲为弛，这时肺部松弛。腹式呼吸是催动腰部有力而灵活旋转的一项重要措施。

"浊气去而清气来。"太极拳呼吸法，注重呼气，既有利于呼净肺部之浊气，吸进新鲜之空气，又有利于肌体放松使真气顺任脉下行，气聚丹田。《少林拳术秘诀》云："长呼短吸为不传之秘诀。"《真气运行法》也是注重呼气。现代医学认为，呼气时对神经系统有好的影响。吸气时交感神经兴奋，呼气时副交感神经兴奋。交感神经兴奋时，全身处于紧张状态，心跳加快；副交感神经兴奋时，全身出现舒缓状态，心跳减缓。从人们日常生活情绪观察，欢笑时多呼气，哭泣时多吸气（谓之抽泣）。

除了肺部呼吸、丹田呼吸，还有体呼吸（又叫"毛窍呼吸"）。人体的气体交换由这三个分系统共同实现，三者相互推动、相互交换、相互协调，形成一个完整的呼吸系统，从而促进人体气血的周流和推动各种功能的发挥。练拳时用意念把自己与宇宙融为一体，沐浴于大气之中；用意念打开全身亿万个毛孔，同大自然一起呼吸，吸进大气中一切美好的营养物质，同时把浊气排泄出去。有"人在气中，气在人中"之感。陈鑫云："筋骨要松，皮毛要攻。"（《陈式太极拳图说》）即用意念引导全身放松，内气鼓荡，外形饱满，全身皮毛与大自然之大气相互鼓荡。练拳尽量选择负氧离子多、空气新鲜的地方。起势面向南方，为了顺着磁场方向，借助磁场外力，促进人体与大自然的气体交换，促进人体内气的增长。

（二）躯干部

1. 开胸张肘

所谓"含胸拔背""沉肩坠肘"，指不要挺胸、耸肩、抬肘、翘肘，有利于"松沉直竖，中正安舒"。为了防止凹胸、驼背、塌肩、夹肘现象，"开胸阔背、松肩张肘"有利于松、散、圆，使神意气顺畅通达。"开胸阔背"要自然，是对"含胸拔背"的进一步说明。

开胸是在胸部放松的前提下略伸展开左胸或右胸，并非左右平分之势，便于胸部运化或靠击，此时胸腔肌松开有横向放长之势。拳论云："胸要松开，胸一松，全体舒畅。"开胸要自然舒阔，胸肌放松，胸向外舒阔；开胸不是挺胸、凸胸；背要阔、圆、自然、放松，有向后膨胀展开之感。张肘不是抬肘、翘肘、掀肘，而是肘部下垂时向腰胯的侧下方张；肘尖不是向前、向侧，而是向下。用肘把肩松开，腋窝空虚，有外撑之感，能放馒头；反之，若两臂夹肋，只合不开，不符合太极拳开中有合、合中有开、合开相寓的阴阳原理。肘的要求：一坠，二掤；肘不离肋，肘不贴肋。胸不开，则意气得不到舒畅；肘不张，则肩不能松开，意气得不到松沉。开胸张肘，有利于把意念渗透到对方身上，手指路，活于腕，发于肘。开胸张肘，才能体现精神饱满、体态潇洒、舒展大方的特点，否则容易萎缩和憋气。简言之：胸不开，气不通；肘不张，肩不松。

肩是在向外松开（掤开）的前提下向下沉。正如陈鑫所述："肩膊头骨缝要开。始则不开，不可使之强开。功夫未到自开时，心说已开，究竟未开。必攻苦日久，自然能开，方算得开。此处一开，则全胳膊之往来屈伸，如风吹杨柳，天机动荡，活泼泼地毫无滞机，皆系于此，此肱之枢纽，灵动所关，不可不知。"

2. 轻松腰胯

"腰为主宰"，即意念引导下主宰于丹田内转。丹田内转并非小腹内的脏腑如何运动，而是依靠意念引导、内气鼓荡，使腰椎、腹肌、腰肌之内的小腹包括脏腑，形成一个运动枢纽、核心。丹田内转的起点在海底穴（会阴穴内），劲源在于脚蹬地的作用力，再借大地的反作用力，经过胸腹的立体螺旋（好像胸腹前后有两条阴阳鱼，相互推动，形成整劲），全身蠕动式的节节贯串之劲力击打对方，形成整体的螺旋力，称之为整体劲。运转方法：左右、上下、前后旋转滚动，折叠运化带动全身整体运动。

所谓"起于脚，行于腿，主宰于腰"，即力从施力点（力源）脚到腿到腰，以丹田内转带动腰的旋转，然后通过脊背送至发力点。太极拳运动的关键、精髓在于腰劲。以腰的左右、上下转动引导着劲力、掌握着方向、带动着四肢。"腰不动，手不发"，不论动作大小，都要从腰部起动。例如，用手去拿桌上的茶杯，伸手即到，完全可以腰不动；

但太极拳运动则不然，即使是很小的动作，也要腰部先动，意气由腰、脊背、肩、肘、腕至手；回收也腰部牵动，并且往复皆走螺旋，非顺即逆。这就是太极拳运动的特征之一，即"一动无有不动""周身一家"。

腰部上下应有对拉拔长之意，垂直线在百会与尾闾之间，要求虚领顶劲，尾闾松垂。腰部之前下为丹田，注意内气自然下沉；腰部之后为命门，命门处要有鼓荡之感。呼气发力实腹时，命门处要有向后膨胀之感，符合"前去之中必有后撑""逢前必后""气宜鼓荡"的要求。

海底针、栽捶、指裆捶等动作，是以胯为轴折腰下沉，颈椎、胸椎、腰椎保持斜的直线，百会与会阴对拉，而不是弯腰。

"腰为车轴"，腰如磨盘轴，磨盘转时，轴不能高低起伏、左右摇晃。两腿似船行驶，人如船上的桅杆向前平移，不能摇摆，平送腰胯，松沉直竖，自然舒服，轻灵圆活，用意气舒散腰圈、胯圈。轻松腰胯，尾闾松垂，要向四周放松，而不是向下松，不能把重量都压于膝（脚）上，意找胯尖，感觉尾闾落在水里，没有了；有漂浮感，如站在水里，腰圈在水面，胯圈在水下，肩圈在空中。三道气圈不是硬撑出来的，是意气自然形成；外形动作往往是由气圈的催动而成，体现了运用内劲的威力。

3. 松沉直竖

松沉直竖、中正安舒，维护"大本营"的稳定是练拳的第一要义。关键是百会穴与会阴穴垂直，与两脚心连线的中点，形成垂直线。"四大块都要放松"，即两肩与两胯的放松。脊椎要有松直之感，脊椎包括颈椎、胸椎、腰椎、骶椎，脊椎松直有利于气血畅通。身如古钟，将身体比喻为一座古钟，钟蒂为颈项，钟顶为肩圈，钟顶以下五分之四为腰圈，钟口为胯圈；垂直线为钟绳，钟锤系在垂直线下端，钟锤可在钟口内前后左右直摆。

练拳要身正势圆，做到身法中正，内气鼓荡，达到外形饱满，松透掤圆，筋柔骨正。保持松沉直竖，自然就能中正安舒，胸腹中线（胸窝、肚脐为人体直立的中线）正对前方，一身舒适为万法宗。为了不失中，左右手常常有一只手在胸腹中线前。两腿似船行驶，身躯的进退、旋转保持直竖，平送腰胯，如同船上的桅杆"人随船移"，不能前后、左右摇晃。要求"三直"：上身上下一条直线，小腿立直一条直线，大腿放平一条直线；"四平"：二肩平、二胯平。对拉拔长：前后对拉、左右对拉、上下对拉。内气自下而上沿三关（指人体背后的尾闾关、夹脊关、玉枕关）向前上方升腾，虚灵顶劲，脊椎伸展，尾闾松垂，对拉拔长，即气向上顶，称之为"三关一长"即开。内气自上而下沿三关（指人体背后的玉枕关、夹脊关、尾闾关）沉落时，脊椎缩回（缩不是压缩、收紧），松沉直竖，带动上体缓缓竖直，即气向脚下沉，称之为"三关一竖"即合。"三关一长"气向上顶，"三关一竖"气沉脚底。

尾闾松垂与虚灵顶劲形成对拉拔长，对形体的松沉直竖起着关键作用。尾闾向下松垂，意想它向胯尖两侧乃是四周松散，不能把重量都压于膝（脚）上。练拳时尾闾中正、松垂；技击时尾闾向前。

4. 气沉丹田与丹田内转

此气非呼吸之气，故不以呼吸之进出而论气沉丹田。气者，内气也。丹田者，脐下三寸，乃小腹部关元穴。丹田为人体之重心，中气之枢纽，运动之核心。所谓"气沉丹田"，即丹田为中气运行之根基，无论何时保持全身之放松、重心之稳定；做好"开胸张肘""松沉直竖""轻松腰胯""虚实分明"自会有气沉丹田之效。气沉丹田不是气压丹田，不是意注丹田，不是气冲丹田，不可故意鼓腹、凹腹。丹田放松，意念悟空，意气畅通；反之，丹田紧张，全身紧张，意气阻滞。气涌胸际，上重下轻，脚跟易被漂浮，因此注意内气自然下沉，空胸实腹即丹田真气充足。对身体任何部位，"用意不用力，用意则通，用力则僵"（注："不用力"指：百分之百地放松，而不用僵力、直力、拙力、蛮力、硬力以及单摆浮搁的局部力。太极拳讲究"借力打力"，"四两拨千斤"即以小力胜大力。人体力学原理："力的产生是成对的"，即作用力与反作用力；"力的大小、用力方向、力的作用点"构成力的三要素。恩格斯指出："从静止到运动，就是力的表现"；意念要真，不能过重，过重则滞，有意无意是真意。

内功修炼中"丹田力"即腰力，其实质就是一种丹田呼吸法。把丹田呼吸（内呼吸或腹式呼吸）与胸肺呼吸（外呼吸）结合起来，采用腹式呼吸，使丹田鼓荡起来，以增强腰部的螺旋力。不论是呼是吸都要气沉丹田。

肺吸气：小腹（丹田）收缩，命门自然回收，腹部放松前后收缩，胸肺膨胀，肺部吸进氧气及其他营养物质增加，并循动脉进入血液，循经络与元气、水谷之气合为真气，下归丹田。横膈肌下沉，推动丹田之真气向下、向后，沿督脉弧形上升，即拳论所云"气贴脊背""敛入脊背"，谓之"入劲"。同时，真气沿手三阳、足三阴"气归丹田"，再经会阴上升入督，气聚命门（小周天的下半圈）。

肺呼气：腹部膨胀（前丹田、后命门、下会阴、上横膈，都向外膨胀），横膈肌上升，肺部排气功能加强。此时，任脉之真气继续下沉丹田，督脉之真气则一部分"力发脊背""气贯四梢"；另一部分上升百会，再向前弧形下沉丹田（小周天的上半圈）。同时真气沿手三阴、足三阳"气贯四梢"。如拳论所云：从"力发脊背"而"力达四梢"，足蹬手发，上下相随，节节贯串，八面支撑，内劲外发，谓之"出劲"。

丹田内转就是在意念引导下小腹内部内气以及各种脏器的多向蠕动。这种蠕动，离不开腹肌、腰肌、髋关节、骨盆等的配合。丹田运动就是在大脑指挥下以丹田为核心的骨盆运动。其"运动空间"后有命门、前有丹田、会阴之上、横膈之下，即在两个髋骨之内、之上，肚脐之下的小腹部。通过腹腔运动，腹肌增强，腰部的螺旋力加大。所谓"炼精化气"的鼎炉，就是强调丹田即肚脐以下的小腹的运动。丹田内转就是裆部走一个横8字。臀部左翻右沉，右翻左沉；小腹的收缩、膨胀推动着丹田部位的运转，从而带动腰部的运化，腰间好像有两条鱼，一阴一阳，相互推动，形成立圆。骨盆运动（前后、左右、上下、斜向、横向等多种立体螺旋方式）带动全身的螺旋式运动，形之于外则为"顺逆缠丝""胸腰折叠"诸形式。丹田内转是胸腰运化的"万向轴"，而充实的真气（内气）的运行则是胸腰运化的"能量流"。内气（真气）由命门贴脊背，经大椎，至肩、肘、手。丹田内转与四肢、躯身动作完全协调一致，叫作"一气贯通，周身一家"，即整劲。拳论云："腰不动，手不发"；"内不动，外不发"。习拳时，小腹内气鼓荡，翻江倒海；外形则转臂旋腕，旋腕转臂，旋踝转膝，以丹田内转为核心（原动力），贯串整体一系列的螺旋运动，非圆即弧。丹田上下旋转可以促进任督二脉的沟通；横向旋转可以促进带脉的通畅，斜向潜转还可以沟通其他经脉。

（三）下肢部

1. 圆裆松膝与裆走下弧

所谓"两尖相对裆自圆"，指两膝、两脚尖的方向相同，胯如拱桥裆自圆。两脚互为其根，两腿似一腿，如同一根U形钢筋倒插地。身体重心不是水平移动，而是沿内气路线节节贯穿。为防止膝盖受伤，做弓步时后腿前蹬，前腿向后微撑，即后腿蹬，前腿撑，称之为"蹬中有撑""撑中有蹬"；坐步时做到"撑中有蹬渐后坐"，即撑展前腿，屈蹬后腿（不可主动屈膝），两脚互为其根。

裆走下弧，是为了在倒换重心时保持下盘的稳固，增强骨盆运动，而采取的一种锻炼方法。如云手由重心偏左移偏右，或由重心偏右移偏左时，胯再松一下，在松胯、塌腰的条件下，"走锅底形"把重心移到另一侧。前辈强调"不许把重心扛过去"（即不能走上弧，或平移）。一般动作大小腿夹角大于90°（仆步、坐盘等除外），两大腿的下侧横线比平行线高，裆部（会阴穴处）微微沉一下，走一个下弧线，而不是大起大落，"像坐在板凳上一样，稳稳当当的"（陈发科语录），裆部仍然保持一个拱圆形的上弧线。这种锻炼方法运动强度大、难度大，有利于重心下移、稳固下盘、增强体力、增强内功；有利于养生之道"上虚下实"的修炼。因此称太极拳运动为"活桩"。

2. 实脚转身

实脚转身能使劲自脚起，产生缠丝劲，促进下盘稳固，这是杨式太极拳的重要特征。如左转身以腰胯左转带动右脚尖内扣，以脚跟为轴。以丹田为轴承、为枢纽、为核心带动全身，非圆即弧、非顺即逆。转动时，肩胯相合，肩胯同转。尾椎骨向旋转方向。

阴阳虚实之间的转化"劲由内换"，皆由腰胯（或腹球）转动。向左转时，左腰眼微上抽，以右腰眼托起左腰眼；向右转时，右腰眼微上抽，以左腰眼托起右腰眼；两个腰眼一虚一实，以实托虚，虚实转换，行不外露。

"逢转必沉"：转身时尾骨引领，支撑腿必须松胯下沉，有升有沉，有上有下，体现轻沉兼备的风格；"两竖"：脊柱与支撑小腿垂直于地面；"四平"：二肩平，二胯平。"逢沉必领"：转身时百会领起，头顶引领，上下对拉，保持立身中正。全身上中下盘形成一个球，胸腰形成一个螺旋的轴。所谓"胯找脚跟"或"上下对拉"，目的使脚跟、踝、膝、大腿和胯的外侧在同一垂直平面上，并与肩井穴在同一立轴上，达到虚实分明，旋转自如。为防止膝关节扭伤，当脚内扣时先动脚大拇指，继动膝关节；外摆时先动小脚趾尖，继动膝关节。

3. 足心吻地

脚要轻要松，迈如猫行，如探深渊，如履薄冰，如踩荷叶，如同踩在水上漂着的葫芦上。脚心放松，不可"五趾抓地"，不能把重量都松沉到脚上，意想脚心与地接吻，脚趾自然舒展，这样才能全身放松。意贯涌泉穴，不可用力下沉；意想脚底下有个圈，劲向周围散开。练拳时意在脚心，前进时脚跟先着地，后退时前脚掌先着地。出去之脚，可以在上身和重心不移的前提下轻灵地收回来。转身一般以脚跟为轴，脚掌擦地外展或里扣，切忌脚尖翘起。以脚掌为轴转动时，脚跟擦地外展或里扣。

人体最好的稳定状态是两脚基本平行站立的姿势，称之为"稳定角"。如云手时在两脚平行的情况下，腰部运转自如。拳论云："运化为圆，落地为方"（天圆地方）；"圆之出入，方之进退"。

两脚之间的着意点分为"五点"：前足心为第一点，后足心为第五点，两足正中为第三点，第一、三点之中为第二点，第三至第五点之中为第四点。如两脚开立（立身中正）时，着意点在第三点即尾闾松垂点的后面，与第一和第五点形成一个三角形，稳固下盘。如弓步时，意念落于第二点，使前腿不僵；做虚步时，着意点在第四点，使后腿不滞。

4. 虚实互根

全身处处有阴阳虚实。从全身看，左右两边一虚一实；左右两腿一虚一实；从局部看，身体各部位都有阴阳。阴阳体现在内劲上，又称之为"虚实"，阴即实，阳即虚，实中寓虚，虚中寓实，虚实互根，虚实互换。

两腿的虚实变换此起彼伏，如跷跷板运动；又好像太极双鱼图，此消彼长，此长彼消。内气由虚腿的涌泉穴、踝、膝、胯，通过腰运送至实腿的涌泉穴。两腿虚实变换要平稳，一腿伸，一腿屈，劲儿由腰传导；实腿用劲儿传到腰，再传到虚腿。所谓"脚下阴阳变，上下一条线"，是指两脚分清虚实，保持立身中正。如果阴阳、虚实不分，成为双重，"双重则滞"。迈步时脚跟先着地，不是形式，而是劲儿的运动。

"不倒翁"玩具不倒的原理，一是只有一个重心；二是底部是圆形的；三是上虚下实。人有两只脚，如何保持重心稳定？即上盘轻灵，下盘沉稳。一是虚实的调整，做到虚实互根，虚实互换，倒换重心时裆走下弧，使下盘沉稳，以维护自身的动态平衡，也称随遇平衡。二是手足虚实的搭配。发劲时，左（右）手向前下方发劲，左（右）脚必然为虚。但是，左（右）手向前上方发劲，则左（右）脚也可以是实。如"白鹤亮翅"亮相动作，右手向右上翻滚、掤架，右脚为实。

所谓的"如意胳膊笤筐腿"中，"如意"好似古代大臣上朝拿着的手板或称朝板。"如意胳膊"，指练拳时两臂伸而不直，缩而不弯。笤筐是放农作物用的竹制笤筐，上圆下方。内气通过腿内侧下沉，腿外侧上升，小腿外掤，命门外撑，将笤筐腿撑开撑圆，腿劲贯顶。

（四）上肢部

1. 两膊相系

两臂相吸相系。两臂总要保持掤劲、保持半圆形。一臂形成半圆形，两臂也要形成一个半圆形（如单鞭、白鹤亮翅）或两个阴阳半圆形（如云手）。

臂之劲走"三节"。出劲即肩、肘、手，入劲即手、肘、肩。三节劲体现了"击首，尾相应；击尾，首相应；击中，首尾呼应"之技击原理。运劲时肩、肘、腕、手，要节节贯串、节节放松，如把自己的手扔（抛）出去。

两臂运动距离要相等，总须前手去，后手跟；不能一手动，一手停，谓之"两膊相系"。两臂一臂伸，另臂一缩，劲儿由肩传导，屈肘进身，直肘退身。根据"内气路线""两臂似一臂""一动无有不动"等原则，两手运动是节节贯穿、虚实分明、阴阳转换、对拉拔长等相互联系的，两臂关联似张弓，两臂形成圆形。如白鹤亮翅两手逆时针转一圈，即右手向右上方撑劲，左手向左下方采劲，两手向同一个方向前进，"两臂撑圆人似球"，这就是"两膊相系"。

2. 骨升肉降

当手臂向前向上运行时，手臂上的皮肉好像松垂地挂在骨头上，称之为"骨升肉降"。从单臂分析，当手掌向前运行时，神、意、气、筋、骨节节贯输前伸，肌肉、皮向后；反之，当手掌抽回时，神、意、气、筋、骨节节向后，肌肉、皮向前。从"两臂似一臂"分析，右手将神、意、气、筋、骨由肩、肘、腕、掌、指节节贯输前伸，左手皮、肌肉由肩、肘、腕、掌、指节节后退。或者说左伸右缩、右伸左缩。这都属于皮、肌肉和筋骨的对拉拔长运动。所谓"练拳不要练成挂在肉桩上的死肉"，就是要求松沉。拳谚云："十指松，全身松；一指紧，全身紧。"

3. 力走螺旋

丹田如同一个向外膨胀的球体，带动周身运动，形成一个立体螺旋劲。太极拳运动的宗旨，就是使人体形成一个内气充足、向外膨胀、带有弹性、螺旋运动的球体。阴阳鱼的鱼头、鱼尾旋转变换。全身好似一个庞大的气球，立体的球面，包括横圈、竖圈、斜圈。身形、手形都是意带动旋转；技击时，旋转对方。腰化运转，如龙如蛇。

"两手转来似螺纹"，练拳时旋臂转腰胯，产生螺旋劲。所谓"手走弧形臂要旋"，就是两掌在划弧形的同时，两小臂不停地内旋和外旋，如同地球绕着太阳沿椭圆轨道公转的同时，不停地自转。手臂的各个关节、肌肉，自然放松，节节贯串，松软灵活，富有弹性（弹簧力），犹如鞭绳。练拳时手臂不能用力，不能伸得笔直，要曲蓄有余。所有动作非圆即弧，纵看立体螺旋，横看环环相套。

4. 灵活腕手

手是"听劲"的"耳朵"和"侦察兵"；"听劲"是太极拳功夫的第一项基本功。推手时，一只手上有九个力点（五指、大小鱼际、掌心、掌背）；两只手就有十八个力点或接触点。

凡是由顺缠转逆缠，或逆缠变顺缠，必须塌腕再转化。顺变逆，先走大鱼际；逆变顺，先走小鱼际。解脱对方拿住手腕或反拿时走螺旋劲，变换手法时走折叠劲，也叫活腕，"转关在肩，折叠在腕"之谓也。

意气通过手的接触点，渗入对方体内；手管意气出去的方向。从脊、肩、肘发劲儿，从中指根出，食指、小指指方向。无论哪种手法，包括坐腕（塌腕）、挺腕、提腕，腕关节不能影响气血畅通。水管的弯太多，水就不通了。坐腕时手背与小臂的夹角约为120°，根据腕部的柔韧性，因人而异。直腕（平腕）、鼓腕使手势松软平直，手背与前臂在同一平面上，有利于意气顺畅通过腕手，有助于内劲从中指根发出。坐腕舒指时平侧立掌，指斜向扬起；舒指（扬指）即指关节放长，指肚松。手不活在于腕，腕不活在于肘。活于腕，发于肘。

所谓"下塌外碾"，是指塌掌根，力求塌至对方脚跟（依靠意念力），运用沉肩、坠肘、塌腰、松胯，借地之力，使掌根产生既沉又向前滚动的力量（下塌外碾劲），把对方之力碾出去。即着眼对方之脚跟，以下塌外碾劲，力过其根，力摧其根。这是破坏对方平衡的着眼点、着手点、落脚点。

握拳时五指卷屈，拇指压于食指、中指第二指节上；握拳不可太紧，外紧内松，拳要虚握，拳心要虚（内虚外实），拳面要平，拳有弹性，有"运时散手，着人成拳"之说。钩手时五指第一指节自然捏拢，腕微屈，虎口撑圆（表达内气鼓荡，外形饱满），掌心空，五指露缝，保持意气畅通。钩手含手掌解脱、擒拿、腕背攻击等含义。掌要"五指露缝掌洼心"，五指自然舒展，掌心微合，虎口呈弧形；手背弓，手心虚，手掌松，指微屈。如穿掌时力点在指尖，托掌时力点在大鱼际，切掌时力点在掌根外侧，撩掌时力点在掌背，云手时有掤、化、捯、塌、沉、切、采、抄等多种变化。练拳时用好腕，把手空出来，意想两掌掌心含有气球，球越小越好，无论手形状如何，掌心都含球，掌心向上时托着球，向下时吸着球，侧向时黏着球，技击时把球按入对方身体。三尖相照：手尖（出力点）、鼻尖、实足尖相照应；手从口（胸口、心口）出。

二、架势

太极拳有十三个基本架势，包括掤、捋、挤、按、採、挒、肘、靠、前进、后退、左顾、右盼、中定。其中，八大基本功法是掤、捋、挤、按、採、挒、肘、靠，简称"太极八法"。掤劲是太极拳劲的共同特征，捋、挤、按、採、挒、肘、靠等七种劲都是掤劲的延伸，或者是使用的角度不同，或者是使用的部位不同而已。八种劲相生相克，都是因敌变化而变化无穷。掤、捋、挤、按为四正手法，採、挒、肘、靠为四隅手法。四正指前后左右四面，四隅指斜进与斜退四方。在民间曾流传"八法"歌诀：前掤、后捋、上挤、下按；近身肘、贴身靠、里採外挒劲法妙。"前进、后退、左顾、右盼、中定"称五步，统称"八法五步"或"十三势"。含义如下。

（一）掤劲

拳谱云："掤劲义何解，如水负舟行，先实丹田气，次紧顶头悬，周身弹簧力，开合一定间，任尔千斤力，漂浮亦不难。"意思是说掤劲要像流水一样能够漂浮起重载的船只，以丹田为核心，以头领身，周身弹簧力犹如波浪起伏，轻松掀起对方。我与对方如同船与水的关系，船大体轻，则船的浮力大；船小体重，则船容易下沉。假设对方是船，我就是水；假设对方是水，我就是船。相互依靠、相互利用；还要波浪一样有起伏地进行。

掤劲不是凭借双手的拙力，而是以身中垂直线催动肩、腰、胯三道气圈将内劲掤出。掤劲从桡骨出，以食指引领，食指吊臂。掤时右手从胸口出，右臂撑圆，意气从身体中心点（胸腹中线与两乳的十字线交叉点）膻中穴向四周舒散、膨胀，如向水中投石，水纹向外扩散，形成肩圈、腰圈、胯圈。意气舒散不是平面的，不是横圆，而是立体的，斜立圆，扩散成一气球。

掤劲是发劲之本，是由内往外的弹性劲，是一个圆形的八面支撑之力，是一个周身饱满的合力，是整体之劲、浑圆之劲。人体如同一个太极球，当对方按我时感觉到的弹性就是掤劲，有膨胀之意、爆炸之势。每一个动作都可以产生掤劲，可向任意方向运用，所以有"出手含掤似围墙"之说。

（二）捋劲

拳谱云："捋劲义何解，引导使之前，顺其来势力，轻灵为丢顶，引之使延长，力尽自然空，重心自维持，莫被他人乘。"意思是说：捋劲要顺对方来力方向，将其来力引进落空。捋时多以掌粘搭对方的肘、腕，向自己身体左右侧后下方顺势下捋，以自身的肩圈、腰圈、胯圈"三圈之旋转"带动手臂化解来势；三分向下、七分向后。捋时把自己的劲儿渗透到对方的劲源中去，沿对方来劲儿方向把劲源引到自己身上来，拔劲根儿，使之脚跟掀起。

（三）挤劲

拳谱云："挤劲义何解，用时有两方，直接单纯力，迎合一劲中，间接反应力，如球碰壁还，又如钱投鼓，跃跃声铿然。"意思是说：当对方来力时，我之挤劲要使其像球碰在墙壁上、铜钱投在鼓面上一样被反弹回去。挤劲含有弹簧力，用气球"崩"对方的"中"，平面碰平面，气宜鼓荡。对方硬则我软，对方软则我硬。挤不凭拙力而靠内功，平松腰胯，右肘对准右膝，以身中垂直线催动肩、腰、胯三道气圈将内劲挤出。

（四）按劲

拳谱云："按劲义何解，运用如行水，柔中已寓刚，急流势难挡，逢高则膨满，遇凹向下潜，波浪有起伏，有空必钻人。"意思是说：按劲像河水急流，波浪起伏势难挡。按时平送腰胯，意气从胯圈、腰圈到肩圈；靠体内十字的水平线催动气圈按出。按劲有掀起的劲儿，如掀箱子盖，内劲直接作用于箱子后侧的合叶上；把意放在对方脚上，掀起对方，而不是简单地向前推。按时立身中正、开胸张肘、松肩阔背、两臂前伸、掌心向前、肘劲走平、前膝意攻对方后膝、整劲发放。

（五）採劲

拳谱云："採劲义何解，如权之引衡，任尔力巨细，权后知轻重，轻移则四量，千斤也可称，若问理何在，杠杆作用存。"意思是说：採劲起着秤杆上的秤砣作用。俗话说："秤砣虽小压千斤。"採劲借力四两拨千斤。採时走立圆，顺对方来劲的方向放对方的劲儿，意从对方脚跟到我的脚跟，把来劲引掷到对方脚下，以对方之劲拨出对方之劲根。以对方发来之劲端，接触我之点作为杠杆之支点，手指指方向，意在其脚尖，发之。採时以肘转圈，顺时针或逆时针方向，把对方的"中"引到我手臂外侧，顺我肘走。

（六）捌劲

拳谱云："捌劲义何解，旋转如飞轮，投物于其上，脱然寻丈，急流成漩涡，卷浪若螺纹，落叶坠其上，倏尔便沉沦。"意思是说：捌劲好似急流漩涡，卷浪旋转，落上之物有下沉抛出之感。捌劲不是拨劲，不是横劲，而是靠腰和肘的弹、抖力捌，用旋转之势，向外抛甩，使对方沿圈边出去；肘指方向，手指反方向，意念从对方后心捌向我身后。捌以腰带动肘的旋转，有两种：一是旋转向下；二是旋转向外。

（七）肘劲

拳谱云："肘劲义何解，方法计五行，阴阳分上下，虚实宜分清，连环式莫挡，开花锤更凶，六劲融通后，用途始无穷。"意思是说：肘法有上、下、左、右、前、后、连环肘等用途，掤、捋、挤、按、採、挒六劲皆与肘劲有关，六种劲法以肘劲为后援，肘劲通过六种劲法发出。肘劲指肘出劲儿，从肘尖"虚射"而出，而不是以肘接触对方。

肘分阴肘和阳肘。阴阳顾名思义：向日为阳，背日为阴。阴肘，小臂外转，把肘放在胸口中，拳心向上，手指方向走立圆，意在对方胸口。阳肘，拳心向下，肘尖出劲，意在对方背后。如单鞭动作，两手在胸前转一圈，做研墨肘动作。肘发劲儿，腰为主宰，意念从肩到肘、腕、手。出劲方法：手指方向，肘发劲儿。如手出不去劲儿，用肘劲儿；如肘劲出不去，手指方向。

（八）靠劲

拳谱云："靠劲义何解，其法分肩背，斜飞式用肩，肩中还有背，一旦机可乘，轰然如捣碓，仔细维重心，失中徒无功。"意思是说：身形得机得势可用肩（背）靠，但应注意重心稳定，否则就会被人所制。靠劲用肩指方向，以肩出劲儿；常和上述七种劲法配合使用。拳谚说："全身上下都是手。"无论是肩、背、胸、腰、胯、肘，还是其他部位，随处能御能放，劲布周身，遍体是手。

（九）前进、后退

前进后退步法配合动作有机地进行变换。身如古钟，钟锤在钟口内前后左右直摆，象征着身体重心的移动；阴阳虚实之间的转化"劲由内换"，皆由腰胯（或腹球）转动。"轻灵活泼虚实走""似圆似方意绵绵"，阴阳作为事物运动的两个方面，对立统一于太极拳运动之中，这是太极拳物质运动的源泉。

（十）左顾、右盼

"顾盼"表明要照顾到身体的左右两侧（"十字之横线"的两端），保持身体的轻灵和平衡。只有充分发挥自己"十字之横线"的作用，才能起到控制对方"十字之横线"的作用。"顾盼"要运用气圈左右逢源。

（十一）中定

"中定"就是要维持好自己的"中"。"中"存则成功，失"中"则失败。"立身中正安舒，方能支撑八面"；从中心出手，向中心收手。掤、挤、按、肘、靠的内劲由中心出手发出；採、挒、捋的内劲向中心收手接回，既要维持自己的"中"，又要控制对方的"中"。

每个架势运行有四个步骤：起点、运行、终点、变换。①起点：腰胯转动，胸腹中线正对方向，方向有四正四隅；意气向四周舒散，形成空、虚、散、圆的大气球。②运行：平送腰胯，垂直前进，立身中正，如船上的桅杆；钟锤（尾椎虚垂线）在二点、四点之间移动，保持平衡。③终点：正姿势"亮相"动作是一松，而不是一紧；神意气稍一集中，立即松开。④变换：接下一个动作。先收回意气，转换腰胯，再进行下一个动作的起点。变换要在快终点时，意气就开始变换，这样衔接才能放松、灵活、顺畅、舒服，达到"松沉直竖，中正安舒"的效果。

第二节　太极拳的内功特点

太极拳属于内家拳，注重"意领形，腰走劲"，即内劲。内劲也叫太极劲，是意念力、呼吸力、丹田带动的整体力的总称。意、气、力的内在结合，即内气和肌体在放松前提下结合起来，从丹田发出的一种螺旋式的弹性力。内劲与外形的完美统一，意、气、力的结合，是太极拳运动的重要标志。身形手势为内劲开出去路，指出方向，使它畅通无阻，但要收回，否则伤内气。其内功特点如下。

一、知己之功

（一）松散通空

"松"，就是全身松和全过程松。全身松包括精神及各关节、肌肉、内脏、皮肤的放松，使身体保持运动中的自然舒展。既要从上向下松、从下向上松，还要由里向外松；既要静态的松、定势的松，还要运动中的松、转换中的松。从上向下松，意气从头到尾闾，沿大腿内微前侧下行，经内踝到脚心涌泉穴，所谓"气贯涌泉穴"，只是意想，肢体不能下沉，尾闾下垂同时向四周散，脚底放松，做到"意降身不降"。从下向上松，意气从脚心外侧向上经外踝向大腿外侧上行至两胯，向四周松散，即涌泉、踝骨、膝、胯、命门、脊、肩、肘、腕、劳宫穴，节节松开，对拉拔长。拳谚云："十指松，全身松。"全过程松指练拳自始至终，每个姿势、每个步骤都要百分之百松，周身节节放松，松到中指肚，送到中指肚，以促进周身气血充盈和循环。只有放松，全身才能圆活、灵敏地体现整体作业；化解对方时，才能四面八方转动。

松为太极拳之灵魂。松的关键是"心气"放松，用意不用力。运动中动犹静，静犹动，意气放松，舒适下沉，舒服自然；切忌故做姿势，自己跟自己较劲。只有松了，才能散、通、空，增强内气，有利于养生；只有松了，才能把神意气输送到对方体内，才能招术结合，以术胜人。

松，以松透为准，何谓松透？

一是松静。先使大脑松静下来，"一静无有不静"，即所谓"洗心涤虑"，排除杂念，使思想纯净地、专一地、全心全意地集中到拳上。只有入静，才会有"一羽不能加，蝇虫不能落"的高度灵敏功能的境界。

二是松展。全身各个脏器、肌肉、韧带、关节处处松开、松展、拉长。拳论云："筋骨要松，皮毛要攻。"全身对拉拔长、逢上必下，逢前必后，逢左必右，"腰以上四成上升、腰以下六成下沉"（陈照奎）。进而要求"展开之中有团聚之意"，开中有合，开合相寓。

三是松沉。除了顶劲上领以外，周身松沉。上肢松肩、坠肘、坐腕，下肢松胯、屈膝、足心吻地。内气下沉、重心下移，使下盘稳固，中、上盘轻灵，达到轻沉兼备。

四是松活。一方面是各个关节轴的松活，另一方面是以丹田为核心带动肢节顺逆缠绕之柔韧性的松活。各关节活动幅度加大，可以四面八方自由地转动。

放松的关键环节是"四块放松"，即两肩、两胯的放松。拳论云："转关在肩，运化在胸腰，而腰部松活的关键又在两胯，胯不松，腰也不会活。"从正中求松、慢中求松、紧中求松、缠绕中求松、推手借对方之力中求松；从蚕蛹、毛毛虫的蠕动状态中去悟节节松动的规律。

"散"是松的继续，是进一步的松、有目的的松。意气从里向外松散形成三维的立体的气球，谓之"散"。以身体竖直形成的一条直线为主轴、为"中心"，从上向下松（头到脚松），再从下向上松（脚到腰胯），然后向四周立体地"散"圆。内气"散"圆，是从"中心"向四周空处"散"圆，而不是向四肢"散"，不是骨肉撑圆。意气向四面八方舒"散"形成的气球，由小到大，无边无沿。关键在精神，神不能涣散。练拳时身法中正，内气鼓荡，外形饱满，松透掤圆，松、"散"、圆，没有方向；技击时意念指方向，才能有内功。"散"时呼气。

"散"是意气从身体中心点胸腹中线与两乳的十字线交叉点膻中穴向纵横方向"散"出去，也称"对拉拔长"；如揽雀尾动作时"膻中"中心点对准"劳宫"中心点。全身好似一个庞大的气球，神意气（内气）通过身形向四面八方舒散时"开"，气球膨胀；意气（内气）借助身形回到中心时"合"，气球收缩。所谓"发于中，形于外，达于四周"，就是要求以内气引导身形运动，使躯体四肢的活动感到舒适、平稳，开展自如。把意气、呼吸与动作配合起来，"合"呈蓄势，使内气得到补养，如手臂屈臂回收蓄劲时，结合吸气，谓之"吞身"；"开"呈发势，如手臂伸长发劲时，结合呼气，谓之"吐身"。练拳就是身形和内气一开一合有规律、有节奏地相互交替运动，如同长江大河中的波涛，一浪接一浪，绵绵不断，滔滔不绝。《十三势行功心解》云："静如山岳，动如江河，蓄劲如开弓，发劲如放箭，曲而求直，蓄而后发，力由脊发。"

"通"，指意气贯通。养生练法与技击练法对"通"的要求不同。养生练法：要求意气贯通到手心、脚心，达于四周，不通过手通出体外。技击练法：要求意气通过手通出体外1~3尺，"穿透"对方身体，然后画一个圆圈沿原路返回到自己"中心"，在体内画一个圆圈，再通出体外，如此循环往复，进行"内外气交换"，既增强内气、增长功夫，又有利于养生。

"空"，指通过松、散、通之后达到"全身透空"的最高境界。"全身透空"是练拳达到的一种"无"的境界："无即有""有即无"。练拳时松散通空，无形无象，全身透空，周身合适，什么都没有了，对方反击时找不到着力点；用时全身上下都是手，劲布周身，遍体是手，称之为"无即有"。练拳时过分追求"有"，处处揪着心、用着劲（力），意念过重则僵，僵则意气受阻，用时什么都没有了，称之为"有即无"。

"空"与"松"是对立统一的，不能只讲"松"而没有"空"的依存，否则就会出现"丢""散""塌"的弊病；反之，如果只讲"空"而没有"松"的依存，就会出现空而无物，无所作为。"空"而意向上升，"松"而气往下沉，肌肉与骨骼有分离之感。所谓练拳不要练成"死肉"，就是强调"空"与"松"的有机结合；保持舒松，即皮、肌肉与筋骨对拉运动，保持"活肉"。

有"空"与"松"的共同作用，才能达到"圆活"的境地。拳谚云："圆则活，方则滞。"练习时气势要圆满，但不可任其漫无边际地散失，全身好似一个庞大的气球，气球有边缘，以腰为中心，以精神支撑八面。意想前后左右及斜方向八条线向八个方向支撑，线线相等，气势圆满。拳谚云："太极拳不在式样而在气势，不在外面而在内。"

所谓"筋骨要松，皮毛要攻"，指凡是有皮毛的地方都要有向外撑的劲，周身都有弹性，都有掤劲，才能气势饱满。

值得一提：放松与功力训练不仅没有矛盾，而且还可以互为补益。杨式太极拳著名传人之一董英杰先生（杨澄甫的高足）在《太极拳释义》中指出："或云练太极拳后，不可举重物，不可用蛮力，此则未尽然。未学太极拳，一身笨力，全体紧张；既学太极拳，全身松软，筋畅气通，务必练去全身紧张，仍须保持原来之笨力。因松软之后，笨力变为真劲矣。若人谓笨力称之曰臂力，其力在肩臂之间也，不能主宰于腰形于手指也。故笨力为本钱，松软是用法。得其用法，小本钱可做大事业；不得其法，本钱再大，事业无成也。故得太极拳真理以后，举重摔跤，拍球赛跑，随意可也，不必禁忌。"

（二）内外相合

内外一体的整体劲，关键是内动带外动。一方面，大小动作均由丹田（以腰为枢纽的立体螺旋力，如电动机）带动周身的向心力（合）和离心力（开），催动四肢而发放劲力，这是太极拳的主要特征之一。拳论云："内不动，外不动"；"内动导外形，外形合内动"。《内经.阴阳应象大论篇》云："阴在内，阳之守也；阳在外，阴之使也。"另一方面，内外相合的"内"指内气，"外"指外形，内气与外形相结合。每个姿势必须有内气的供给，把内气贯穿到姿势中去。外形动作以内气为后援，内气通过外形畅通运行。外形动作由内气支配，以意导气，以气运身。没有内气供给的外形动作叫"妄动"。"内不动，外不发"，内气催动外形动作。练拳时意气放松，舒适下沉，由内导外，内气舒散到全身，"气遍全身不稍滞"。

所谓"动者气动，以气推形"；"意念指挥，以心运气，以气运劲，意到气到劲到"，这是太极拳的内外一致运动方法。"意气为君，骨肉为臣"，指意气是领导者，骨肉是被领导者。应敌中，一接触其皮毛，我意念力即已入彼骨髓。"气未到，而意已吞"。"意不动，形不动"。"始而意动，继而内动，然后外动"，以内气催动外形，达到内外合一、神形合一。太极拳一开一合。拳谱云："所谓开者，不但手足开，心意亦与之俱开；所谓合者，不但手足合，心意亦与之俱合，能内外合为一气，则浑然无间矣。"

"内三合"即"神与意合，意与气合，气与力合"，把神、意、气有机地结合在一起，形成内劲。"神"指精神、眼神；"意"指意念；"气"指内气、气血、元气、先天之气，不是指空气。"外三合"即"手与足合，肘与膝合，肩与胯合"。"内三合"是"外三合"的后援和内在动力。要求"形神兼备"，意、气、力，精、气、神高度统一。

"三点贯通法"即劲点、胯和脚跟"三点贯通"含内劲。如起势动作两手向前平举，劲贯指梢，劲贯脚跟，骨盆端起，尾骨前收（两胯相合）。"三开"：意开、胸开、裆开；"三合"：意合、胸合、裆合。"三圈"：内气随着身体垂直线向下延伸而逐渐向肩、腰、胯周围散开，形成一米左右的气圈，即肩圈、腰圈、胯圈。

凡是发劲，必有内合外动，否则空洞无物；凡是蓄劲，必有外动内合，否则下盘不稳。内外相合即把身形和内劲结合起来，才能发挥出太极拳的特殊功能和作用。内劲是神、意、气的化合物。所谓"运劲"，即劲点随着动作的不断变化而不断转移；所谓"劲点"，即着力点，但不是用力、使劲，而是要求肌肉放松、关节放松，气血周流顺畅，意存感觉。动作"绵绵不断""运劲如抽丝"；似行云流水，节节贯穿，内劲连绵，内气鼓荡，富有韵味。"鼓腕"使腕关节更加气血畅通，有助于内劲由中指发出。出手绵软而内似钢条，动之至微，引之至长，发之至骤。

人体好比一个庞大的气球，球内的水平线和垂直线的十字交叉点就是圆心，好比身体的中心点。垂直线在百会与尾闾之间，要求虚领顶劲，尾闾松垂，有对拉拔长之意；找平的要领是两肩平，找垂直的要领是胸腹中线（胸窝、肚脐为人体直立的中线）对正前方，保持立身中正。"开"与"合"的中心点和总开关在膻中穴。

（三）上下相随

"一动无有不动"，"一到俱到"，可谓之上下相随、左右相随。上下相随，又称"上下相系""上下相吸"，以腰带动整体，全身合拍，一气贯通，周身一家。由头顶至脚心，把身形调直，使意气下沉至腹腔，松散至四肢，上下一体，保持中正安舒；两手心与两脚心，上下相随。练拳不能只动上半身，不能打"半截拳"，要上下相随；进退平送腰胯，身体垂直平移，如同船上桅杆。

拳论云："其根于脚，发于腿，主宰于腰，形于手指；由脚而腿而腰，总须完整一气"；所谓"腰为主宰""腰为车轴"，就是以腰的左右、上下转动引导着劲力、掌握着方向。如按掌动作，通过脊背的肌肉由缓缓收缩转为渐渐伸展，劲力经肩、肘、腕到达掌根，掌指也有劲力到达的感觉，这叫"力由脊发"而"形于手指"。太极拳论云："拔背者，气贴背也，能含胸则自能拔背，能拔背则能力由脊发，所向无敌也。"以腰带手、以腰带脚，即上下相随。实脚转身时，胯找脚跟，肩胯相合，形成肩井穴、胯、脚跟在同一垂直线上，如同门轴。两肩、两胯如在同一门板上，肩胯同转，肩胯并进。"头身同转""头尾同转"。头部的旋转幅度，不宜超过躯干的旋转幅度。做到头身同转，鼻尖与肚脐在一条垂直线上，不可扭头看手或头转身不转。

所谓"手牵脚""对拉橡皮筋""抽丝"等，以"腰胯同转""肩胯同转"催动四肢，即上下相随。如斜飞势右手与左脚尖有对拉之意；左右倒撵猴两手如"对拉橡皮筋""抽丝"。"四肢随腰内外合""处处圆满任自然"，上下相随才能周身一气。通过松脚、踝、膝、胯、腰、肩、肘、腕、手等九大关节运内劲于腹部，经过命门、脊背、肩、肘、腕、手指，达到气血畅通。

一般来说，上下肢与躯干之间、两个动作之间的配合为外部协调；意识、呼吸与动作之间的配合为内部协调。所谓"势断劲不断，劲断意不断"，指全部动作节节贯穿，绵绵不绝，一气呵成，"如长江大海滔滔不绝"。

二、知彼之功

（一）以中碰中

杨式太极拳的核心功法：以"中"碰"中"，就是以自己神意气的中心，去碰击对方劲源上的中心。"中"是"中心"的简称；碰是搓着进击，谁快谁赢。这个"气球"是空、虚、散的，无边无沿，看不见，摸不着，球向外弧形斜面扩张；对方端着用骨肉撑起来的硬圈有边有沿，一碰就"散"掉对方的劲儿，而被弹出。球心越小越好，球皮越大越好，先走球皮，后走球心。对方一碰球皮，球皮一转，即可发出。我如扒在球背上，对方只能推到前半个球皮，因皮瘪而失控。意气"散"圆了，前后左右都圆了，达到"不用手发，而是用身后半个圆圈发人"的意境。技击时意念始终在对方身上，意念通过对方的劲端，通到其劲源上的"中"；时时刻刻注意对方虚实变化，以便避实就虚，乘虚而入。

技击要分清对方的"重心"与"中心"，视对方劲源为一个球体，球面上有若干点，"重心"在对方接手顶住的地方，是实的，有阻力；"中心"在"重心"之侧，顶点的周围，是虚的，无阻力。中心是活的，不是固定的地方。"重心"是枣核肚；"中心"是枣核尖。重心"靠下，"中心"靠上、靠后。不能向重心发劲，否则对方更踏实；不能以自己的"中"直接去碰对方的"中"；而是通过神意气的气球圆圈整个趋势向其"中心"的后边发劲，意念穿过对方身体；否则，被击回时，容易被击中自己的"中"。按劲有掀起的劲儿，如掀箱子盖，内劲直接作用于箱子后侧的合叶上，击发其"重心"之顶、"中心"之侧，意念穿越其身体。

"枣核""杏核"比喻发劲儿时在对方体内运行的路线轨迹。劲儿遇顶改变方向，如同枣核或杏核的尖到肚，再到尖的弧形线。从核尖到高坡核肚顶点是知己之功，从高坡顶点再向另一个端尖走是知彼之功。练套路时，每个姿势包括内气都走弧形，从尖到"枣核"肚再到尖，不能走直线。

手中还有小"气球"，手心向上下左右，球都在手上，把"中心"放在手上技击更快捷、灵便。接手时手中球转，引进落空，放掉来劲。以平圆、立圆或画半个小圆"散"掉对方的来力。所谓"功夫上手"，又叫"劲源移位"，是把"中心"移到手上。手中有八卦，旋转手中的球，掤、捋、挤、按、采、挒、肘、靠，都在手中行。

拳经云："周身弹簧力，开合一定间"，对方"如钱投鼓，如球碰壁还"，就是用气球发弹簧劲儿。用意气开合、鼓荡，使气球骤然胀、缩，大小变化；气球的接触点凹陷、凸出，产生弹簧劲儿。靠手腕弹抖使手中小气球"中"胀、缩，抛出、收回，挤扁、放圆产生弹簧劲儿。发弹簧劲儿时全身放松，开合自如，脚心有弹簧劲儿，尾闾屈伸、摆动，钟锤前后摆动，两臂开合。

（二）避实就虚

神意气"散"圆时通过对方的"缝儿"渗入对方体内。这个"缝儿"在顶点（实点）的四周（虚点），即前后左右上下没有顶力的地方，或者说没有阻力的地方。一接手先着力，即轻轻接触，在似接未接中听准这个"缝儿"，从手中的"气球"接触点的侧（正的旁边称为"侧"），使神意气穿渗对方身体，这就是从"缝儿"进入。通过手中"球"转，绕开顶点（实点），把球挤压扁，渗入对方体内。接手意在先，轻到"刺皮不刺骨"；接触点如尖的头，越小越好，点小则容易使意气渗入对方体内，这叫"要点不要面"；反之，全掌盖或满把攥，容易给对方着力点。

找"缝儿"就是避实就虚，乘虚而入，找合适虚点把内劲儿渗入对方体内，奔向"中"。把对方当作球来接，接触点是凸突弧形球面，它上面有阴阳虚实之分，为变点、变劲找"缝儿"提供了场地，劲儿要擦（或搓）着对方"中"的球边走。简言之，视其为球，不管其臂，直奔其"中"。

（三）螺旋前进

劲儿螺旋前进。其根在足，从足、腿、腰、脊背，然后分走内线、外线发劲儿。控制内劲集散之所在两肩胛骨下角连线的正中（两肩胛骨下角横线与脊髓交叉点）。

接手，一般用指肚接触，而不是掌根。掌中含有小球，手不用力；中指根出劲儿，而不能到指尖，否则劲儿就散了；食指、小指指方向；不能用手指指"中"，要用接触点指"中"，打"中"之侧。出劲点在中指根，接手时空一寸，接触对方击发。发劲线路：从丹田、脊背、肩、肘、腕、手到中指根（正面或背面）。发劲儿的运行方式：是圆球向外膨胀意气向外舒散、球形旋转行进；而不是一条线对一个点。所谓"走球""走线"，指劲儿的运行方式，两者往往同时走。"走球"运用"气球"的胀缩、旋转、进退进行技击。"走线"有内线、外线和中线三种。"走线"中也有"球"，"走线"的两头是"球"。内线：经肩胛骨上、锁骨、桡骨、腕、中指根出劲点，食指指方向；外线：经肩胛骨下、肩、尺骨、腕、中指根出劲点，小指指方向；中线，也叫"第三条线"：手指打开扇形，手指逐个出劲儿，搜索对方的"中"，当中指找到对方"中"时，快速与食指或小指合并指方向，并从中指根出劲儿。可以一手走内线，另一手走外线；或两手都走内线或外线，但不能双重，要一轻一重，旨在破坏对方力的平衡。可以从内线引进对方劲儿，从肘放掉，使之落空。

劲儿螺旋前进，如同枪膛射出的子弹螺旋钻进。如遇顶住，螺旋变点，避开劲端顶点，从上下左右"叫开门""找缝儿"，旋转钻进。旋转有顺时针、逆时针两种，两手内旋走"外线"，外旋走"内线"。也可以一只手向一个方向，化对方来劲，一只手向另一个方向发劲儿攻击对方。化劲儿可以转半圈化来力，留半圈作借力之用。"走球""走线"走的轨迹都是弧形曲线，但是最后碰"中"时走平。两只手出去的劲儿，集中到对方身后的一个点，然后平送劲儿。平送劲儿，就是渗入对方身体后，找到"中"，击发"中"之侧时走平。平就是水平，平不在接触点，而在中指根。

意气从"中心"向外扩散，是立体的。如同石子投入水中，水纹圆圈越来越大，比喻意气越来越大；石子入水后螺旋而下，形成涡轮圆圈，圆圈越来越小，比喻钻入对方之"中"。

（四）招术兼备

技击功夫有招与术之分。身形手势的运用叫招；神意气的运行叫术。招为阳，术为阴；招术结合，以术胜人。招为术开通道路，术通过招发放内劲（神意气）。招与招的对抗，招高、力大、手快者胜，这叫做"力大胜力小"，这不符合太极拳的要求。术是内功，招中有术，术中有招，实中有虚，虚中有实，化于无形，以自己的神意气控制对方的神意气，以神意气输送到对方体内把对方发出去，达到无坚不摧，无路不通。

（五）引进落空

引进落空就是通过手腕滚转，使来劲儿改变方向（也叫化），使人失去着力点，身体失衡。引进落空有两种：一种是放掉。引进到了极点，使对方的劲儿放完了，不能顶了，再发劲儿；另一种是放掉对方来力一半，留一半作借力之用。引进落空时，接触点不能放松，但肩、肘、腕要放松；手中球转，手腕滚转，顺来劲儿，使其改变方向。引进落空的前提条件是自己要空，空是意念一松，容纳来力；引进用臂，落空用手，手腕滚转，干净利落。引进时小臂要空，使来力沿我的肘放出，到我的身后。引进不是外形动作，而是用内气引，意念一松，揪出劲源，引向空处。

太极拳属于内家拳，注重神、意、气的运行。设想自身是个大气球，它是神、意、气存在的一种方式。气球是内功术语。意气从头向下松到脚下，从脚下向上松到中心；再从中心向四周松散圆，形成空、虚、散的气球。全身都有球，大气球中有小气球，手中含着球，脚下踩着球。手中气球可大可小，大如网球，小如小米。功夫越高，球体越小。

第三节　太极拳的阴阳原理

太极拳运动必须把握两个关键性的环节：一是明理；二是懂劲。明理：就是要学习和理解中国传统哲学中的太极阴阳学说；还要学习传统兵学、传统医学、生理学、人体力学、心理学等知识。懂劲：就是要懂得每个动作的劲别、劲源、劲路、劲点、劲力特点等。①劲别：即掤、捋、挤、按、采、挒、肘、靠"太极八法"（八种劲）以及实战中各种踢、打、摔、拿等诸法。②劲源：起于足（起点如电源），借大地之力（反弹力、反作用力）。③劲路：劲从起点到落点的运行线路。"线中有点，积点成线"，其中立体螺旋的总机关（枢纽）即丹田（如电动机）。④劲点：每个动作运行线路中，包括若干个劲点。⑤劲力特点：包括整体劲（意气力、精气神完整的力，起于足的整体劲）、丹田内转带动周身的核心劲、内外呼吸配合的内气鼓荡劲、阴阳相济的对称劲、顺逆缠丝的螺旋劲、欲左先右的折叠劲、左发右塌的平衡劲、节节贯串的涌动劲、首尾相应的三节劲、虚实转换的中定劲、腰脊为轴的下塌外碾劲、弹性劲等。每个动作有丰富多彩的劲力变化，即"一动多劲"。一是松柔劲。如同"集中兵力打歼灭战"，只有周身放松，才能集中周身的力量，把劲力迅速地从施力点发送到着力点。二是意念力，是人体潜在的一种隐形的强大的力。用意念引导，使全身的意气力、精气神统一起来，集中周身精力于一点。运劲的实质是用意。三是螺旋劲。充分发挥以丹田（以腰为枢纽的立体螺旋力）带动周身的向心力（合）和离心力（开），催动四肢而发放劲力，这是太极拳的主要特征之一。四是整体劲。即"一动无有不动"的整体劲。其"一"者，腰也。五是弹性劲。掤劲就是一种周身处处向外膨胀、灵敏而柔韧的弹性劲。正如拳论所云"周身无处不弹簧"，"筋骨要松，皮毛要攻"。如"白鹤亮翅"之劲包括：上体掤劲、右肩靠劲、右肘击劲、右臂挒劲、右胯靠劲、右手外碾劲、左手采劲等。只有把规矩的外形与完整的内劲，融会贯通、完美统一，方可达到较高的境界。

拳法之妙，在于运劲；运劲之要，阴阳互根。如白鹤亮翅两臂掤开，两虎口相合；胸开背合，胸含背开，形成开合相寓、阴阳互包；栽捶时，右拳下击，左手上提，顶劲上领，形成上下对称等，如此打拳，一开一合、一蓄一发、一吸一呼，两者互为其根。劲力的变化以太极阴阳哲理为统帅。以其哲理，悟其劲道。王宗岳说："阴阳相济，方为懂劲。"

"太极"一词，出自《庄子》。老子说："道生一，一生二……"其"一"即太极。他认为：宇宙是一个太极，人体也是一个太极，万物各自为一个太极；而阴阳则是太极这个整体所包含的两大要素。太极，是阴阳的合抱体、统一体。阴阳，合则太极，分则阴阳，动则螺旋。阴阳是化生万物的基础，"一阴一阳谓之道"。阴阳相互作用，《易》学中称作"阴阳交感"，又叫阴阳交济、阴阳相济。古人把阴阳的对立统一运用于太极拳运动。拳论云："太极者无极而生，阴阳之母也。动之则分，静之则合。"无极是表示事物的静止状态，没有阴阳之分；太极表示事物运动状态，有阴阳二气之分。一动则由无极产生太极（阴阳二气），一静则由太极回到无极（二气合一）。

阴阳作为事物运动的两个方面，对立统一于太极拳运动之中，这是太极拳物质运动的源泉。太极拳运动的规律即"太极阴阳分合律"，具有整体性、对应性和螺旋性三大特征。阴阳的相互作用，如阴阳互体、阴阳互根、阴阳对称、阴阳消长、阴阳转化、阴阳平衡、阴阳合德等变化多端，内涵丰富。其运动规律如下。

一、阴阳的整体性

阴阳相应的整体观，是系统论的核心。阴阳两条鱼非常和谐紧密地融合于一个统一体之中。这种阴阳融合性，称之为"阴阳氤氲""阴阳交感""阴阳相交""阴阳合一"。太极图是一个立体圆，上下、左右、前后都是一样的圆弧；阴阳对立又统一，体现"整体性"。练拳要求："浑圆一体""触处成圆""非圆即弧""无凹凸，无缺陷"，达到"圆融精妙"的境界。太极拳掤、捋、挤、按、采、挒、肘、靠八门劲法都含掤劲。太极拳运动的宗旨，就是使人体形成一个内气充足、向外膨胀、带有弹性、螺旋运动的球体。推土机可以推倒钢筋水泥筑成的墙，却推不倒一个球，因为圆体便于保持"随遇平衡"；同样的道理，太极拳运动时，灵活地变换虚实，变成一个支撑点，就可以保持"随遇平衡"，这如同球体只有一个重心，所以就不会被推倒。这就是太极拳的"中定劲"。

所谓"松透掤圆"，指内气鼓荡，外形饱满。拳论云："其根于脚，发于腿，主宰于腰，形于手指；由脚而腿而腰，总须完整一气"；"周身一家""一动无有不动""节节贯串""内不动，外不动""腰不动，手不发"等都说明运劲的整体性。

根据阴阳的融合性和整体性，打太极拳的过程就是阴阳相交、阴阳合一、阴阳氤氲的过程。周身脏腑和各种对称劲力相结合，如刚柔相济、刚柔一体、开合相寓、实中有虚、化打合一、动静结合等；周身脏腑如心肾结合、任督连接等。人体阴阳二气，通过练拳而相交、相连、相合，达到形神兼练、内外兼练、心身合一、处处和谐，使周身各部位阴平阳秘，统一无偏，体现阴阳的整体观。所谓"借地之力"，指人体作用力于大地，大地反作用力于人，以人体之力与大地之力合而为一，体现人体力学上的"天人合一"。

二、阴阳对称（平衡）性、对应性

太极，是阴阳的合抱体，包含阴阳两个方面、两种因素、两种力量，它们相互制约、相互依存、相互依托、相互促进、相互消长，任何一方都不能脱离另一方而单独存在，既对立又统一。这就是阴阳的对应性，即阴阳对称又相应，以维持事物相对平衡、动态平衡，从而维护事物的稳定态。对称、和谐，既是自然界的根本法则，也是太极拳的最高原则。

阴阳，是事物发生变异的内在的两大动力。"万物正反相生"。太极拳运动以内形为阴，外形为阳；招为阳，术为阴；在下者为阴，在上者为阳；在前者为阴，在后者为阳；静为阴，动为阳；柔为阴，刚为阳；精神为阴，气势为阳。阴者精神贯注，阳者气势腾挪。阴阳体现在内劲的含义上，又称为"虚实"。"虚"和"实"包含两个方面的含意：一是指人体重心倒换之虚实；二是指发劲主辅之虚实。分清两种虚实，达到轻沉兼备。阴即是实，实即是阴；阳即是虚，虚即是阳；阴不离阳，阳不离阴，阴阳相济。如精神必须支撑气势，气势又须包围精神；气势能达于腾挪，精神便不致外漏，乃能内固精神而外示安逸。

所谓"三维平衡"，也叫"三维中定"，即上下、左右、前后（横、竖、纵）都要对称、平衡。阴阳对应、对称（平衡），以求肌体的重心平衡、动态平衡（随遇平衡）。有左有右，逢左必右，有上有下，逢上必下，有刚有柔，有轻有沉，有前有后，逢前必后（前去之中必有后撑、后退之中必有前击如"左右倒撵猴"），前发后塌等，这叫八面支撑、八面牵扯、八面照应、八面相称。总之，内外、上下、轻沉、动静、快慢、顺逆、开合、虚实、刚柔等，既相互对称，又相互制约。有刚无柔则硬，纯柔无刚则软，有开无合则散，只合不开则瘪，有实无虚则僵，有虚无实则浮（或飘），有化无打则丢，只打不化则顶等。只有阴阳对应，才能八面支撑，动态平衡。前后的阴阳搭配：如双按掌时，上体不可随手走，背部、命门后撑，塌腰松胯（身体下沉），前后对应、逢前必后，由此产生稳定的整体对称劲。上下的阴阳搭配：如"金鸡独立"时，要逢上必下，右掌往前上托，提右膝，同时左胯必须松胯下沉，左掌下按，有升有沉，有上有下，体现轻沉兼备的风格。左右的阴阳搭配：要左发右塌、右发左塌。内外的阴阳搭配：要内不动，外不动；腰不动，手不发。

所谓"左重则左虚而右已去；右重则右杳而左已去"，包括两个方面的含义：一是指与对方交手时不懂避实击虚，发生"顶牛"现象。王宗岳云："偏沉则随，双重则滞。"二是指如左手下沉发劲时（下沉劲），左脚必为虚，右脚为实，否则身体必然左倾，自身上下成"双重"之病，易失平衡，即"左沉左必虚，右沉右必虚"；但左手向前方推或发横捌劲（偏上）时，左脚也可以是实，即"左手发劲，左足不一定是虚"。前发后塌，指的是对称劲，前发部位为发劲之实；后塌部位则为重心之实。如单鞭左弓步，却要求重心右移，体现前发后塌之拳理。值得一提的是，重心只是微小移动，这叫"内换虚实外不见"。切忌升皆升（飘之病）、沉皆沉（滞之病）。

拳论云："拳者，权也。"身体像一台秤，随时保持重心平衡。"立如平准，动如车轮。"打拳、推手就是锻炼自身平衡，破坏对方平衡。如左手向前发劲，右肘则后称；右手向前发劲，左肘则后称。两手同时向右发劲，左臀必须下沉；两手同时向左发劲，右臀必须下沉。"沉左臀翻右臀；沉右臀翻左臀。"逢左必右，逢右必左。发劲时要求左右一体，即右拳向右前发劲，左拳（肘）必然向左后衬劲，开胸合背，使左衬之劲通过脊背传导至右拳。太极拳更微妙的是在运动中达到"动静平衡"。正如艺术理论家温克尔曼说的一种状态："就像海的深处永远停留在寂静里，不管它的表面多么狂涛汹涌。"做到动中求静，入静用意，全神贯注，意念要灌到周身各个部位，乃至贯注到中指指肚。

根据人体力学原理："力的产生是成对的"，即作用力与反作用力；"力的大小、用力方向、力的作用点"构成力的三要素。如螺旋力是力学中的力偶原理；野马分鬃的上捌下采是力学中的杠杆原理；借力打力就是给对方一个捅劲（作用力），再借对方的反弹力（反作用力），顺势发力。太极拳通过脚跟蹬地的作用力，再借大地的反作用力，经过腰胯（肩髋同转）的立体螺旋，带动全身运动。

三、阴阳互根性

从人体生理机能来说，阴指物质，阳指功能。阴在内，为阳之镇守；阳在外，为阴之役使。在外的阳，是内在物质运动的表现；内在的阴，是产生机能的物质基础。阴根于阳，阳根于阴，阴阳互根。动静互为其根、轻沉互为其根、蓄发互为其根、虚实互为其根、松柔与刚韧互为其根、内外互为基根、发力与重心互为其根、丹田与四肢互为其根等。

太极拳是人体周身的整体运动，节节有阴阳，处处有虚实。虚实互换，虚实互根，实为虚的根，虚为实的根。拳论云："太极拳术分虚实为第一义，如全身皆坐在右腿，则右腿为实，左腿为虚；全身皆坐在左腿，则左腿为实，右腿为虚。"如左蹬腿，按重心，右为实，左为虚；右蹬腿，左为实，右为虚。皆符合阴阳互根的哲理，这种虚实互换的中定劲，使人体随遇平衡。

两手分虚实。如左云手时，左手向左划弧时是"阳"为虚手，左脚为实；右手是"阴"为实手，右脚为虚。神、意、气由虚手通过脊背运送至实手。单手也分虚实。手臂外侧为阳为虚，内侧为阴为实；手臂上侧为阳为虚，下侧为阴为实。练拳必须分清阴手、阳手、阴肘、阳肘，运用于整套动作之中。练拳时轻沉互根，虚实互根，刚柔相济，化打结合，蓄发互孕。如手指放松，掌根微沉；小臂放松，肘部微沉；大臂放松，肩部微沉；上肢轻灵，腰部沉着。

两腿的虚实变换此起彼伏，如跷跷板运动；内气由虚腿的涌泉穴、踝、膝、胯，通过腰运送至实腿涌泉穴。所谓"脚下阴阳变，上下一条线"，是指两脚分清虚实，保持立身中正。如果阴阳、虚实不分，成为双重，"双重则滞"。

所谓"迈步如猫行"，一腿迈出腿之轻灵，而此时另一方腿则吃力，因为它是根。阴阳虚实之间的转化"劲由内换"，皆由腰胯（或腹球）转动。如向左转时，左腰眼微上抽，以右腰眼托起左腰眼；向右转时，右腰眼微上抽，以左腰眼托起右腰眼；如迈右步时，右腰眼微上抽，以左腰眼托起右腰眼，而左实腿须内气贯注，右腿则气势腾挪。两个腰眼一虚一实，以实托虚，虚实转换，互为其根，行不外露。"轻灵活泼虚实走"，"似圆是方意绵绵"。

阴阳相互依存、相互作用、相互交济，就是让双方"说上话"，如上下（手脚）、左右（两手）、前后（胸背）等相互呼应、相互作用。切忌顾此失彼，顾开不顾合，顾上不顾下，阴阳不相交感。

四、阴阳互包性、互容性

阴阳互包性、互容性，又称阴阳互孕、阴阳相寓。阴阳互包、互容，以求肌体各系统之间的互补、互济。太极图中，黑鱼有一只白眼睛；白鱼有一只黑眼睛，象征着阴中有阳，阳中有阴，阴阳交错，互为其根，这就是阴阳互包。运用于练拳行功中，即欲开先合、欲合先开、逢开必合、逢合必开、开中有合、合中有开、虚中有实、实中有虚、柔中有刚、刚中有柔、化中有打、打中有化、化打结合、化打合一等；外形开合与丹田开合相配合。

开中有合、开合相寓。注意三节开合，拳合肘开、肘合拳开；梢节合时，中节要掤，根节要松；还要注意胸开背合、背合胸开；开要开圆，合要合住。如"单鞭"两臂掤开，左右手梢节相合、右钩手虎口与左掌大鱼际相合、腿开膝合、裆开脚合。"双峰贯耳"两臂掤开，两拳虎口相合，即所谓"梢节合中节开"。"白鹤亮翅"胸开背合、背开胸含、上开下合（臂开腿合）、腿合裆开、足合膝开；手与手合：两臂掤开，两虎口相合，两手掌根、两手梢节相合。一只手中也有开合：大小鱼际合、拇指与小指合。手与脚合、肘与膝合。如左肘与右膝合、右肘与左膝合等，处处有开合。"引进落空合即出"，要求把周身的劲合到对方"中心"上。"欲发劲先求劲合"。

刚柔互孕、刚柔相济是太极拳的主要特征之一。其中的"济"字就是互为其根、相互作用、相互包容、相互补充的意思。刚柔相济的劲力是整体性、螺旋式、轻沉兼备的弹簧劲。太极拳的掤劲即是刚柔相济总概括。掤有向外支撑、膨胀之意，如气球、轮胎、弹簧等。拳论云："筋骨要松，皮毛要攻。"如农民赶牲口的鞭子，鞭杆是软的，鞭梢是软的，但抽打时，则是非常有力的非刚非柔、又刚又柔的弹性劲。"沾粘求柔，落点要刚"。柔化刚发，刚柔相济，刚柔一体，两者互补。例如，提膝攻击为刚（力点），小腿、脚踝放松为柔；掌根发劲为刚，手指、腕放松为柔；发肘劲为刚，小臂为柔；腕背攻击为刚，手指、小臂为柔；发肩靠劲为刚，大小臂放松为柔；桡骨一侧发劲为刚，尺骨一侧放松为柔等。太极拳的所谓掤劲之中，就包含松柔与弹性的张力，从中体现刚柔相济。

从洪水冲击波的威力，可见刚柔相济、以柔克刚的作用。《孙子兵法》有云："夫兵形象水，水之形避高而趋下，兵之形避实而击虚。水因地而制流，兵因敌而制胜。故兵无常势，水无常形。能因敌变化而取胜者谓之神。"又云："激水之疾，至于漂石者，势也。""胜者之战民也，若决积水于千仞之溪，形也。"《老子》云："天下莫柔若于水，而攻坚强者莫之能先。"

推手中，运用刚柔相济的原理，千方百计破坏对方的平衡。"拿"者，"合手"也。推手中的阴阳相合：一是以己之阴合彼之阳（化其实），以己之阳合彼之阴（击其虚）。二是合自身之阴阳，把自身各对称部位的劲力合为一（如左右手合、上下肢合、丹田与四梢合等）。相吸相系，互相呼应，使阴阳对称的劲力合于打击点上。三是视对方为一个球体，以我两手十六个劲（大小鱼际、五指、劳宫穴）轻轻敷于对方身上（尽量控制其肩部和大臂），将对方团团包纳于我双手心内，将己之力与彼之力合为一体，己之力随彼之力而动，已在彼力上稍加一点力，使彼阴之更阴，阳之更阳，阴阳离决，或使其劲力改变走向而失去平衡。凡是使对方处于背势（败势）者，都属于拿，属于合。《老子》云："以正治国，以奇用兵。"

太极拳讲究化打合一、引进合一。化就是打，打就是化，即引化与打击同步化。其过程：一是先引后发。如运行一个圈中，半个圈引化，半个圈发劲。所谓"引进落空即出"，即对方来劲被我引化落空后，我内劲外力合而为一（意气力三结合），合力发之。二是边引边进、上引下进、左引右进等。如右手引进左手击，右手引进右腿蹬击等。三是化打合一、引进合一；打中有化、化中有打。如翻身撇身捶动作连防带打。

五、阴阳的有序性（折叠劲）

事物发展的次序总是一阴一阳、一阳一阴，两者一先一后，"万物正反相生"。有序性指往返折叠，"无往不复"（《易经》）。太极图中间走 S 形曲线，象征着阴阳变化左旋右盘的折叠运动。拳论云："往返必有折叠。"折叠者，即阴阳变化"从反面入手""从其反方向而动"的一种来回劲或折叠劲。欲前先后、欲左先右、欲进先退、欲开先合、欲合先开、欲顺先逆、欲逆先顺、欲上先下、欲下先上、欲收先放、欲放先卷、欲蓄先发、欲发先蓄、欲快先慢、欲要先给、欲给先要、欲纵先横、欲擒先纵等，一系列正反相成的运劲方法，即所谓"从反面入手"，老子讲"反者，道之动"（《道德经》）就是这个道理。如欲往前跑必先往后蹬，否则跑不起来；欲往前打拳必先把拳收回，否则出拳没劲；如金鸡独立，欲上托，先下按，两上两下，反复折叠。就像大树，长得越高，根扎得越深，欲上必下。"欲左先右，如用鞭子向左打时，一定要先向右扬再打。

拳论云："紧要处全在胸中腰间运化。""胸腰折叠"则是胸腰运化的体现，是以脊柱为支柱、以腰椎和丹田为枢纽，其运动规律：一是胸背开合（阴阳互根）。如野马分鬃：螺旋中开，螺旋中合；开左胸即向左转，开右胸即向右转；胸开背合，背开胸含，阴阳互为其根。二是左右折叠（左右旋转）。如野马分鬃：欲左先右、欲右先左、逢左必右、逢右必左。从螺旋看，胸向右转时，背后向左转；胸向左转时，背后向右转。三是前后折叠。一卷一放、一前一后，形成前后折叠劲。四是上下折叠。一上一下，一下一上，形成上下折叠劲。五是斜向折叠。即立体螺旋，或顺或逆的斜向螺旋劲（即折叠劲）。如野马分鬃：先向左或右旋转相合，再向右或左斜向发捋劲。人体的丹田部位对胸腰运化起着枢纽核心作用，胸腰折叠离不开丹田内转的带动。丹田内转是胸腰运化的"万向轴"，而充实的真气（内气）的运行则是胸腰运化的"能量流"。内气（真气）由命门贴脊背，经大椎，至肩、肘、手。

"以其人之力，还治其人之身"即所谓"借力打力"。一是顺势借力。如"荡秋千"：在秋千荡到最高处要往回落时，顺着它的力，再加一点力，使秋千荡得更远更高。二是造势借力，又叫打回劲。如"拍皮球"：在球弹到一定高度下落时，再加一点力，球会反弹得更高。交手时，将己之力与彼之力合而为一，顺其势，借其力，对来力稍加拨之，以改变来力方向，使之落空。以小力胜大力，即"四两拨千斤"。

"兵不厌诈""欲要先给"就是先给对方一点掤劲，从而加大对方向外的反弹劲，有利于"引进落空"。拳论云："顺其势，借其力，战而胜之。"所谓"后发先至"，即我不先发劲，一旦对方出手，我化其实，探其虚，先沾连粘随，不丢不顶，然后快速击其要害，破其根节，达到"后发先至""后发先胜"。运用折叠劲，做到"来之欢迎，去之欢送"。

六、阴阳的莫测性

周易有云："阴阳莫测之谓神"，指一切事物变化，难以预料。阴阳变化莫测，人体潜力莫测，环境变化莫测，交手变化莫测等，因此必须适应环境变化，锻炼灵敏度，形神兼练。太极拳能提高人的应变能力，遇敌时，顺其势，借其力，以其人之力，还治其人之身。

七、阴阳的螺旋性

宇宙之中，任何一种物质演化的总趋势和总方向，都是以螺旋为形式的发展与衰退相互交替的规律。太极图阴阳鱼之间有一条漩涡状的"S"曲线，阴阳变化的形式是立体螺旋。恩格斯说："由矛盾引起的发展或否定的否定——发展的螺旋形式"。所谓"拳打三个圆"：一是身体（包括四肢）运作非顺即逆；二是动作线路非圆即弧；三是定势造型松透掤圆。

顺逆缠丝为太极拳之精华。何谓顺缠？何谓逆缠？以右掌为例：以小指领劲，大拇指合住劲，向掌心一方旋转，即为顺缠；相反，大拇指领劲，小指合住劲，向小指一方旋转，即为逆缠。螺旋缠丝劲贯穿于各种刚柔、快慢、开合、升沉动作之中，体现于身体各个部位之上。不论是开合、虚实还是快慢等变化，全身处处走螺旋即缠丝劲、螺旋劲。既有自转，又有公转。合则以螺旋为形式，气聚丹田；开则以螺旋为形式，气贯四梢。以丹田为轴承、为枢纽、为核心带动全身，非圆即弧、非顺即逆。螺旋升沉（螺旋中升、螺旋中沉）、螺旋开合（螺旋中开、螺旋中合）、螺旋纵横（欲纵先横、欲横先纵）、螺旋进退（螺旋中进、螺旋中退）、内旋外旋、旋腕转臂、旋踝转腿。双臂双腿、一顺一逆、双顺双逆、忽顺忽逆、交替缠绕。用螺旋的方式，把阴阳劲（包括上下、左右、内外、形神等）合二为一；用螺旋形式使阴阳平衡；用螺旋形式化打结合；用螺旋形式畅通经络、畅通气血、活血化瘀。

顺缠变逆缠、逆缠变顺缠，凡是转关时，一定要塌掌根。塌掌根时沉肩、坠肘、松胯。交手时沾连粘随，化打结合，顺逆变换，力点变更，化实击虚。只有在螺旋运动中变动力点、方向、角度，才能不丢不顶，不犯双重之病。直线动作在推手中叫"顶劲之病"。

松透掤圆，指内气鼓荡，外形饱满；触处成圆，处处掤圆，处处形成球切线，周身气势充实而圆满。欲开先掤，欲掤先开，开与合都要先走一个顺逆相反的掤劲。定势时两臂撑圆、虎口撑圆、裆部撑圆（倒换虚实，裆下走弧）、涌泉穴圆、腋下撑圆、劳宫穴圆。周身如龙似蛇，纵看立体螺旋；横看环环相套。如旋风（龙卷风）、旋涡、滚动之球，又如钻头，如导弹，如环，如江河滚滚、波浪起伏、滔滔不绝。总之，阴阳转化走螺旋式、波浪式、漩涡式，龙卷风式，或走S形、8形，不可直来直去。拳论云："运化为圆，落地为方"；"天圆地方"；"触处成圆，脚下为方"；"圆活之趣，方正之根"；"圆之出入，方之进退"。

所谓发劲，就是运用人体立体螺旋力把对方掤出去。周身处处似球，一方面使人感觉触处成圆、处处被滑落、处处被掤出；另一方面使人感觉四肢和身体都走立体螺旋劲，处处都是顺逆滚动的、点线变换的螺旋体，从而在滚动中化掉来力，在缠绕中吃掉来力。如同蛇一样，缠住来力，随时掤出。

所谓发人的"三个圈"：一是与对方搭手，设法使对方来力与我力合在一个圈上。拳论云："左重则左虚，而右已去；右重则右杳，而左已去。"左引右进、右引左进。二是双手合住对方，从引进到发放在一个圈上完成。顺势而引，顺势而发。欲左先右、欲给先要、欲要先给、欲上先下等，打化结合，其势如环。三是上下交错圈。即手与脚同时走两个相反的交错圈，又称"小鬼推磨法"。如上面两手顺势而引，下面用脚逆势勾踢。

所谓"三个球"：一是在意念在导引下，丹田如同一个向外膨胀的球体，带动周身运动，形成一个立体螺旋劲。二是把自身作为一个滚动的球，依靠周身立体螺旋劲，把来力从切线上化掉；或加上我的一点小力，借其大力，稍微用四量劲改变一点角度，"以其人之力，还治其人之身"，形成小力与对方的大力合而为一，合力顺势发之，即"四两拨千斤"。三是把对方作为一个球。双手合住对方来力，如同抱球，包住对方，摸清其动向，双手顺势走一个圈如同掷球，将其发出；或"欲要先给"，运用"拍球"法，再借其反弹力顺势发之，即所谓"造势借力"。

八、阴阳的节奏性、渐变性

阴阳变化包括渐变、突变、量变、质变。不是此消彼长，就是彼消此长，处于动态平衡之中。一切事物的生长、发展、消亡都有一个渐变和突变的过程。根据这一哲理，力求行功的连续性、渐变性、节奏性、稳定性。调整虚实，稳定平衡。拳论云："沿路缠绵，静运无慌"，练拳要慢、要静、要沉、要稳。从静运中去体会动作：收缩的过程是舒散的准备，松沉的过程是刚发的准备，蓄劲的过程是发劲的准备，顺缠的过程是逆缠的准备。太极拳运动格调求缓慢、求沉稳。养练结合，形神兼练。有快有慢，快慢相间，有蓄有发，有卷有放，如波浪式前进，如行云流水，如乐曲节奏，有旋律、有韵味。习拳时必须慢，慢方可动作到位，劲力到位，处处规矩。要求全神贯注，入静用意；动中求静，动静平衡；慢中有快，快中有慢，慢而不呆滞，慢而不间断，快而不丢，快而不乱。过快则缺氧运动，过慢则节奏乏味。

通过明理、懂劲"两个环节"，使太极拳运动达到"三个结合"：鲜明的哲理、规矩的外形和充实的内劲。有云："打好太极拳，一要把道理打出来，二要把劲道打出来。"

第四节　太极拳的保健作用

太极拳是中国几千年灿烂文化的精华，具有独特而珍贵的生理保健作用，为中华儿女的身体健康做出了很大的贡献。它具有较好的健身和医疗价值。在我国最古老的医学经典著作《黄帝内经素问》中就有体操可以治疗疾病的记载："其病多痿厥寒热，其治宜导引。"这里所说的导引是一种体操活动。1800年以前，华佗发明了"五禽戏"。作为健身运动，他的理论是"人身常动摇则谷气消，血脉通，病不生，人犹户枢不蠹是也"。这都说明体操在防病治病方面都具有积极意义。其实，《黄帝内经素问》中的"导引"和华佗的"五禽戏"与太极拳有着异曲同工的作用。

中国传统医学有三个比较明显的特征：一是辨证施治中的整体观；二是阴阳平衡论；三是经络学说。这三个特征与太极拳的拳理极其一致。根据阴阳学说，"生命就是对立运动"，唯动、唯静都不完整。"一阴一阳谓之道。"人体生命过程，就是阴阳消长的变化过程，前半生为阳生阶段，后半生为阴长阶段。阴极必阳，阳极阴生，盛极必衰。生命的延长，无非就是使"阳极"来得晚一点；让生命的"突变"来得迟一点；让人的阴阳相对平衡、相对稳定期延长一点。阴阳两种功能，时刻都在变化；而阴阳变化的稳态是事物发展过程中的最佳状态，即阴阳平衡、阴阳相济、阴阳和合等，此为养生之道。《内经》有云："阴平阳秘，精神乃治，阴阳离决，精气乃绝。"

实践证明，太极拳是一种重要的健身与预防疾病的方法，还可以提高智力，锻炼意志，陶冶情操，延年益寿。太极拳运动能够培养人的正气，增加正能量，产生强大的内劲，除健身防身外，还是辅助治疗高血压、高血脂、高血糖、高血粘、冠心病、脂肪肝、胃溃疡等疾病的好办法，所以太极拳能配合药物来治疗某些疾病，是毫无疑问的。太极拳运动时全身肌肉、骨、关节、韧带等都要参与活动，其他如五脏六腑乃至大脑、五官、皮肤等也都要参与活动。同时，打拳时特别要求做到体松、心静和意识主导，这样就可以使意识、呼吸和动作三者密切结合起来，给全身各器官机能的活动打下良好的基础，实现"阴平阳秘""还精补脑"的功能，从而达到健身和防病的效果。人生三大平衡即体能平衡（开展平衡的运动）、智能平衡（调整认知、情绪的健康发展）、代谢平衡（有氧运动、均衡饮食、生活规律）。平衡为健康之本。太极拳是调整人的阴阳平衡的一种重要手段。

一、太极拳对大脑及神经系统的影响

脑是机体的一个重要器官，脑的代谢过程几乎都是需氧的代谢，太极拳运动是非常好的有氧运动，精神的集中需要脑部的控制，使神经系统的意念高度集中。打太极拳时要求放下一切杂念、排除各种干扰、全神贯注、心静气平和，轻松自如地完成比较复杂的各个动作，为身心入静、稳定情绪创造了良好的生理学基础。在训练全身肌肉、骨骼的同时也对中枢神经系统起着训练的作用，从而提高了大脑方面的调节作用，活跃了其他系统与各器官的协调活动，使迷走神经紧张度增高，各器官组织的供血、供氧充分，物质代谢也得到改善。可见，打太极拳对增强人的平衡能力、记忆能力、社会适应能力都有益处。

神经细胞随着年龄的增长逐渐萎缩和死亡，老年人脑血流量比年轻时相应减少，由于各种修复过程的逐渐衰退，削弱了神经细胞持续进行高水平修复的工作能力。为此，脑力劳动能力下降，较易疲劳，且恢复过程延长，记忆和分析综合能力减退。坚持太极拳运动可延缓脑细胞的萎缩和凋亡，促进对大脑皮层神经的修复，提高均衡性和灵活性，让习练者保持精力充沛、精明果断，并能迅速消除疲劳，有利于改善睡眠质量。

有研究表明，进行太极拳运动时可分泌一种叫"愉快素"的物质。它使人精神振奋，周身愉悦，并能抗寒防冻，提高反应灵敏度，使机体不易受害。也有人认为这种物质就是五羟酚胺（5-HT），它是人类重要的神经递质。适量的5-HT分泌对身体有好处，可使人舒适，增加食欲，改善睡眠。

太极拳用意念导引把内气送到经脉的梢端，通过周身节节放松，松到中指肚，送到中指肚，以促进周身气血充盈和循环。

二、太极拳对肌肉骨关节的影响

太极拳运动使骨骼、关节、肌肉得到全面的锻炼，肌肉血管处于有效的舒展和收缩状态。长期的锻炼，全身各部骨骼、肌肉群通过微循环提供充足的氧气，改善与提高这些组织的弹性、韧性和耐力；防止肌肉萎缩、关节僵硬、挛缩。肌肉的耐力与氧供给能量有密切关系，毛细血管血液含量多时，肌肉对氧的利用率就高，太极拳运动能增加毛细血管的数量和血氧含量。因此，长期进行太极拳锻炼能提高肌肉耐力和平衡能力，增强敏捷性和适应性，松弛肌肉神经，有利于关节运动和软组织弹性的恢复与提高，使肢体屈伸转动灵活自如。

长期打太极拳可促使组织中无机盐代谢，促使钙、磷的吸收与代谢。因为太极拳运动使骨骼内血液供应得到改善，促使骨的新陈代谢，从而防止骨骼中无机成分的丢失，同时使血钙向骨组织内转移，使骨骼中钙离子成分有效提升；增加骨密度，骨胫变粗，骨小梁的排列更加整齐规律，使骨的弹性、韧性加强，防止骨质疏松，延缓骨骼老化进程。从而提高骨骼的抗拉、抗折、抗压和抗扭转的能力，以及关节和韧带的活动度。

在太极拳运动中，有一部分动作专门是练习平衡能力的，而且成效明显。练习时，习练者常常一条腿支撑了全身的重量，腿部受力增加，因肌肉群、肌腱、韧带、骨骼得到长期锻炼而提高了平衡能力。要知道，许多老年人跌倒是平衡能力不够造成的，如果平衡能力提高了就不易摔跤了。

三、太极拳对物质与能量代谢的影响

近年来，国内外不少人从物质代谢的角度来研究太极拳对人体的健身作用。太极拳是一项较好的有氧运动，主要对碳水化合物、脂质、蛋白质进行有氧代谢，代谢过程中氧化成二氧化碳和水等排出体外，合成三磷酸腺苷（ATP）给身体供能。碳水化合物是人体组织细胞重要的供能来源，占人体能量来源70%，其以糖元的形式存在，有氧运动时首先消耗肌糖元，当肌糖元不足时消耗血糖，肝糖元又不断补充血糖。长时间进行太极拳锻炼能改善碳水化合物的良性代谢，可使高血糖的人血糖下降（配合药物治疗）。

脂肪是人体内最大的能量贮备，也是运动中补充能量的重要来源，在较长时间有氧运动中脂肪氧化供能超过糖的供能。在运动开始阶段，糖元供能为主，随着进一步运动，脂肪酸供能的相对比例随着运动时间的延长而增多。从这个角度来说，太极拳运动可有效防止体内脂肪过多贮存，能使高血脂、高胆固醇的人血中的甘油三酯及胆固醇含量不同程度下降，可以有效改变或减轻肥胖症、高血脂、高胆固醇。另外，长期进行太极拳运动可促进胆固醇的分解与代谢。

蛋白质是细胞的重要组成部分，通过太极拳运动能加强蛋白质的吸收和利用，如增加肌球蛋白加强肌肉收缩力；增加胶原蛋白改善皮肤弹性和骨细胞的有序排列；增加免疫球蛋白维护机体免疫功能，提高脂蛋白酶的活性，加速分解低密度脂蛋白，提高高密度脂蛋白，起到有效改善载脂蛋白组成，改善载脂蛋白的功能。高密度脂蛋白能附在动脉血管壁上保护血管，并清除其他有害物质在血管壁沉积，减少动脉粥样硬化、冠心病等疾病的发生，以保护心脑血管的功能。

研究发现，坚持长期太极拳运动的人能显著提高补体、受体（C_3、C_4）的合成能力，并增加T淋巴细胞的含量，增强非特异性抗感染能力和整体免疫机能，增加抗病能力。

四、太极拳对心血管系统的影响

太极拳螺旋式的运动，使人体从腰（丹田）到四肢，包括内脏、肌肉、韧带、关节，毛细血管都在非顺即逆的反复进行旋转运动，从而起到疏通经络的健身作用。进行太极拳运动时，全身各部骨骼肌会有意识性的收缩与舒张，加速血液流动。心脏功能的主要变化是增加每搏心输出量和每分钟心输出量，进行太极拳运动前加速血液循环，各组织器官的血液重新分配，特别是骨骼肌、心肌的血流量迅速增加，以满足其代谢增强时的能量供给需要。并且加速静脉血液回流，增强右心室充盈。呼吸运动加深时同样也能加速静脉的回流，如吸气时胸廓的容积增大，胸内部的负压增高，中心静脉的压力减低，结果是加速上下腔静脉血液回流。加强血液及淋巴液的循环，减少体内的瘀血现象，也是一种用来消除体内瘀血的良好方法。

通过运动可以使心肌纤维粗壮，增加心肌收缩力和心输出量，每搏出量增多时说明心脏对太极拳锻炼的适应能力得到了提高。每搏出量与最大吸氧量呈正比例关系，运动时心搏出量的变化直接影响机体各器官的有氧代谢，当心搏出量达到最高峰时，吸氧量也是最高峰，因此，心搏出量又是决定有氧代谢能力的关键，有氧代谢供能能力又是全身构成体力和耐力的主要因素。有氧运动可使心输出量增大，以改善全身各器官的耐力，进而增加体力，使精力旺盛。

五、太极拳对肺功能的影响

人体的肺功能主要表现在肺活量、肺通气量和肺换气量。经常打太极拳对保持肺组织的弹性有很好的帮助，使胸部呼吸差和肺活量增大，胸廓活动度增加，通气功能增强。因为经常打太极拳胸部肌和膈肌活动有力，有意识地深呼吸与轻慢的太极拳动作相配合，加大胸廓的活动幅度，保持肺组织的弹性和呼吸肌的力量，肺部的通气功能得到保证。对于已有肋软骨骨化和胸廓活动受障碍的人来说尤为重要。太极拳深沉而又均匀的呼吸，既能增加通气功能，又能通过腹压有节律地改变血流，使血流加速，增进肺泡的有效换气功能，这些都有助于保持和增强肺的活动能力。

太极拳要求肺呼吸与腹式呼吸相结合。肺吸气时，命门自然回收，腹部放松前后收缩，横膈肌下沉，胸肺膨胀，肺部吸氧量加大；肺呼气时，腹部膨胀（前丹田、后命门、下会阴、上横膈，都向外膨胀），横膈肌上升，肺部排气功能加强。腹式呼吸实质上是丹田部位各脏腑收缩和膨胀的功能。肺呼，丹田膨胀；肺吸，丹田收缩。通过调整呼吸，使海底穴运动起来，整个盆腔运动起来，一开一合，一收一放，使之与周身动作配合起来。太极拳运动中许多动作要求气向下沉，即气沉丹田，这就是一种横膈式呼吸，膈肌与腹肌有节律的收缩与舒张，使腹压不断改变。腹压增高时腹腔的静脉受到腹压的作用，把血液输入右心房；相反，当腹压减低时，下肢的血液向腹腔输入。这种横膈式呼吸有助于增加肺活量，进而改善肺通气量和换气量，降低肺动脉高压状态，使得气体交换更加完善，以增加血中含氧量，促进氧与二氧化碳的交换，加快新陈代谢。这是一项延长生命力的有效运动方式。"浊气去而清气来。"太极拳呼吸法，注重呼气，既有利于呼净肺部之浊气，吸进新鲜之空气，又有利于肌体放松使真气顺任脉下行，气聚丹田，被称为"有氧代谢运动"。

《少林拳术秘诀》云："长呼短吸为不传之秘诀。"《真气运行法》也是注重呼气。现代医学认为，呼气时对神经系统有好的影响。吸气时交感神经兴奋，呼气时副交感神经兴奋。交感神经兴奋时，全身处于紧张状态，心跳加快；副交感神经兴奋时，全身出现舒缓状态，心跳减缓。从人们日常生活情绪观察，欢笑时多呼气，哭泣时多吸气（谓之抽泣）。

除了肺部呼吸、丹田呼吸（腹式呼吸）外，还有体呼吸（又叫"毛窍呼吸"）。人体的气体交换由这三个分系统共同实现的，三者相互推动、相互交换、相互协调，形成一个完整的呼吸系统，从而促进人体气血的周流和推动各种功能的发挥。

古人云："天人合一""天人相应"。认为人体与宇宙是一个统一体。人体呼吸系统也不例外，应该与大自然同呼吸。人的呼吸系统是人体之气与宇宙大气相互联通的重要渠道。练拳时应是"人在气中，气在人中。"（《抱朴子》）《性命圭旨》云："一呼一吸，气通于天，天人一气，联属想通，相吞相吐"，使自己与宇宙融为一体。

六、太极拳对消化系统的影响

太极拳运动改善了全身的血液循环，让消化道的血液循环也得到改善，为满足体力消耗的需求，消化功能增强，促使胃肠蠕动，加深转化营养物质，促进消化过程。不仅如此，由于经常打太极拳，提高了中枢神经系统的调节功能，运动时呼吸加深，膈肌大幅度上下移动和腹肌的运动可以给肝、肠、胃、胰等脏器以有规律的按摩作用，加速门静脉血的回流，是消除和改善内脏瘀血的良好方法。另外，肝、肾的血液流动可加速肝、肾的排毒解毒功能。由于锻炼使胃肠功能得到改善，蠕动加快，可预防便秘。

第二章　武　德

中国五千年的文明史创造了灿烂的文化，形成了高尚的道德准则和完整的礼仪规范，被世人称为"文明古国，礼仪之邦"。礼仪文明作为中国传统文化的一个重要组成部分，对中国社会发展起了广泛而深远的影响，其内容十分丰富、范围十分广泛，其在武术领域形成的就是传统武德。在社会主义精神文明建设中，我们应立足于吸收传统武德之精华，使传统文明礼仪古为今用。

所谓武德，即武术道德，是习武者道德行为准则、规范要求的总和，体现为习武者为人之德、爱国之德、教武之德、学武之德、习武之德、管武之德、比武之德、评武之德、用武之德、施武之德等方面。拳谚云："武以德立，德为艺先"，"夫武德者，武之宗也"，"未曾学艺先学礼，未曾习武先习德"，"缺德者不可与之学，丧理者不可教之武"等，习武者要"内外兼修"，在提高外在武艺技能的同时，注重内在武德修养。

第一节　传统武德

在漫长的历史长河中，武术群体逐渐形成的对习武者的行为准则和规范要求的总和，就是传统武德。传统武德作为一种意识形态，深受传统伦理道德的影响，是习武群体在社会活动中逐渐形成的共同遵守的行为规范，是传统伦理道德思想在武术领域的具体运用。传统武德形成的意义：一是改善了习武者处理人与人之间的关系，与人为善，以和为贵；二是增强了习武者对社会、民族、国家的责任感、正义感、使命感，习武为民，习武卫国；三是明确了习武者的行为规范以社会伦理道德思想为总纲，恪守公德，维护秩序；四是促进了传统武术文化的传承和发展，尚武精神，民族脊梁。传统武德在习武者思想中形成了习武者特有的价值观、世界观、人生观，对习武者在社会活动中的思想和行为起引导、规范和约束作用。同时，要求习武者严格遵守社会伦理道德，维护社会秩序和社会和谐，遵守传艺规矩，恪守用武原则，倡导习武为民，习武卫国。虽然受到封建思想的影响，但反映着传统武德在中华民族道德上的文明进步。传统武德的内涵如下。

一、忠

忠，是武德之首要内容——尽忠报国。"忠者，德之正也"；"诚者，天之道也"；忠诚者，为人之正道也。要求习武者为人忠厚善良、忠诚恭敬；为国尽忠建功，尽忠效力；为人竭心尽力忠于君国，孝于父母，忠于感情，忠诚坚贞。我国历史上曾出现过许多"尽忠报国"的典范：北宋著名军事家族杨家将，抗金名将岳飞、抗金名将宗泽（义乌人）、抗倭名将戚继光、收复台湾的郑成功、虎门销烟的林则徐等。尽忠是做人之根本，这些人都是舍生取义的仁人志士。

二、仁

仁，指人与人之间亲善、友爱、博爱。简单地说：爱人如己。孔子把"仁"作为最高道德原则、道德标准和道德境界，他说："己所不欲，勿施于人"，指自己所不喜欢的，不要强加给别人，这才是有仁德的人。《论语·颜渊》中说"四海之内皆兄弟也，君子何患乎无兄弟也？"指四海之内，皆兄弟，君子担心什么没有兄弟？人与人之间是可以亲如兄弟的。"仁者以天地万物为一体"《孟子·梁惠王》。要求习武者用广博的爱去对待一切，以武会友，以和为贵，谦逊和气，师慈徒孝，兄贤弟恭；遇事与人为善，以爱人之心宽恕他人。习武者之间切磋武艺点到为止，不伤害对方，"尚德不尚力"。

"仁不轻绝，智不轻怨"《战国策·燕策三》，指仁慈的人不轻易与人断交；明智的人不轻易怨恨别人。要求习武者做到"仁者爱人"。"仁爱士卒，士卒皆争为死"（《史记·袁盎列传》），爱是一种力量，是一种感情，是一种责任。

三、信

信，要求习武者遵守诺言，恪守信誉。"有其言，无其行，君子耻之。"（《礼记·杂记下》）孔子《论语·为政》："人而无信，不知其可也。"《墨子经》：信者，诚也。专一不移也。诚实可靠、信守诺言是中国传统武德的重要内容。自古以来，武林志士待人处事诚信老实；言必信、行必果；言行一致、表里如一；一言九鼎、一诺千金；一言既出、驷马难追，成为男子汉的品质和象征。

四、义

义，要求习武者讲正义、道义、情义。《孟子·告子上》："生，亦我所欲也，义，亦我所欲也，二者不可得兼，舍生而取义者也。"孔子曰："君子喻于义，小人喻于利。"指道德上有修养的人明白大义，而那些心怀鬼胎的人只明白自己的利益。义是习武者的一种责任、一种奉献。义不容辞，义无反顾，见义勇为，大义凛然，大义灭亲，义正辞严等，成为武林人士的传统美德。武林志士历来打抱不平、崇尚正义，路见不平，拔刀相助，扶危济困，舍己救人。

五、孝

"孝，乃百行之本，众善之初也。"习武者要"百行孝为先"，孝敬父母，孝敬师长。"一日为师，终身为父"，"师为徒纲"，"恩师情重如山"。《论语》有云："三年无改于父之道，可谓孝矣。"

《弟子规》云："德有伤，贻亲羞。"指品德有缺陷让父母蒙羞。要求习武者"内外兼修，德艺双修"，严于律己，遵纪守法，不乱用武，不乱施武，善修其身，善正其心，善慎其行，善守其德，以德润身，以理服人。不让父母蒙羞，不让民族蒙羞，不让国家蒙羞。对于父母，此乃孝之始也。

《孝经·开宗明义章》云："身体发肤受之父母，不敢毁伤，孝之始也。"指为人子女，欲行孝，应先从爱护自己开始，不要让父母为我们身体的伤患而担忧。习武者勤学苦练，增强体质，可谓利国利民，对于父母，此乃孝之始也。

六、礼

礼是习武者的行为规范。"不学礼，无以立"（《论语》）。

怎么做才有礼呢？"名不正则言不顺，言不顺则事不成，事不成则礼乐不兴，礼乐不兴则刑罚不中，刑罚不中则民无所措手足。"（《论语·子路》）指说话要与自己的地位相称，否则道理上就讲不通。名分不纠正，说起话来就不顺当；说话不顺当，事情就办不成；事情办不成，礼乐也就不能复兴；礼乐不能复兴，刑罚就不会得当；刑罚不得当，百姓就会手足无措。《论语·学而》："礼之用，和为贵。先王之道，斯为美。"指礼的应用，以和谐为贵。古代君王的治国方法，先贤流传下来的道理，最可贵的地方就在于此。"名位不同，礼亦异数。"（《左传·庄公十八年》）礼是有差别性的行为规范，每个人必须按照他自己的社会、政治地位去选择相当于其身份的礼，符合这条件的为有礼，否则就是非礼。要求习武者在社会活动中，恪守传统伦理道德规范，否则，非礼也。

习武者受传统伦理道德影响，在武术活动中对礼有严格标准和要求，按照习武者的社会地位、身份、场合等不同，形成一系列具体的、形式化的礼仪，体现着习武者的修养与涵养。内容包括礼貌、礼节、仪式、仪表等。如武林人士在开拳之前，先行礼；以武会友，先行礼；在一定场合演讲之前，先行礼等。"礼多人不怪""先礼后兵"已形成传统。

在长期的历史发展中，礼作为中国社会的道德规范和生活准则，对中华民族精神素质的修养起了重要作用；同时，随着社会的变革和发展，礼不断被赋予新的内容，不断发生着改变和调整。

七、智

智，指习武者判断是非善恶的能力或意识，并把武术道德规范当作自觉行动。儒家把"智"看成是实现其最高道德原则"仁"的重要条件之一，"智"的五个步骤：博学、审问、慎思、明辨、笃行。习武者通过长期的内外兼修，将道德内化为人的自觉意识和行为，促进了中华武术的传承和发展。习武者自强不息、厚德载物等精神成为中国传统文化的精华。

侠义之人做到"富贵不能淫，贫贱不能移，威武不能屈"，即使自身富贵，也不做过分的事，不穷奢极侈，不为声色所迷，即使自身贫困，但志不贫，不做不仁不义之事；即使自身勇武，也以德服人，而不以武屈人，滥用武力。孟子曰："故士穷不失义，达不离道。"指人穷的时候不丧失道德的标准，而发达的时候也不可以背弃自己做人的原则。

八、勇

武德中"勇"既是道德标准又是行为实践。《论语·为政》："见义不为，无勇也。"儒家认为，"勇"必须符合"仁、义、礼、智"，而且不能"疾贫"，才能成其为勇。《论语》："君子有勇而无义为乱。"勇有大勇和小勇之分。孟子说：血气之怒、匹夫之勇，是小勇；以匡扶正义、安抚天下为己任，是大勇。小勇敌一人，大勇安天下。

武林志士历来以"先天下之忧而忧，后天下之乐而乐"的博大胸怀，以维护社会道义、正义为己任，把武力用在为国为民的大事上，以武卫国，英勇善战，为民除害，惩恶扬善，路见不平，拔刀相助，扶危济困，舍己救人，以武制暴，见义勇为，危难时刻不惜舍生取义，称之为大智大勇大义。

勇还体现在历代武林志士勇猛习武、献身武术的尚武精神。尚武精神促进了传统武术文化的传承和发展，强硬了中华民族脊梁。

第二节　当代武德

传统武德在历史的长河中，随着时代的发展，社会的进步，内容在不断地调整、充实、创新、发展。我们在建设社会主义精神文明社会中，应对传统武德"取其精华，弃其糟粕"，批判继承传统武德，形成当代武德。其主要内容如下。

一、弘扬武术，为国争光

武术是我国民族体育项目，传承和发扬中华武术是武林志士应尽的义务和责任，武林志士要树立远大理想，立志弘扬武术，为国争光。一要积极培养、发现、推荐、保护各类武术人才，挖掘、抢救、整合我国传统武术资源，增强我国武术运动实力，为武术走向世界，走向奥运贡献力量。随着市场经济和体育产业的发展，武术馆（校）、培训中心（站）、训练基地等应运而生，这对武术老师的师德提出了更高的要求，身教重于言教。孔子曰："其身正，虽不令而行；其身不正，虽令而不行。"老师要做到言传身教、为人师表、言必正言、行必正行、教必正教；"不可不传，不可乱传"，不可重利轻艺，不可误人子弟，不搞个人神化，不搞思想束缚。金华、义乌一带的武术家提出"五教、五不教"，"五教"：秉性良善者，为练身体者，弘扬武术者，侠义心肠者，为人正派者；"五不教"：性格暴躁者，心存怨仇者，违法乱纪者，嗜赌成癖者，作风不正者。二要组织群众、发动群众、参与武术健身运动，当好社会体育辅导员，促进全民健身运动的发展和国民素质的提高。三要大力传承和传播武术文化，让全世界人民了解中国武术文化的博大精深。武术是我国传统文化的典型代表，是世界非物质文化遗产的瑰宝。传承和传播中华武术文化，对提高我国的软实力，增强我国在世界的吸引力、竞争力具有重要意义。武术融入了我国悠久的文化传统，承载了我国传统文化的思想精华，弘扬武术对激发国民的民族精神、顽强拼搏精神和爱国主义精神具有重要意义和现实意义。武林志士，弘扬武术，责无旁贷，任重道远。

二、爱国守法，见义勇为

爱国守法，武德之本。爱国主义是习武者对自己祖国的一种最深厚的感情，是一种崇高的思想品德。遵纪守法是现代社会公民的基本素质和义务，是保持社会和谐安宁的重要条件。在法律面前人人平等，习武者要通过修身养性，提高自我修养，培养高尚的道德情操，带头学习法律知识，增强法制意识，坚持依法办事，遵守各项规章制度，自觉维护法律的尊严和自身的合法权益，争做遵纪守法的武术人。"艺高人胆大，胆大艺更高"，但不能忘乎所以，胆大妄为，为所欲为，违法乱纪。与此同时，要敢于与违法乱纪行为做斗争，共同维护社会的正义和国家法律的尊严。

见义勇为指习武者为保护国家、集体利益和他人的人身、财产安全，不顾个人安危，同违法犯罪行为做斗争或者抢险、救灾、救人的行为。习武者通过长期"内外兼修"具备了超人的胆识、品质和武功，以"修己以安人，修己以安百姓"为宗旨，对人民、对社会、对国家有强烈的责任感、正义感、使命感，当国家和人民的利益受到侵害时，奋不顾身，挺身而出；为维护社会的公道和正义，该出手时就出手，扬善除恶，见义勇为。爱国爱民是习武者应有的品质，习武者要弘扬爱国主义精神，以"先天下之忧而忧，后天下之乐而乐"的博大胸怀，为构建和谐社会、平安社会、文明社会做出贡献，积极参与社会治安活动和同违法犯罪行为做斗争，在国家和人民关键时刻不惜舍生取义，体现出当代习武者高尚的道德品德和良好的精神风貌，在武德实践中实现人生价值。

三、尊重他人，团结友爱

一个人只有懂得尊重别人，才能赢得别人的尊重。习武者应恪守礼仪，养成尊重别人的习惯，礼让为先，有礼有节，增强亲和力，才能成就大业。"人若不尊重别人的尊严，自己就不会有尊严"（伦纳德·恩斯坦）；"贬低别人同时也贬低了自己"（布克·华盛顿）。孟子说："爱人者，人恒爱之。敬人者，人恒敬之。"《论语·子路》："君子和而不同，小人同而不和。"习武者要有包容精神，团结不同意见、不同门派、不同拳种、不同民族的各界人士，求同存异，以武会友，相互学习，共同进步。

习武者在切磋武艺时，点到为止，保护对方，尊重他人；前辈们在技术交流时，会谦虚地说："承让承让""承蒙谦让""请多关照""请手下留情""谢谢、谢谢"之类的客气话，显示出习武人高尚的人格魅力。在比武时严格遵守竞赛规则和武术道德规范，场上是对手，场下是朋友。武林界有"尚德不尚武""尚德不尚力""尚武不尚力"的格言，指武德比武功更重要。

尊师爱生是中华传统美德之一。学生要尊重老师，敬爱老师，恩师情重如山。老师在传授武艺时，要尊重学生的人格和尊严，鼓励他们进行全方位学习，多参加各类武术观摩、比赛、交流、培训、研讨等活动，不断提高武术运动成绩，还要以学生为主体，尊重学生个性，自主全面发展。"井淘三遍吃好水，人从三师武艺高。"

四、修身养性，文明礼貌

修身养性就是要求习武者通过"内外兼修、德艺双修"来达到自我完善的一种途径，把先贤之美德才学和社会之公德化为自身之习性功力。诸葛亮说："静以修身，俭以养德。唯淡泊可以明志，唯宁静可以致远！"习武者要以静思反省来使自己尽善尽美，以俭朴节约财物来培养自己高尚的品德。不清心寡欲就不能使自己的志向明确坚定，不安定清静就不能为了实现远大理想而长期刻苦学习。

俗话说："万事忍为先"，不滥用武力，不以暴制暴，德为艺先，武以德立。孔子曰：三人行必有吾师，择其善者而从之，择其恶者而改之。习武者要加强理论学习，加强自我修养，培养高尚的道德情操和良好的精神风貌。

文明礼貌体现习武者的道德修养、文化修养和为人处世的能力。武术界自古有"未曾学艺先学礼"的传统，讲文明、讲礼貌已成为美德。要求习武者做到仪容整洁干净，举止端庄大方，表情和蔼可亲，语言谦虚恭敬，服饰讲究场合。武术服饰包括衣服和装饰，武林人士参与武术表演、武术裁判、武术教学、武术训练、武术交流等活动，要严格按照武术道德规范和大会要求着装。武林志士通过长期"内练精气神，外练筋皮骨"的锻炼，具备习武人特有的气质和风度，显示出习武人良好的道德风尚和中华民族的尚武精神。

第三节　抱拳礼

抱拳礼，在我国历史上称"作揖礼""拱手礼"，是中国民族传统的、独特的见面问候礼仪，两手在胸前相合表示敬意。

拱手礼源于上古，有数千年的文化历史。《论语·微子》中有这样的记载："子路拱而立。"据《周礼》记载，根据双方的地位和关系，当时作揖就已有土揖、时揖、天揖、特揖、旅揖、旁三揖之分。土揖是拱手前伸而稍向下；时揖是拱手向前平伸；天揖是拱手前伸而稍上举；特揖是一个一个地作揖；旅揖是按等级分别作揖；旁三揖是对众人一次作揖三下。古人作揖的方法有许多种，如长揖，即拱手高举，自上而下向人行礼等。

一、中国历史上传统的作揖礼、抱拳礼的基本做法

行抱拳礼时，双腿站直，上身直立或微俯，双手互握合于胸前。一般情况男子以左手抱右手，即右手握拳在内，左手在外，自然抱合，松紧适度，屈臂拱手，自然于胸前微微晃动，不宜过烈、过高；女子则正好相反。若为丧事行拱手礼，则男子以右手抱左手，即左手握拳在内，右手在外，女子则正好相反。

古人认为杀人时拿刀都是用右手，右手在前杀气太重，所以男子尚左，用代表友好的左手在外，把右手包住，表示和平友好。男子用左手握右手，称作"吉拜"，相反则是不尊重对方的"凶拜"。

我国民族传统文化源远流长，由各民族、各地域的传统文化汇聚而成，"左""右"孰尊，古今有别，情形各异。《老子》说："君子居则贵左，用兵则贵右。"《史记·廉颇蔺相如列传》："既罢归国，以相如功大，拜为上卿，位在廉颇之右。"近代则以"左"为尊。

传统的"抱拳礼"有模仿带手枷奴隶的含义，意为愿作对方奴仆。后来拱手逐渐成了程式化的相见礼节，以自谦的方式表达对他人的敬意。"抱拳礼"体现着中国的人文精神，现在被广泛运用于人们的社会活动包括武术界的礼仪之中。

二、现代国内外武术界采用的抱拳礼

双腿并步站立，左掌右拳胸前相抱，高与胸齐，拳掌与胸之间距离为20~30。

要点：左手四指并拢伸直，拇指屈拢成立掌；右手握拳拳面紧贴左手掌心，拳心向

下，拳眼向内，屈臂成圆，肘尖微垂，左指尖与下巴同高。头正身直，目视对方，从容大方。（图2-1）

图 2-1

三、武术界抱拳礼的基本含义

（1）双手合抱在胸前，表示武术界五湖四海皆兄弟。

（2）左手拇指屈拢，表示武林人士"莫称大"，表示谦逊、谦虚、谦让。

（3）左掌为"文"，右拳为"武"。指武功受武德约束和监督，既要做到慎用武力，遵纪守法，又要做到勇猛习武，见义勇为。习武者做到"文武兼学""内外兼修""德艺双修"。

（4）双手合抱在胸前，表示武术同仁的友谊永记心间。

（5）双手合抱在胸前，表示恭敬师友，欢迎前辈指教。

第三章　传统杨式太极拳

第一节　传统杨式太极拳简介

杨式太极拳源于河南省陈家沟的陈式太极拳，为清末拳师杨露禅所创。杨式太极拳的特点是：体舒心静，均匀柔和，结构严谨，身法中正，不偏不倚，虚实分明，圆活连贯，外柔内刚，轻灵沉稳，浑厚庄重，动作简洁。练法阶段上，由松入柔，积柔成刚，刚柔相济。架式有高、中、低之分，可以按照学者不同年龄、性别和体质条件，以及学者不同的要求，适当调整运动量。可以静心慢练，但也不可太慢。打一套"八十八式太极拳"大约需要 20 分钟，既适用于治病保健，又适宜于体力较好者用来增强体质，提高技术。正由于杨式太极拳姿势优美自然，开展大方，中正圆满，体态潇洒，神态安详，因此很自然地表现出气派大、形象美的独特风格，深受国内外广大太极拳爱好者的喜爱。

第二节　传统杨式太极拳动作名称

第一式	预备式（无极式）	第二式	起势
第三式	揽雀尾	第四式	单鞭
第五式	提手上势	第六式	白鹤亮翅
第七式	左搂膝拗步	第八式	手挥琵琶
第九式	左右搂膝拗步	第十式	手挥琵琶
第十一式	左搂膝拗步	第十二式	进步搬拦捶
第十三式	如封似闭	第十四式	十字手
第十五式	抱虎归山	第十六式	斜揽雀尾
第十七式	斜单鞭	第十八式	肘底看捶
第十九式	左右倒撵猴	第二十式	斜飞势
第二十一式	提手上势	第二十二式	白鹤亮翅
第二十三式	左搂膝拗步	第二十四式	海底针
第二十五式	闪通背	第二十六式	翻身撇身捶
第二十七式	进步搬拦捶	第二十八式	上步揽雀尾

第二十九式	单鞭	第三十式	云手
第三十一式	单鞭	第三十二式	高探马
第三十三式	左右分脚	第三十四式	转身左蹬脚
第三十五式	左右搂膝拗步	第三十六式	进步栽捶
第三十七式	转身白蛇吐信	第三十八式	进步搬拦捶
第三十九式	右蹬脚	第四十式	左右打虎势
第四十一式	回身右蹬脚	第四十二式	双峰贯耳
第四十三式	左蹬脚	第四十四式	转身右蹬脚
第四十五式	进步搬拦捶	第四十六式	如封似闭
第四十七式	十字手	第四十八式	抱虎归山
第四十九式	斜揽雀尾	第五十式	斜单鞭
第五十一式	左右野马分鬃	第五十二式	揽雀尾
第五十三式	单鞭	第五十四式	玉女穿梭
第五十五式	上步揽雀尾	第五十六式	单鞭
第五十七式	云手	第五十八式	单鞭
第五十九式	下势	第六十式	左右金鸡独立
第六十一式	左右倒撵猴	第六十二式	斜飞势
第六十三式	提手上势	第六十四式	白鹤亮翅
第六十五式	左搂膝拗步	第六十六式	海底针
第六十七式	闪通背	第六十八式	翻身撇身捶
第六十九式	进步搬拦捶	第七十式	上步揽雀尾
第七十一式	单鞭	第七十二式	云手
第七十三式	单鞭	第七十四式	高探马
第七十五式	穿掌	第七十六式	转身单摆莲
第七十七式	搂膝指裆捶	第七十八式	上步揽雀尾
第七十九式	单鞭	第八十式	下势
第八十一式	上步七星	第八十二式	退步跨虎
第八十三式	转身双摆莲	第八十四式	弯弓射虎
第八十五式	进步搬拦捶	第八十六式	如封似闭
第八十七式	十字手	第八十八式	合太极

第三节　传统杨式太极拳动作图解

第一式　预备式（无极式）

　　两脚开立，与肩同宽，重心在两脚涌泉穴，脚尖向前，身体自然直立；两臂自然下垂，两肘微屈，腋下留有一拳空隙，五指自然伸直，意贯指尖；眼向前平视。（图 3-1）

图 3-1

　　要点：

　　1. "立身中正安舒"，虚领顶劲、含胸拔背、气沉丹田、尾骨前收、尾闾中正；心静体松、松腰收腹、两胯收落、上虚下实；虚领顶劲与气沉脚底对拉拔长；头顶、躯干至会阴，形成一条垂线。

　　2. 身躯端引法：百会领起，头顶引领，以头领身，劲领全身，神贯于顶，精神自然提起。

　　3. 两胯松平，有向两侧平伸且向前包裹之意。

　　4. 喂劲法（内气畅通线路）：面对墙壁直立，两手掌按墙面，两脚尖贴墙根，手上之劲由劳宫穴经腕、肘、肩、背脊、命门、腰、胯、膝、踝骨到达涌泉穴，形成贯穿一气的整劲，身体岿然不动；反之会向后倾倒。

　　用法：以静御动。

第二式　起势

　　1. 两腿直立，有对拉拔长之意；两手移向两胯前，边内旋边慢慢沿脚尖方向向前平举，两臂不可挺直，须微屈下坠，中指领劲，劲贯指梢，手指指向无穷远，节节贯穿，高与肩平，掌心向下，手指向前，不可垂手；身体重心在两脚脚跟（劲贯脚跟）。眼看前方。（图3-2）

图3-2

2.两腿仍然直立，松肩沉肘，带动两掌外旋下采于胸前，坐腕，两手仍与肩平，拇指上扬，掌心斜相对，重心移脚心；眼看前方。（图3-3和图3-3附图）

图3-3　　　　　　图3-3附图

3.两膝微屈，重心稍右移，腰胯稍右转；同时随体转左掌边内旋边慢慢向前推出，舒指坐腕，掌心斜向前，手指斜向上；右掌边内旋边向下按于右胯侧前，坐腕，掌心向下偏左；眼神顾及两手。（图3-4）

图 3-4

4.重心稍左移，腰胯稍左转；同时随体转右掌边内旋边慢慢向前伸举，掌心向下，手指向前，腕与肩平；左掌继续边内旋边向下按于左胯侧前，坐腕，掌心向下偏右；眼神顾及两手。（图 3-5）

图 3-5

要点：

（1）书中"内旋"是指拇指向手心方向旋转；"外旋"是指拇指向手背方向旋转。

（2）第一动：下沉。神、意、气由任脉松沉，经腿内侧下沉至涌泉穴；第二动：上升。神、意、气由涌泉穴上升，经腿外侧由督脉、脊背向上，随着两臂慢慢向前平举，由肩、肘、腕、掌、指节节贯穿前伸，劲贯指梢，中指领劲，手指指向无穷远；手指与脚趾对拉，好像有一根橡皮筋，劲贯脚跟。第三动：下沉。沉肩坠肘坐腕，劲贯掌跟，全身重心下沉至涌泉穴。所谓"动手不是太极拳"，是指身形、手势没有与神、意、气的配合。太极拳的规律是：内不动，外不动；意不动，形不动。

（3）所谓"练拳不要练成挂在肉桩上的死肉"，就是要求节节贯穿，舒松柔和。从单臂分析：当手掌向前运行时，神、意、气、筋、骨节节贯输前伸，肌肉、皮向后；反之，当手掌抽回时，神、意、气、筋、骨节节向后，肌肉、皮向前。从"两臂似一臂"分析：右手将神、意、气、筋、骨由肩、肘、腕、掌、指节节贯输前伸，左手皮、肌肉由肩、肘、腕、掌、指节节后退。或者说，左伸右缩、右伸左缩。这都属于皮、肌肉和筋骨的对拉拔长运动。当手臂向前向上运行时，意想手臂上的骨头向前向上运行，手臂上的皮肉好像松垂地挂在骨头上，肉与骨有脱离下沉之感，称之为"骨升肉降"。

（4）"上肢端引法"：当手向上、向前运行时，以手引领（两肘不可挺直）；当手向下、向后运行时，肩肘引领（即沉肩坠肘，两肘须微屈）。如两肘下沉，肘尖领劲，带动两掌下按；下沉时气沉至涌泉。两肘要保持微屈，曲中求直，直中寓曲，即所谓劲似松非松，将展未展。肘尖与地面垂直，仍然可以达到"坠肘"的要求；而如果两肘挺直，小臂与地面垂直，就失掉"坠肘"之意。拳谚云："肘尖上抬全身空，肘尖下沉全身松。"所有动作，四肢皆不可笔直而失去弹性。

（5）左掌向前下方按出时，右脚实；右掌向前伸举时，左脚实。按掌时坐腕，掌根下沉，劲贯掌根，手指节微微上翘。能坐腕，才能形于手指。两臂似一臂，两脚互为其根。

（6）逢上必下、逢前必后。当两腕上提，两掌向前掤举时，身子下沉，重心后移；当顶劲上领，百会领起，头向上顶，掌根下塌，两掌下采。百会与会阴垂直，脊骨节节松沉直竖，含胸拔背，尾闾正中，气沉丹田。

用法：

两臂上行即"掤"，两臂下行即"挤、采、捋、按"。如对方两手抓握我两腕，我两臂平举，劲贯指梢发之；对方两手托住我两肘，两肘下沉，肘尖领劲解之；对方左手抓握我右腕，我吸右胯、抽右手，左掌攻之。

对方用两手推按我胸部；我两手从对方两臂下向上掤起，内旋抓扶其上臂上侧，如对方继续推按，我乘势借力，后脚滑撤半步，前脚蹬地跟滑半步，同时两手下采，使其扑倒。

第三式　揽雀尾

（一）左掤式

1.腰胯右转，右脚尖外摆，重心右移，右腿屈膝坐实，左脚随腰胯右转提起，脚尖自然下垂；同时右掌随体转在右胸前内旋，由右向里向左抹转一小圈，掌心向下；左掌外旋经腹前向右弧形抄至右掌下方，意入地，掌心向右偏上，与右掌斜相对（斜抱球）；眼

随体转平视，关顾右手。（图 3-6）

图 3-6

要点：腰胯右转时，宜侧蹬左脚，劲起于左脚，经左腿、左胯、右胯、右腿至右脚植地生根。两脚互为其根，两腿似一腿，如同一根 U 形钢筋倒插地。因此，重心不是水平移动，而是沿内气路线节节贯穿。

2. 右腿继续下蹲，腰胯稍左转，松开左胯，左脚向左前方上步（脚尖正对前方迈出。两膝与两脚方向相同，称之为"两尖相对"），脚跟轻轻着地；同时两掌合再合至两腕上下相对于胸腹中心线前，两腕相合似剪掌，左掌内旋合于右上腹前，右肘之下，掌心向右下；右掌外旋合至左锁骨前下，左肘之上，掌心斜向下；眼视前方。（图 3-7）

图 3-7

3. 当左脚跟一经着地，腰胯渐渐右转，以腰胯右转带动左脚内扣，脚尖向西南，重心左移，左脚踏实，成左侧弓步，胸腹中线正对前方，两脚平行或基本平行，两脚之间的着意点在第二点，使左腿不僵；同时左掌外旋经右掌下方向左上方弧形掤出（此为"单手掤"），掌与肩平，掌心向右偏上，掌指向前，意贯指尖；右掌内旋向前而右经左掌上方弧形下采至右胯旁，坐腕，手指节微微上翘，掌心向下，手指向前，意贯指尖；眼视前方。（面向正西，图3-8和图3-8附图）

图3-8　　　　　　　　　　　图3-8附图

要点：

（1）逢转必沉。当腰胯右转时，收沉右胯，右胯主动，左胯找右胯；左脚提起时，右胯找右脚跟并有对拉之意。

（2）左脚上步时，右腿坐实，腰胯左转，左腰眼微上抽，以右腰眼托起左腰眼，送左脚迈出，这叫右腰胯送左脚，即实脚送虚脚。

（3）以肘为圆心，走手不走肘；沉肩坠肘，松臂坐腕，神贯与顶。两掌前后拉伸展开时，经过胸腹中线前（两腕上下相对），成剪掌。左掌向左向上向前经右掌下方弧形掤出；右掌经左掌上方由前向右下方采至右胯旁，以助左掤之势。

（4）左侧弓步时，左手臂掤与右胯收转形成对拉，左掌与右掌对拉，两掌与两锁骨对拉，左胯找左脚跟并对拉，既能增加掤劲，又能立身中正。

（5）左侧弓步时，左脚尖与右脚跟在南北方向一条线上。"三开"：意开、胸开、裆开；百会与会阴垂直，脊骨节节松沉直竖，虚虚对准，含胸拔背，尾闾正中，气沉丹田；两肩平、两胯平，松胯圆裆，四面八稳。左肘与左膝相对，右肘与右膝相对；左膝盖不超过脚尖，并与左脚尖方向一致。

（6）"欲右先左"，右掌欲右抽，先经向左向里再向右划一个小圆弧，既可使动作连绵不断，行云流水，内劲充盈，富有韵味，又可以防止"直来直去拐尖角"。

（7）"手臂撑圆"，指大小臂呈弧形，避免直来直往和转死弯、拐直角的现象；夹角应该大于90°，如果小于或等于90°，则影响气血畅通；如果180°直臂，则不符合"劲以曲蓄而有余"的要求。太极拳的手臂一伸一屈不可平出平入，直来直往，应把腕部和前臂的旋转动作确切地表现出来，臂含沉劲，肘含顶劲；下肢也要保持自然弯曲，曲中求直，似展非展。

（8）"手走弧形臂要旋"。左手向右抄手时外旋，左脚迈出两腕上下相对于胸腹中线时内旋，向左前方掤出时外旋，否则无臂可旋。后面斜飞势、野马分鬃等动作要求相同。

（9）两个"意"：一是两掌抱球状时，左掌沿右小臂向肘方向斜插，"意入地"；二是左掤时，气球膨胀催动左小臂滚转向左前方掤出，"意气圆"。

用法：

对方右手击我胸，我右手抓采其右腕并向右下采，引劲落空；同时左腿封其右腿，左臂从其腋下或臂上横劲掤出。

对方以右蹬腿攻击我胸腹，我左掌掌心向上，由左向右上方弧形抄起其小腿或踝关节后侧，随即向左前方掤出。

（二）右掤式

1.坐实左腿，腰胯继续左转带右脚提起，小腿自然下垂为虚悬。同时左掌随体转和左肘后抽边内旋边弧形下采至左胸前，掌心向右偏下；右掌边外旋边向左抄至下腹前中线（切勿超出左侧身外），掌心向左偏下；两掌斜抱球。眼视前方。（图3-9）

图3-9

2.腰胯右转，右脚向右前上步，脚跟先着地踏实，撑右腿，蹬左腿，成右弓步；同时右掌边外旋边立掌前上方掤出，手高与肩平，手背含掤劲，意贯指尖，掌心向内偏上，腕略高于肘，中指与小臂一线；左掌置于右腕内侧斜下方，指尖指向右手脉门，随右掌向前推出，立掌坐腕。继而随体转右掌内旋向前掤出，掌心侧向前，掌指向上与鼻平；左掌随体转外旋置于右肘内侧，掌心侧向上，掌指对右肘。眼随体转向前平视。（此为"双手掤"，前面的左掤为"单手掤"，图3-10和图3-11）

图3-10   图3-11

要点：

（1）"双手掤"时右掌与印堂穴斜相对，如照镜子。

（2）两腿似一腿，两脚互为其根。右弓步，蹬左腿，撑右腿，其内气线路：劲自左脚起，经左膝、左胯、右胯、右膝、右脚。收右胯、送左胯，左胯压右脚跟，松沉右胯，两胯相合。

（3）太极拳一开一合，开就是意气从中心向纵横方向"散"出去，"气球"膨胀，称之为对拉拔长；合就是意气由纵横向中心点聚合，"气球"收缩。开合的中心点在膻中穴，膻中穴为总开关。膻中"点"发动，肩、肘、腕、掌小点跟随。两掌掌心含有气球、点，无论手形状如何，掌心都含球，掌心向上时托着球，向下时吸着球，侧向时黏着球，技击时把球按入对方身体。

（4）走手不走肘。抄手时不要扣腕，要直腕；抄手时手臂好像有东西挂着，有一种沉重感，好像在池中抄水，把池中的水吸上来。右手抄手时，内气由左手劳宫穴经腕、肘、肩、脊背送至右肩、肘、腕、劳宫穴。根据"内气路线""两臂似一臂""一动无有不动"等原则，两手运动是节节贯穿、虚实分明、阴阳转换、对拉拔长等互相联系的，右手运行时，左手不可不动，否则成为"死手"。

（5）右腿前弓变实腿时，胯部松沉，叫"实中有虚"；左腿后蹬变虚腿时，胯部要实，叫"虚中有实"。右实腿通过胯根内收，将神、意、气输送至左掌根。

（6）实脚转身时，胯找脚跟，肩胯相合，形成肩井穴、胯、脚跟在同一垂直线上，如同门轴。要求"四平",即两肩平、两胯平,两肩、两胯如在同一门板上,肩胯同转,肩胯并进。抄手时以腰带手,以腰带脚;手与脚上下相随。

（7）两个"意":一是两掌抱球状时,右掌沿左小臂向肘方向斜插,"意入地";二是右掤时,用转腰走拔劲儿,气球膨胀催动右小臂滚转掤出,"意气圆"。

用法:

对方以左蹬腿攻击我胸腹,我右手由右向左上方弧形抄起其小腿或踝关节后侧,随即腰胯右转,右脚上步,左掌按其脚跟,两手合劲向右前方掤出。

对方手击我胸腹部,我右抄手化其力,上步左掌击之。

（三）捋式

腰胯左转,重心左移,成左坐步。随体转两掌绞转（右掌外旋,左掌内旋）向左边掤边捋,胸腹中线对左前约45°,两手始终在胸腹中线两侧,掌心斜相对,右掌在右胸前,掌心向左,掌指向前;左掌在左上腹前,掌心向内,掌指向前,手背含掤劲;眼随体转向前平视。（图3-12）

图 3-12

要点:

（1）左手化劲,为虚手,右手发劲,为实手;弓步变虚步:右腿渐渐变虚腿,左腿渐渐变实腿。两掌随体转左捋;两掌距离以一手搭对方腕、一手搭对方肘节大臂处为宜,捋化的距离相等,这叫"上于两膊相系"。

（2）重心后移做到"撑中有蹬渐后坐",即撑展前腿,屈蹬后腿（不可主动屈膝,应主动蹬撑）,两脚互为其根;以转腰带动两手左捋,"活腰松裆"为柔劲,"不松则滞"。

（3）所谓"胯似磨盘腿似架",指上磨盘（腰胯）转动,下磨盘不动（两腿支架不动）;转动时百会与会阴垂直,做到四平:两肩平、两胯平。

用法:

对方用左手推按我胸部,我左手从其臂外侧引采其腕,右手按其肘部,两手向左下方合劲。

（四）挤式

腰胯右转，重心右移，撑右腿，蹬左腿，成右弓步；同时右臂外旋，弧形横于胸前，掌心向内；左臂内旋，掌心向外，贴近右腕内侧；随即以右小臂与左掌向前挤出；眼看前方。（图3-13和图3-14）

图3-13　　　　　　　　　　　图3-14

要点：

（1）所谓"两尖相对裆自圆"，指两膝、两脚尖的方向相同，裆如拱桥裆自圆。右弓步（拗弓步）时，收沉右胯，送合左胯，两胯相合，左膝呈开势，使左膝与左脚尖同向，左弓步（拗弓步）同理，这叫"胯合膝开"。

（2）右手为掤，左手为按，两手为挤，即"挤劲"包括掤劲、按劲、挤劲，三劲齐进。"挤劲"与命门后撑，形成对拉拔长；但不是背部后移，做到"形不外露，功蕴于内"；此势"拧腰扣裆""不扣则散"。

（3）左掌与右腕（右手脉门）之间不要贴住，似挨非挨，似松非松，似合非合，仅仅以皮肤接触为度；肘部不可抬起，稍低于腕；两臂撑圆。

（4）进攻时，骨盆端起，沉肩松胸，肩胯相合，尾骨找对方中心线的落点。

（5）神、意、气（内劲）由腿内侧下沉至涌泉穴；随后内劲从涌泉穴上升，由脚、踝、膝、胯、腰、肩、肘、腕、手，松开各个关节，让气血通达目的地。

用法： 接上势，若对方抽回其手，我顺势前挤；或对方用两手按我胸，我右臂屈肘直腕，左手按在右腕内侧，两手同时发劲前挤，将其发放。

（五）按式

1.收沉右胯，随即腰胯左转，重心左移，成左坐步；同时随体转两肘渐屈下沉，右臂内旋，右掌由左向右划弧，掌心向前；左臂内旋，左掌由右向左划弧，掌心向前；随即两掌根向下划一个小圆弧至心口前，防止直来直去产生棱角；眼看前方。（图3-15）

图3-15

2.撑右腿，蹬左腿，成右弓步；同时两掌向前微向上（呈微微向上的弧形）按出，坐腕竖掌，腕与肩平，掌心斜向前，劲贯掌根，意贯指梢；眼神关及两掌前按。（图3-16）

图3-16

要点：

（1）右转时收沉右胯；左转时收沉左胯。

（2）立身中正，肩胯垂直，齐进齐退，上下相随。弓步时，后有蹬劲，前有撑劲；前去之中，必有后撑；坐步时，前腿撑展，后腿屈蹬，两腿互为其根，撑中有蹬渐后坐。

重心后移时，两胯骨与两肩肘同时向后抽，带动两掌向后下弧形回抹；意气松沉至脚底，蓄势待发。两手并未主动，而是随身体螺旋转动而分开。

（3）按掌时以腕领劲，劲贯掌根；意想尾骨找对方胸腹中线的落点；胸腹中线（胸窝、肚脐为人体真立的中线）正对前方，两手始终在胸腹中线两侧。两手与两锁骨对拉，防止上体前倾。手指切不可用力翘起，以腕背侧皮肤不皱为准。做到"三沉"：沉肩、沉胯、沉膝；"三合"：意合、胸合、裆合。塌腰合裆，不合则浮。

（4）拳论云：其根在脚，发于腿，主宰于腰，形于手指。通过松：脚、踝、膝、胯、腰、肩、肘、腕、手等九大关节运内劲于腹部，经过命门、脊背、肩、肘、腕、手指，达到气血畅通。按时手不是用力伸出去的，而是由里向外散出去，内气催外形，即全身放松，意气由中心点膻中穴向纵横方向"散"开，"散"成一个"大气球"，称之为对拉拔长。如两手前按与命门后撑，前后对拉拔长。

（5）按而前进则为掤，按而左右则为捋，按而合之则为挤。各动作阴阳虚实之间的转化根据"劲由内换"的原则，向左转时，左腰眼微上抽，以右腰眼托起左腰眼；向右转时，右腰眼微上抽，以左腰眼托起右腰眼。两个腰眼一虚一实，以实托虚，虚实转换，行不外露。

（6）太极拳有"蓄劲如张弓，发劲如放箭"之说，即身为主弓，两臂和两腿为四张辅弓，五弓合一，周身之劲完整一气。劲源位于背部两肩胛骨下角连线正中，是控制内劲集散之所。

（7）掤、捋、挤、按四个动作衔接上做到连贯圆活，所谓"势断劲不断，劲断意不断"，指全部动作节节贯穿，绵绵不绝，一气呵成，"如长江大海滔滔不绝"。

用法：

对方用挤劲进攻，我两手按其右肘、腕，乘势借力将其右臂向右下方引劲，重心后移；对方欲回抽右臂，我乘机右脚上步，左脚跟进，两手按其胸部，将其发放。

第四式　单鞭

1. 收沉右胯，腰胯左转，右脚尖微翘，以右脚跟为轴，实脚内扣约135°，使胸腹中线从右前对向左前；同时两掌微放平，两掌心斜向下，随体转两肘渐屈下沉，带动两掌向左偏上抹转半个椭圆，两掌宽、高不过肩，掌心仍斜向下；向左抹转劲点在左掌根外侧，有掤起对方之意。眼神随体转向前平视，关顾两手。（图3-17）

图 3-17

2.腰胯右转，重心右移；同时两掌随体转沉肘屈臂向右偏下回抹半个椭圆，使胸腹中线从左前对向右前，即左掌稍外旋随体转向里经胸前向右抹转半个椭圆形，坐腕竖掌，掌指斜向上，掌心斜向下；右掌外旋经胸前向右划半个椭圆形，掌心斜向上，掌指斜向左，两腕不低于胸。向右回抹有下采对方之意，劲点在右掌根外缘（小指侧），意贯指尖。眼神关顾两手。（图 3-18）

图 3-18

3.重心全部移于右腿，左膝领起，左脚离地并往里收，脚尖自然下垂；同时右掌边内旋边右伸，五指尖下垂撮拢成钩手，指尖向下，腕与肩高；腰胯稍左转，左掌外旋，掌心向里，与脸相对，如照镜子，手指斜向上，手与口平；眼神关顾两手。（图 3-19）

图 3-19

4.腰胯左转，胸腹中线对向左前，左脚随体转向左前迈出（东偏北15°），脚跟先着地，重心左移，左脚踏实，撑左腿，蹬右腿，成左弓步；同时右钩手继续松肩右伸，五指自然下垂，不要紧捏在一起，保持意气畅通无阻；左掌随体转经面前左移，随移随臂内旋翻掌前推，坐腕竖掌；眼随体转左移，关顾左手。（图3-20）

图 3-20

要点：

（1）阴阳虚实之间的转化"劲由内换"，皆由腰胯（或腹球）转动。向左转时，左腰眼微上抽，以右腰眼托起左腰眼；向右转时，右腰眼微上抽，以左腰眼托起右腰眼；两个腰眼一虚一实，以实托虚，虚实转换，行不外露。两掌抹转椭圆形，须随腰转动，"主宰于腰，形于手指"。

（2）两臂运动距离要相等，总须前手去，后手跟，谓之"两膊相系"。单鞭动作要画三个圈：第一个用手画；第二个用肘画，即两手在胸前转一圈，做研墨肘动作；第三个用身形画。画圈为了化、发。

（3）右钩手向右前伸出与左脚迈出、左掌抄手要协调一致。

（4）弓步时左臂与左腿、右臂与右腿方向一致（右吊手与右足尖成一垂直线）。"外三合"：肩胯对准、肘膝对准、手掌与脚掌对准。前腿膝不超过脚尖；鼻尖、脚尖、手尖三尖对齐。

（5）有人说："如意胳膊笸筐腿。""如意"好似古代大臣上朝拿着的手板或称朝板。"如意胳膊"，指练拳时两臂伸而不直，缩而不弯。笸筐是放农作物用的竹制笸筐，上圆下方。内气通过腿内侧下沉，腿外侧上升，小腿外掤，命门外撑，将笸筐腿撑开撑圆，腿劲贯顶。

（6）逢转必沉，逢沉必领。意气松沉至脚底，百会领起，百会与会阴垂直，脊骨节节松沉直竖，上下对拉。收沉左胯，肩胯相合，稳固下盘。当腰胯左转时，收沉左胯，左胯主动；当腰胯右转时，收沉右胯，右胯主动。

（7）鼻尖、手尖、脚尖三尖相对后平送腰胯，意气向外舒散，气球膨胀，用圈意催动左手臂前伸，不是用力前推。左掌与右钩手对拉、与右胯对拉；两臂似一臂，两臂关联似张弓，两腿关联似张弓，形成合劲。右钩手用采劲，意念在手指，指向对方脚尖。

（8）定势时两臂展开，右钩手虎口与左掌大鱼际相合，这叫开中有合、合中有开。

（9）左手内旋前推时，手指上扬，掌根下塌，这叫逢上必下、轻沉兼备。

用法：

两手左右划弧：我左手抓采对方左腕，右手按其左肘或上臂，向左前发之；若对方来劲，我右手抓采其右臂，左掌助力，向右前发之。

对方右直拳击我胸部；我左手内旋从其臂内侧抓采其腕向左下方引采，右手伸至其右臂腋下，手心向上，屈指勾住其大臂根部，两手同时向左下方引采；随即右脚向右前方上步，右手向右前上方引采，左手推按其右肩后侧，将其放出。

对方用右直拳击我头部，我左闪身，右手从其手臂外侧引采其右腕或小臂，随即左脚上步，左腿封住其右腿，左手从其腋下伸出，随着腰的左转，左肩臂靠劲，左掌按其胸部，将其发放。

右钩手击打对方胸或下颔。

第五式　提手上势

1.收沉左胯，腰胯右转，以左脚跟为轴实脚内扣45°后踏实，右脚跟离地；同时右钩手变掌，与左掌分别自左右坠肘、坐腕至腰两侧前方，两掌心斜向下，两腕高于两肘；眼顾两掌下沉。（图3-21）

图 3-21

2.腰胯左转，坐实左腿，右脚提起落于左脚前，脚跟着地，成右虚步，两脚之间的着意点在第四点，使后腿不滞；同时两掌向里、向上、向前做合、提、送，右掌在前，高与眉齐，掌心斜向前；左掌在后，收于右肘内侧，高与胸齐，掌心斜向前，两掌心斜相对，两手臂掌缘与尺骨处用意贯注；眼平视前方。（正南偏西约 30°，图 3-22）

图 3-22

要点：

（1）随体转两掌向里、向上做合、提时，两掌外旋，掌心相对（有抓采对方腕肘之意）；两掌向上推时，两掌内旋，掌心斜向前（有把对方发出去之意）。两手相合时意想两掌中间有弹簧；两手不可在同条线上，中间有一定距离，以便攻防。

（2）此为合劲。两手在胸腹中线前相合，先下后上。两手掌下沉时，松肩坠肘，以肘引领，肘先下沉，腕高于肘，好像两肘挂着物体下沉，有沉重的感觉，这就是"松沉劲"。拳论云："由松入沉。"有人说："沉肩者，肩松开也"；"松沉双肩似无肩"。两手掌上提不是手动，而是通过"腹球"的内动，骨盆端起，尾骨前收，劲起于脚，发于腿，主宰于腰，形于手指。肩与胯合、肘与膝合、手与足合；左肩井穴、左胯与左脚跟在同一垂直线上；左大腿、左小腿、左踝关节的外侧在同一平面上。

（3）提手时，两手向前上方与左胯向左后方抽转有对拉之意，使手、胯和脚跟"三点贯通"形成整劲。胸部不可正对前方。有动短、意远、劲长之感觉；动之至微，引之至长，发之至骤。

（4）左脚实脚内扣时，为保护膝关节，先动左脚大拇指，继动左膝关节。

（5）右虚腿，膝微屈；脚尖微翘，离地薄薄一屈，越低越吃力，越高越省力。

（6）腋下须留有余地，约可容一拳，但两肘不可向两侧凸或抬肘，也不可后撤到背后。坠肘做到："肘不贴肋""肘不离肋""后不露肘"。

要点：

对方用左直拳击我头部，我左手从其臂外侧抓握其腕引采至左腰侧，同时右脚上步，右手从其肘部下侧向上挑掌（即屈臂夹击其肘），使其肘关节受限制。或对方用左直拳击我头部，我左手从其臂外侧抓采其腕，随即右脚上步，右手托住其肘，使其肘关节受制，两脚拔跟；或我用两手搓拿对方肘腕，使其脱臼断臂。

用法：

对方用左拳击我胸部，我右闪步，左手内旋引采其小臂至左腹前，右掌按其肘部，微向下松沉，同时腰向左拧，左脚退步，重心后移，使其肘关节受制。如对方见势不妙回抽，我乘势由下向上以提劲将对方发出。（或对方用左直拳击我头部，我左手从其臂外侧抓采其腕，随即右脚上步，右手托住其肘，使其肘关节受制，两脚拔跟。）

对方用左直拳击我头部，我左手从其臂外侧抓握其腕引采至左腰侧，同时右脚上步，右手从其肘部下侧向上挑掌（即屈臂夹击其肘），使其肘关节受限制。

第六式　白鹤亮翅

1.右脚稍前移，腰胯右转，重心右移，撑右腿，蹬左腿，成右弓步；同时左掌向前推出，腕与胸平；右掌向下落至腹前再经右膝前搂过，按至右胯旁；眼看前方。（图3-23）

图 3-23

2.收沉左胯，重心左移，以左脚跟为轴使身体向左后转，右脚尖内扣；同时随体转左手边内旋边向左采抹至左胸前，掌心斜向下；右手边外旋边向左前弧形抄至下腹前，掌心向左偏下，与左掌斜相合（斜抱球）。眼随体转平视。（图 3-24 和图 3-25 ）

图 3-24　　　　　　　　图 3-25

3.右脚稍向后移步，前脚掌着地，然后重心右移踏实，左脚移至体前，前脚掌着地，成左虚步，两脚之间的着意点在第四点，使后腿不滞；同时右掌外旋向前上提，左掌下落内旋贴于右小臂里侧，两掌胸前形成挤的动作（白鹤亮翅的挤为扶臂挤、肘挤，揽雀尾的挤为扶腕挤），随着腰胯的右转，右臂向前挤出、前展，含有下沉之意；随挤随带肩靠、髋打（右肩外侧向西南方向作贴身靠）。继而腰胯左转，右掌内旋向右上翻滚、掤架置于右额前（手背与小臂在同一平面上），掌心斜向外，掌指斜向上；左掌向左下按落于左胯旁，掌心向下偏右，掌指向前；眼看前方。（面向正东，图 3-26 和图 3-27 ）

图 3-26　　　　　　　　　　图 3-27

要点：

（1）白鹤亮翅走立圈，退步跨虎走平圈。白鹤亮翅两手逆时针转一圈，即右手向右上方撑劲，左手向左下方采劲，两手向同一个方向前进，两臂似一臂，这叫"两膊相系"。

（2）顾名思义，是形容一只白鹤展开翅膀欲飞的样子。意开、胸开、裆开；神贯于顶，劲领全身，顶与脚底对拉。

（3）虚领顶劲，提起精神，百会与会阴垂直，脊骨节节松沉直竖，虚虚对准，含胸拔背，尾闾正中，气沉丹田，上下对拉，身肢拔长。

（4）沉肩坠肘坐腕，肘不外扬；圆裆，不可尖裆、夹裆，膝尖与脚尖相对。白鹤亮翅时，右上臂与身体的夹角要形成三角形或者 45°。全套动作，腋窝处处形成三角形。

（5）右脚内扣时，先动右脚大拇指，继动膝关节；左脚外摆时，先动小脚趾尖，继动用膝关节，避免膝关节扭伤。

（6）重心后移时，两胯骨与两肩肘同时向后抽，保持身体的中正安舒；左脚前脚掌着地，成左虚步时，意贯拇趾尖，叫做"虚中有实"。

（7）胸腹中线正对前方。（注：此要点贯穿整个套路动作之中，为太极拳所有动作共同要点，锻炼时须时刻牢记，在后面的要点中不再重述）

（8）开中有合、合中有开；舒展之中有团聚之意，紧凑之中有开展之功：胸开背合、背开胸含、上开下合（臂开腿合）、腿合裆开、足合膝开；手与手合：两臂掤开，两虎口相合、两掌根相合。一只手中也有开合：大小鱼际合、拇指与小指合。手与脚合、肘与膝合。如左肘与右膝合、右肘与左膝合等。

用法：

对方用左直拳击我头部，我右手从其臂内侧向外引采其左小臂，引化其劲；对方用右蹬腿攻击我胸腹部，我左手由内向外划弧搂腿防守，随即用左弹腿（或右弹腿或垫步左弹腿）击其裆部。

对方用左横弹腿击我头部，我右手从其腿内侧掤其小腿或脚；对方接着用右弹腿击我腹、裆部，我左手从其小腿内侧下搂其小腿或踝关节处，同时用右弹腿或左弹腿击其裆部。

对方左直拳击我头部，我左脚在前，用右手从其臂内侧粘接其腕，用右侧踹腿击其左肋。

第七式　左搂膝拗步

1. 右腿重心不变，右胯收坐，腰胯右转；同时右掌边外旋边经面前、胸前弧形下切（劲点在掌根，如京剧戏中正捋胡须）后落至右胯旁，掌背斜向后；左掌自下向前而上而右弧形移至胸前中线，掌心斜向下。（图3-28 和图3-29）

图 3-28　　　　　　　　图 3-29

2. 腰胯右转，左脚提起；同时随体转，右掌边外旋边弧形由前向下、向右下方撩掌（掌背领先，劲贯指尖），继而向右斜角上举，掌心斜向上，手勿高于肩；左掌边外旋向上、向右下方弧形格挡、下切合于右胸前，意贯掌外沿（小指一侧），掌心斜向下，虎口与右肘相对；眼神关顾右掌。（图3-30）

图 3-30

3.腰胯左转，左脚向前偏左迈步，脚跟先轻轻着地，脚尖向前；同时左掌内旋向左下方采至腹前，掌心斜向下；右臂内旋屈回，右掌收至右耳侧前方，虎口与耳相对约10cm，掌心向左前下方；眼视前方。（图3-31）

图 3-31

4.腰胯左转，重心左移，左脚踏实，撑左腿，蹬右腿，成左弓步，两脚之间的着意点在第二点，使前腿不僵；同时开胸张肘，以左肘向外侧搂带动左掌向下由左膝前搂过落于左胯旁，坐腕坐掌，劲贯指尖，掌心向下偏右；右掌边内旋边向前推出至右肩偏里，坐腕，意贯指尖，掌心向前偏左；眼向前平视。（图3-32）

图 3-32

要点：

（1）两掌分别上抄时，劲贯指尖，小指领劲。

（2）右掌前推与右锁骨对拉，防止上体前俯；右掌前推与命门后撑对拉；右掌前推与左胯对拉，即收左胯，送右胯；后胯找前胯，两胯相合，右胯压左脚跟，促进下盘稳固。做到两肩平、两胯平，人犹如坐在椅子上，立身中正安舒。

（3）推掌时，手臂旋转而推出；坐腕，掌心向左斜，不可正向前；大拇指与胸腹中线（胸窝、肚脐为人体真立的中线）相对。所谓"上下一条线，左右一条线"。"上下一条线"指立身中正；"左右一条线"指两胯相合。整套动作协调、圆满、柔和，做到"五弓俱备"。

（4）此左弓步为拗弓步，两胯呈合势，即收左胯，送右胯，两胯相合，右膝呈开势，使右膝与右脚尖同向，右拗弓步同理，这叫"胯合膝开"。"两尖相对裆自圆"，指两膝、两脚尖的方向相同，胯如拱桥裆自圆。

（5）头部的旋转幅度，不宜超过躯干的旋转幅度。做到"头身同转"，鼻尖与肚脐在一条垂直线上，不可扭头看手或头转身不转。

用法：

对方用左、右直拳连击我头部；我用右手、左手先后从其左右臂外侧搂手，引化其劲；对方用右蹬腿击我腹部，我左手从其小腿内侧搂腿防守，引进落空，随即左脚上步，右掌推按其胸部，将其发放。

第八式　手挥琵琶

1. 腰胯左转，左腿坐实，右脚向前跟进半步，前脚掌着地；眼向前平视。（图 3-33）

图 3-33

2. 重心右移，腰胯右转，右腿坐实，左脚提起稍前移，左脚跟着地，脚尖微微自然翘起，成左虚步，两脚之间的着意点在第四点，使后腿不滞；同时左掌随体转由左下向上、向前上方弧形挑举，臂外旋使掌心向右，食指与鼻尖平；右掌随体转向后、向下、向左弧形采至右腹前，臂外旋使掌心向左，置于左肘内侧，两手成抱臂状，对正胸腹中线，整劲向下；继而两掌一齐向前上方提送，左掌向右偏下，右掌向左偏上。眼通过左掌向前平视。（图 3-34）

图 3-34

要点：

（1）定势动作胸部不可正对前方，身体稍向右侧；两掌合抱向前推出时，虚领顶劲，松腰拔背，沉肩坠肘，气沉丹田，有意气下沉，劲往前发之势。

（2）右手下采时，以腰领手，通过松肩、坠肘、沉腕，节节贯串；左手挑举要以肩催肘，以肘催手。不可动手不顾肩肘。"手走弧形臂要旋"，手挥琵琶动作两臂旋转，其用法是拿住对方手臂的腕与肘，向前发放，有动短、意远、劲长之感觉；两手相合时意想两掌中间有弹簧。

（3）两掌向前上与右胯向右后抽转对拉；圆裆，不可尖裆、夹裆。

（4）左虚腿，膝微屈；脚尖微翘，离地薄薄一屈，越低越吃力，越高越省力。

（5）进退转换要有"进之则愈长，退之则愈促"之感。

用法：

对方右脚上步，用右直拳攻击我头部；我左闪身，右手从其臂外侧抓其腕向右下方引采；随即左脚上步，左手托肘，腰向右拧，重心后移，成左虚步。如对方右臂欲回收，我右脚蹬地，左脚跨步，用提劲将其发放。

第九式　左右搂膝拗步

（一）左搂膝拗步

1.腰胯右转，左脚提起；同时随体转，右掌边外旋边弧形由前向下、向右下方撩掌（掌背领先，劲贯指尖），继而向右斜角上举，掌心斜向上，手勿高于肩；左掌边外旋向右下方弧形格挡、下切合于右胸前，意贯掌外沿（小指一侧），掌心斜向下，虎口与右肘相对；眼神关顾右掌。（图 3-35）

图 3-35

2.腰胯左转，左脚向前偏左迈步，脚跟先轻轻着地，脚尖向前；同时左掌内旋向左下方采至腹前，掌心斜向下；右臂稍内旋屈回，右掌收至右耳侧前方，虎口与耳相对约10cm，掌心向左前下方；眼视前方。（图 3-36）

图 3-36

3.腰胯左转，重心左移，左脚踏实，撑左腿，蹬右腿，成左弓步；同时开胸张肘，以左肘向外侧搂带动左掌向下由左膝前搂过落于左胯旁，坐腕，掌心向下偏右；右掌边内旋边向前推出，坐腕，掌心向前偏左；眼向前平视。（图 3-37）

图 3-37

要点：

（1）右掌上抄时，劲贯指尖，小指领劲。

（2）腰胯左右转动，头不可主动左右转动，保持虚领顶劲，神贯于顶，劲领全身。

（3）大小相等、方向相反而不共线的两个平行力所组成的力系称为力偶；两掌所产生的劲称为力偶对拔劲。定式时，右掌与左掌对拔；右腕与右脚跟对齐、对拉。因此，右掌向前推出，不可偏里、偏外，偏上。

用法：对方用右弹腿击我裆部，我左手从其小腿内侧搂开其腿，随即左脚上步，别其左脚，用右掌推按其胸部，将其发放。

（二）右搂膝拗步

1.腰胯左转，以左脚跟为轴，脚尖外展45°，右脚提起；同时随体转左掌边外旋边向左下方撩掌（掌背领先，劲贯指尖），继而向左斜角上举，掌心斜向上，手勿高于肩；右掌边外旋边向左下方弧形格挡、下切合于左胸前，意贯掌外沿（小指一侧），掌心斜向下，拇指向上，虎口与左肘相对；眼神关顾左掌。（图3-38、图3-38附图和图3-39）

图 3-38   图 3-38 附图   图 3-39

2.腰胯右转，右脚向前偏右迈步，脚跟先轻轻着地，脚尖向前；同时右掌内旋向右下方采至腹前，掌心斜向下；左臂稍内旋屈回，右掌收至左耳侧前方，虎口与耳相对约10cm，掌心向右前下方；眼视前方。（图3-40 和图3-40 附图）

图 3-40　　　　　　　　图 3-40 附图

3.腰胯右转，重心右移，右脚踏实，撑右腿，蹬左腿，成右弓步；同时开胸张肘，以右肘向外侧搂带动右掌向下由右膝前搂过落于右胯旁，坐腕，掌心向下偏左；左掌边内旋边向前推出，坐腕，掌心向前偏左；眼向前平视。（图3-41）

图 3-41

要点：

（1）逢转必沉，收沉左胯，肩胯相合，稳固下盘。以腰胯左转，带动左实腿拧转，以左脚跟为轴，当左脚外摆踏实，右脚跟掀起；当左腿坐实，右脚提起。根据"有下则有上，有上则有下"的要求，逢沉必领，即领起百会，上下对拉，立身中正。

（2）胯找脚跟，肩胯相合，形成肩井穴、胯、脚跟在同一垂直线上，如同门轴。要求"四平",即两肩平、两胯平,两肩、两胯如在同一门板上,肩胯同转,肩胯并进。切不可两肩向前倾斜。有人说:"身如桅杆脚如船",要求"人随船移",立身中正,身随步动,重心平稳,整体移动,动静如一。

(三)左搂膝拗步

1.以右脚跟为轴,脚尖外展45°,腰胯右转,左脚提起;同时随体转,右掌边外旋边弧形向右下方撩掌(掌背领先,劲贯指尖),继而向右斜角上举,掌心斜向上,手勿高于肩;左掌边外旋向右下方弧形格挡、下切合于右胸前,意贯掌外沿(小指一侧),掌心斜向下,虎口与右肘相对;眼神关顾右掌。(图3-42和图3-43)

图3-42　　　　　　　图3-43

2.腰胯左转,左脚向前偏左迈步,脚跟先轻轻着地,脚尖向前;同时左掌内旋向左下方采至腹前,掌心斜向下;右臂稍内旋屈回,右掌收至右耳侧前方,虎口与耳相对约10cm,掌心向左前下方;眼视前方。(图3-44)

图3-44

3.腰胯左转，重心左移，左脚踏实，撑左腿，蹬右腿，成左弓步；同时开胸张肘，以左肘向外侧搂带动左掌向下由左膝前搂过落于左胯旁，坐腕，掌心向下偏右；右掌边内旋边向前推出，坐腕，掌心向前偏左；眼向前平视。（图3-45）

图 3-45

要点：

（1）左、右搂膝拗步连接时，应该实脚转身，不可后坐成虚脚转身。当右弓步接右转时收沉右胯，做到"逢转必沉"；然后抽转右胯，右胯找脚跟。

（2）左弓步时，送右胯，收左胯，两胯相合，松沉左胯，右胯压左脚跟；右弓步时，送左胯，收右胯，两胯相合，松沉右胯，左胯压右脚跟。

（3）阴阳虚实之间的转化"劲由内换"，以腰胯带动。向左转时，左腰眼微上抽，以右腰眼托起左腰眼；向右转时，右腰眼微上抽，以左腰眼托起右腰眼；如迈右步时，右腰眼微上抽，以左腰眼托起右腰眼，而左实腿须内气贯注，右腿则气势腾挪。两个腰眼一虚一实，以实托虚，虚实转换，行不外露。

（4）"手走弧形臂要旋"。左、右搂膝拗步的整个过程，随体转两掌在划弧的同时，两臂不断地外旋、内旋。整个套路（除了个别动作外）都是这样。

（5）两肘要保持微屈，肘尖与地面垂直，仍然可以达到"坠肘"的要求；而如果两肘挺直，小臂与地面垂直，就失掉"坠肘"之意。拳谚云："肘尖上抬全身空，肘尖下沉全身松。"

用法：

若对方用左蹬腿、左弹腿、左侧踹腿等攻击我腹、裆部，我右闪步，同时左手从其小腿或踝关节外侧搂开，随即左脚上步进身，别住其右脚，用右掌推击其左侧胸肋或肩背，将其发放。

若对方用右蹬腿等攻击我腹、裆部，我左闪步，同时右手从其小腿或踝关节外侧搂开，随即右脚上步，别住其左脚，用左掌推击其右侧胸肋或肩背，将其发放。

第十式　手挥琵琶

1.腰胯左转，左腿坐实，右脚向前跟进半步，前脚掌着地；眼向前平视。（图3-46）

图 3-46

2.重心右移，腰胯右转，右腿坐实，左脚提起稍前移，左脚跟着地，脚尖微微自然翘起，成左虚步；同时左掌随体转由左下向上、向前上方弧形挑举，臂外旋使掌心向右，食指与鼻尖平；右掌随体转向后、向下、向左弧形采至右腹前，臂外旋使掌心向左，置于左肘内侧，两手成抱臂状，对正胸腹中线，整劲向下；继而两掌一齐向前上方提送，左掌向右偏下，右掌向左偏上。眼通过左掌向前平视。（图3-47）

图 3-47

第十一式　左搂膝拗步

1.腰胯右转，左脚提起；同时随体转，右掌边外旋边弧形由前向下、向右下方撩掌（掌背领先，劲贯指尖），继而向右斜角上举，掌心斜向上，腕与肩平；左掌边外旋向右

下方弧形格挡、下切合于右胸前，意贯掌外沿（小指一侧），掌心斜向下，虎口与右肘相对；眼神关顾右掌。（图3-48）

图 3-48

2.腰胯左转，左脚向前偏左迈步，脚跟先轻轻着地，脚尖向前；同时左掌内旋向左下方采至腹前，掌心斜向下；右臂稍内旋屈回，右掌收至右耳侧前方，虎口与耳相对约10cm，掌心向左前下方；眼视前方。（图3-49）

图 3-49

3.腰胯左转，重心左移，左脚踏实，撑左腿，蹬右腿，成左弓步；同时左掌向下由左膝前搂过落于左胯旁，坐腕，掌心向下偏右；右掌边内旋边向前推出，坐腕，掌心向前偏左；眼向前平视。（图3-50）

图 3-50

第十二式　进步搬拦捶

1.腰胯左转，重心左移，左脚外展，右脚提起；同时随体转右臂外旋，右掌变拳由前向左下划弧（称为盖拳）至左腹前，拳眼斜向上；随体转左掌向左（捋）、向上（挑）、向右下方划弧（合）至胸前，掌心斜向下。眼看前方。（图 3-51）

图 3-51

2.腰胯右转，右脚向右前方迈步，先右脚跟着地，继而右脚尖外展踏实，重心右移，蹬左腿，撑右腿，成右弓步；同时随体转，右拳由左向上经胸前向前翻转搬出（称为搬拳），拳眼向上；左掌随体转弧形向右在胸前拦出，掌微坐，置于右腕内侧，掌心向右。眼神向前。（图 3-52 和 3-53）

图 3-52　　　　　　　　图 3-53

3. 腰胯继续右转，左脚向前上步，脚跟着地；同时随体转，左掌边内旋边向前拦出，坐腕竖掌，掌心斜向前；右拳边外旋边向右下方搬压，弧形收回于腰侧，拳心向上。眼看前方。（图 3-54）

图 3-54

4. 腰胯左转，重心左移，左脚踏实，撑左腿，蹬右腿，成左弓步；同时右拳边内旋边向前上方打出（称为冲拳），劲由脊发，高与胸平，拳眼向上；左掌收贴于右小臂内侧，眼视前方，关顾右拳。（图 3-55）

图 3-55

要点:

(1)第一拳:盖拳,拳心盖挂;第二拳:搬拳,拳背击人:第三拳:冲拳,拳面击人。

(2)右拳向右下方搬压与左掌拦出对拉;左掌与后抽右胯对拉。右拳回抽时"后不露肘",大小臂夹角约 100°,沉肩坠肘,不可耸肩。

(3)右拳边内旋边向前上方打出,至心口前(这叫"拳从心发"),攻击对方"中",心窝;左胯内收,肩胯垂直,圆裆。

用法:

(1)对方用左直拳击我胸腹,我用第一拳:盖拳化其力;对方用右拳攻击,我用第二拳:搬拳,即用拳背连防带打(或左手助力);对方接着用右直拳击我头部,我左手从其手臂外侧"拦"开,随即左脚上步,右脚跟进,用第三拳:右拳击其胸腹部。

(2)对方左脚在前,以左直拳击我胸部;我左脚在前,右拳从其臂内侧撤出防拳,同时,右脚以拦门脚(截腿)击其左膝或小腿;对方接着用右弹腿攻击我腹部,我左手从左向右拦其腿,引进落空;随即左脚上步,右脚跟进,以右拳击其胸腹部。

第十三式 如封似闭

1.腰胯右转,重心稍右移,收沉左胯;同时左掌边内旋边从右肘下向右前伸,掌缘沿右臂向前格出,继而外旋使掌心向内上;右拳变掌边外旋边向左切边沉肘屈臂弧形抽回,掌心向内上;两臂交叉,右臂在内,高与肩平。眼看两掌一格一切。(图 3-56)

图 3-56

2.腰胯右转，两胯骨与两肩肘同时后抽，中正安舒，重心右移，成右坐步；同时两掌边内旋边向左右抹至胸前，两手拇指靠近，掌心斜相对，稍窄于肩。眼看两手。（图 3-57）

图 3-57

3.腰胯左转，重心渐渐左移，撑左腿，蹬右腿，左弓步；同时两掌靠近向前向上弧形按出，与两乳同宽，不要过宽过窄，掌心斜向前，掌指斜向上，腕与肩平；动作不可散野、门户大开。眼神关顾两掌。（图 3-58）

图 3-58

要点：

（1）两手臂交错封对方时，一是左手臂向前伸，右手臂交错向后拉，否则容易被对方挤按住；二是以左肘找右手，而不是右手找左肘。

（2）前进后退肩胯上下对准，平进平退，四面八稳。重心后移时，内气一部分后撑命门，一部分由膻中穴向下经腿内侧到达涌泉穴；以腰胯右转带动两掌一格一切，两臂交叉时两臂撑圆，左右分开时要沉肩坠肘，腋下容一拳余地，后不露肘。弓步按掌时，"其根在脚，发于腿，主宰于腰，形于手指"。

用法：

对方用左手抓我右腕，我左手从右臂下前伸，沿右肘领先格开其左手（左肘找右手），同时我右手外旋左切屈肘、回抽，两手臂胸前交锋，使对方不得进，称之为"如封"；随即我两手内旋按其肘腕（使其不得走化），称之为"似闭"。随即发放（有关门—开门—再关门之意）。

第十四式　十字手

1.腰胯右转，左胯松沉，左脚尖内扣并踏实，右脚跟离地；同时随体转，两臂屈肘分开，带动两掌（架）于额前，虎口相对成"小图"，两臂环形成"大图"，掌心向前偏下，两手拇指与头同宽；眼看前方。（图 3-59）

图 3-59

2.左胯后抽，重心全部移于左腿，右脚稍离地；同时两臂带两掌左右弧形下采到腰侧前方，掌心向下；眼看前方。（图 3-60）

图 3-60

3.右脚向左收回，两脚距离与肩同宽，两腿渐渐起立，两膝微屈，成开立步；同时两掌分别自左右下抄经腹前上抄交叉合抱（掤）于胸前，掌心均向内，成十字手，两臂撑圆，腕与肩平；眼看前方。（图 3-61 和图 3-62）

　　图 3-61　　　　　　　　　　　图 3-62

要点：

（1）"手走弧形臂要旋"。两掌分开划立圆（如摸球体）时以肘为圆心，分架、采、抄、掤四个阶段。

（2）变换虚实时，一脚踏实，另一脚即起。当左脚尖内扣渐至踏实（收沉左胯）时，右脚跟渐渐离地提起。此伏彼起。

（3）十字手动作一开一合，开时意开、胸开、裆开；合时意合、胸合、裆合。以胸控手，以裆管腿，"内不动，外不动；意不动，形不动"。十字手时两臂要形成环形，两掌划环形时劲贯指尖；身体起立时，不可前俯，不可后仰，头微上顶，虚灵顶劲，劲贯足跟，收住闾尾，用沉肩、沉胯、沉膝，气达涌泉穴。

用法：

十字手法，以静待动，可分可合，虚实相连，变化莫测。拳理有"十字手法变不尽"之说，可变掤、捋、挤、按、采、捯、肘、靠打法。其意念在两手掌，劲点在腕处。如对方用左拳击我头部，我用右手上架粘其腕；对方用右拳击我头部，我用左手上架黏其腕；对方用腿正面攻击我下身，我左手向下楼腿防守；对方用边腿攻击我两侧，我用十字防守擒拿。

第十五式　抱虎归山

　　1.腰胯右转，重心左移，左脚尖内扣后踏实，右脚跟提起；同时随体转两掌合掤向右平移；眼向前平视。（图 3-63）

图 3-63

2.腰胯继续右转，右脚提起；同时随体转，左掌以肘带手外旋经胯侧向左下方抽撩，继而向左斜角上举，掌心斜向上，腕与肩平；右掌以沉肘带动小臂内旋弧形由前向里、向左下合于左胸前，掌心斜向下，虎口与左肘相对；眼随体转平视。（图 3-64）

图 3-64

3.腰胯右转，右脚向前落下，脚跟先着地，随重心右移而踏实，撑右腿，蹬左腿，成右弓步；同时右掌向下由右膝前搂过落于右胯旁，坐腕，虎口向前，掌心向下偏左；左臂屈回，左掌经耳侧向前推出，坐腕，掌心向前偏右；眼向前平视。（面向西偏北30°，图 3-65 和图 3-66）

图 3-65   图 3-66

用法：

对方左拳攻击我胸部，我右手掤出，左掌抽撩其裆部；对方用右拳击我胸部，我右手从其臂外侧抓握其小臂或腕，向右下方引采，使其失去平衡，随即我右脚上步别住其左脚，左手推击其右肩背。

第十六式　斜揽雀尾

（一）捋式

1.腰胯右转，随体转左掌外旋向前伸展（以掌缘格挡来拳），掌心斜向上，掌指向前，腕与肩高；随体转右臂外旋，右掌心翻转向上，自前向右、向后划平弧（解脱对方抓我右腕），继而内旋展开于右肩外，虎口与耳相对，掌心向外，掌指向上（两臂为开，两掌相合）；眼视前方。（图 3-67）

图 3-67

2.腰胯左转；随体转右掌内旋经右耳侧向前上中线（经左掌虎口上侧）立掌推出，

掌心斜向前，掌指向上，与鼻同高；同时左掌随左肘下沉，边外旋边以掌外沿下切至胸前，掌心斜向上，掌指对右肘，两掌一前一后遥对呈抱臂状；眼视前方，关顾右拳。（图3-68）

图 3-68

3.腰胯左转，重心左移，成左坐步；同时随体转两掌绞转（右掌外旋，左掌内旋）向左边掤边捋，胸腹中线对左前约45°，两手始终在胸腹中线两侧，掌心斜相对，右掌在右胸前，掌心向左，掌指向前；左掌在左上腹前，掌心向内，掌指向前，手背含掤劲；眼随体转向前平视。（图3-69）

图 3-69

要点：

（1）从推手实战出发，两掌随体转左捋；两掌距离以一手搭对方腕、一手搭对方肘节大臂处为宜，捋化的距离相等，这叫"上于两膊相系"。

（2）重心后移做到"撑中有蹬渐后坐"，即撑展前腿，屈蹬后腿（不可主动屈膝），两脚互为其根。

（二）挤式

腰胯右转，重心右移，撑右腿，蹬左腿，成右弓步；同时右臂外旋，弧形横于胸前，掌心向内；左臂内旋，掌心向外，贴近右腕内侧；随即以右小臂与左掌向前挤出；眼看前方。（图3-70和图3-71）

图3-70   图3-71

要点：

（1）"前去之中，必有后撑"。两掌前挤与命门后撑，形成对拉拔长；但不是背部后移，做到"形不外露，功蕴于内"。

（2）左掌与右腕（右手脉门）之间不要贴住，似挨非挨，似合非合。

（3）肘部不可抬起，稍低于腕。

（三）按式

1.收沉右胯，随即腰胯左转，重心左移，成左坐步；同时随体转两肘渐屈下沉，右臂内旋，右掌由左向右划弧，掌心向前；左臂内旋，左掌由右向左划弧，掌心向前；随即两掌根向下划一个小圆弧至心口前，防止直来直去产生棱角；眼看前方。（图3-72）

图 3-72

2.腰胯右转，撑右腿，蹬左腿，成右弓步；同时两掌向前微向上（呈微微向上的弧形）按出，坐腕竖掌，腕与肩平，掌心斜向前，劲贯掌根，意贯指梢；眼神关及两掌前按。（图 3-73）

图 3-73

要点：

（1）一开一合。开时"意开、胸开、裆开"，合时"意合、胸合、裆合"。

（2）以转体移动重心。右胯根（股骨头关节）微向后抽，使身体正对前方。

第十七式　斜单鞭

1.收沉右胯，腰胯左转，右脚尖微翘，以右脚跟为轴，实脚内扣约135°；同时两掌微放平，两掌心斜向下，随体转两肘渐屈下沉，带动两掌向左偏上抹转半个椭圆，两掌

宽、高不过肩，掌心仍斜向下；向左抹转劲点在左掌根外侧，有掀起对方之意。眼神随体转向前平视，关顾两手。（图 3-74）

图 3-74

2.腰胯右转，重心右移；同时两掌随体转沉肘屈臂向右偏下回抹半个椭圆，即左掌稍外旋随体转向里经胸前向右抹转半个椭圆形，坐腕竖掌，掌指斜向上，掌心斜向下；右掌外旋经胸前向右划半个椭圆形，掌心斜向上，掌指斜向左，两掌高与肩平。向右回抹有下采对方之意，劲点从右掌根依次经小指、无名指、中指、食指、拇指，意贯指尖。眼神关顾两手。（图 3-75）

图 3-75

3.重心全部移于右腿，左脚提起向左前迈步，脚跟先着地；同时右掌边内旋边右伸，五指尖下垂撮拢成钩手，指尖向下，腕与肩高；腰胯稍左转，左掌外旋，掌心向里，与脸相对，如照镜子，手指斜向上，手与口平；眼神关顾两手。（图 3-76 和图 3-77）

图 3-76　　　　　　　　　　图 3-77

4.腰胯左转，重心左移，左脚踏实，撑左腿，蹬右腿，成左弓步；同时右钩手继续松肩右伸；左掌随体转经面前左移，随移随臂内旋翻掌前推，坐腕竖掌；眼随体转左移，关顾左手。（面向东南，图 3-78）

图 3-78

要点：

（1）两掌抹转椭圆形，须随腰转动，"主宰于腰，形于手指"。

（2）两臂运动距离要相等，总须前手去，后手跟。做到"两膊相系"。

（3）弓步时左臂与左腿、右臂与右腿方向一致（右吊手与右足尖成一垂直线）。前腿膝不超过脚尖；鼻尖、脚尖、手尖三尖对齐。

（4）斜单鞭的起始方向是西北，定式方向是东南；单鞭的起始方向是正西，定式方向是向东偏北 15°。

第十八式　肘底看捶

1.腰胯左转，右脚尖稍内扣，重心左移；同时右钩手变掌，随体转边外旋边向左偏前弧形抄至下腹前，掌心斜向下，位于左掌右下方，与左掌斜相合（斜抱球）；左掌随体转边内旋边向左采至左胸前，掌心向右下方。如散打中的"左转腰抄腿"动作；眼随体转平视。（图3-79）

图3-79

2.腰胯右转，左脚内扣，重心右移；同时左掌随体转边外旋边向右偏前弧形抄至下腹前，掌心斜向下，位于右掌左下方，与右掌斜相合（斜抱球）；右掌随体转边内旋边向右采至右胸前，掌心向左下方。如散打中的"右转腰抄腿"动作；眼随体转平视。（图3-80）

图3-80

3.坐实右腿，松开左胯，腰胯左转，左脚提起向左后（正东）摆出；腰胯继续左转，左脚向左（正东）落下，坐实左腿，右脚提起跟进半步；同时随体转左掌向左弧形平移，随移随臂外旋使手背向左，拇指向上（此为第一掌，捶掌）；右掌随移随外旋使掌心向左，四指斜向上，虎口向上（此为第二掌，劈掌）；左掌与右肘相对，两掌心斜相对；眼神顾及左掌。（图3-81和图3-82）

图 3-81　　　　　　　　　　图 3-82

4.重心渐渐移于右腿；同时随体转两掌弧形向左平移，右掌内旋平移至正前方，掌心向下；左掌内旋移至左侧时弧形向左下移，随移随外旋采抹回到心口前，掌心向右下方，左掌仍与右肘相对；眼神顾及两掌。（图 3-83 和图 3-83 附图）

图 3-83　　　　　　　　　　图 3-83 附图

5.腰胯右转，坐实右腿，左脚提起向左前迈出半步，脚跟着地，成左虚步；同时左掌经右臂内侧边内旋边向前上击出（此为第三掌，拍掌），成侧立掌，坐腕，掌心斜向前，食指尖与鼻尖对准；右掌边外旋边握拳经左掌外侧下盖，置于左肘下偏右，拳眼向上，拳心向内；眼顾左掌击出，向前平视。（面向正东，图 3-84）

图 3-84

要点：

（1）上述四个动作四次转体，带动两臂旋转，体现太极拳以“腰为主宰”和“手走弧形臂要旋”的运动特点。

（2）左掌向左划弧采抹，继而向左下、里上缠绕旋转时，依次要有掤、挒、采、挑、托的意识，而右掌应有推、拦、盖、拿、击的意识。

（3）“动手不是太极拳”，以腰带手、以腰带脚；两掌的运行距离始终保持相等，这叫“两膊相系”。

（4）左虚步时左掌与右胯对拉、左掌与右拳对拉、左肘尖与左膝尖相对；左臂垂肘坐腕竖掌，右手沉肩垂肘直腕，右拳虎口撑圆；两臂撑圆；裆要撑圆；左脚尖微翘，不可过翘。

用法：

对方右拳击我胸部，我左摔掌连防带打；对方左拳击我胸部，我右劈掌连防带打；随即我左掌经右臂内侧向前上拍掌击其面部，劲点在掌根。

第十九式　左右倒撵猴

（一）左倒撵猴

1. 腰胯稍左转，左脚踏实，撑左腿，蹬右腿，成左弓步；同时左掌边内旋边向前按压（这是肘底看捶拍掌或扑面掌的延伸，为长劲），掌心斜向前，掌指斜向上；右拳沿左手臂（经掌心）向前立拳冲出；随之左掌置于右前臂内侧；眼视前方，关顾右拳。（图3-85）

图 3-85

2.右拳变掌，右臂外旋掌心向上，掌指向前；左掌与右肘相对；同时右脚向右后方移步，前脚掌着地，胸腹中线正向前方；眼看前方。（图 3-86）

图 3-86

3.腰胯稍右转，胸腹中线对向左前，重心后坐，右脚踏实，脚尖外展，两腿屈膝半蹲，成右坐步；同时右掌边外旋边向里经腹前弧形抽至右胯侧前方，掌心斜向上；左掌沿右臂上侧向前下方推出，舒指坐腕，腕与胸平，掌心斜向前；眼平视前方。（面向正东，图 3-87）

图 3-87

要点: 内气线路: 神、意、气（内气、内劲）由右手劳宫穴运送到腕、肘、肩至背脊送至左肩、肘、腕、劳宫穴，此为右虚手、左实手。

4.腰胯继续右转，左脚跟辗转，左脚尖内扣，重心右移，蹬左腿，撑右腿，胸腹中线正对向右前；同时右掌以掌背领先，内旋向下、向后经右胯旁弧形下撩，此为阴掌；继而右掌外旋向右后方弧形举至右肩外侧，腕与肩平，掌心斜向上；左掌外旋，掌心斜向下，两掌心遥遥相对，两掌有对撑拉之意；眼随体转平视，顾右掌。（图 3-88）

图 3-88

5.腰胯继续右转，胸腹中线正向前方；同时随体转，右掌内旋屈臂，收至右耳侧前方，掌心向左前；左掌边外旋向右抄手划弧至下腹前，掌心向右前，与右掌斜相对；眼随体转平视。（图 3-89）

图 3-89

6.腰胯左转，左脚向左后方退步，左脚掌先着地再踏实，左脚尖外展，左腿屈膝半蹲，右脚稍内扣，成左坐步，胸腹中线对向右前；同时左臂外旋，左掌收至胸前掌心渐渐翻向上经右掌下抽至左胯旁，掌心斜向上；右掌沿左臂上侧向前下方推出，腕与胸平，舒指坐腕，掌心斜向前；眼随体转向前平视转移，眼神关顾右掌前推。（面向正东，图3-90 和图 3-91）

图 3-90   图 3-91

要点：

（1）阴掌以掌背领先，以肩为圆心，通过沉胯、沉腰、沉肩、沉肘、沉腕带动右掌下撩。

（2）后退时，肩、胯下沉垂直；坐步时，尾骨宜有前移之意，两肩松平，立身中正。

（3）以腰胯转动带动一手后抽，一手前推；两掌胸前相搓有对拉之意，前推的手掌与锁骨有对拉之意；做到意开、胸开、裆开，劲贯指尖；坐步定式时肘不可露背。

（4）两手平举如同挑扁担；拧转腰胯时两臂旋转，不可断劲，两臂似一臂；动作之间"势断劲不断，劲断意不断"。

（二）右倒撵猴

1.腰胯继续左转，右脚跟辗转，右脚尖内扣，重心左移，蹬右腿，撑左腿，胸腹中线正对向左前；同时左掌以掌背领先，内旋向下、向后经左胯旁弧形下撩，此为阴掌；继而左掌外旋向左后方弧形举至左肩外侧，腕与肩平，掌心斜向上；右掌外旋，掌心斜向下，两掌心遥遥相对，两掌有对撑拉之意；眼随体转平视，顾左掌。（图 3-92）

图 3-92

2.腰胯继续左转，胸腹中线正向前方；同时随体转，左掌内旋屈臂，收至左耳侧前，掌心向右前；右掌边外旋向左抄手划弧至下腹前，掌心向左前，与左掌斜相对；眼随体转平视。（图 3-93）

图 3-93

3.腰胯右转，右脚向右后方退步，右脚掌先着地再踏实，右脚尖外展，右腿屈膝半蹲，左脚跟辗转，左脚稍内扣，成右坐步，胸腹中线对向左前；同时右臂外旋，右掌收至胸前掌心渐渐翻向上经左掌下抽至右胯旁，掌心斜向上；左掌沿右臂上侧向前下方推出，腕与胸平，舒指坐腕，掌心斜向前；眼随体转向前平视转移，眼神关顾左掌前推。（面向正东，图3-94和图3-95）

图3-94　　　　　　　　　　　图3-95

（三）左倒撵猴

1.腰胯继续右转，左脚跟辗转，左脚尖内扣，重心右移，蹬左腿，撑右腿，胸腹中线正对向右前；同时右掌以掌背领先，内旋向下、向后经右胯旁弧形下撩，此为阴掌；继而右掌外旋向右后方弧形举至右肩外侧，腕与肩平，掌心斜向上；左掌外旋，掌心斜向下，两掌心遥遥相对，两掌有对撑拉之意；眼随体转平视，顾右掌。（图3-96）

图3-96

2.腰胯继续右转，胸腹中线正向前方；同时随体转，右掌内旋屈臂，收至右耳侧前方，掌心向左前；左掌边外旋向右抄手划弧至下腹前，掌心向右前，与右掌斜相对；眼随体转平视。（图3-97）

图 3-97

3.腰胯左转，左脚向左后方退步，左脚掌先着地再踏实，左脚尖外展，左腿屈膝半蹲，右脚跟辗转，右脚稍内扣，成左坐步，胸腹中线对向右前；同时左臂外旋，左掌收至胸前掌心渐渐翻向上经右掌下抽至左胯旁，掌心斜向上；右掌沿左臂上侧向前下方推出，腕与胸平，舒指坐腕，掌心斜向前；眼随体转向前平视转移，眼神关顾右掌前推。（面向正东，见图 3-98 和图 3-99）

图 3-98

图 3-99

要点：

（1）退左脚略向左后斜，退右脚略向右后斜。

（2）阴阳虚实之间的转化根据"劲由内换"的原则，如退右步时，右腰眼微上抽，以左腰眼托起右腰眼，而左实腿须内气贯注，右腿则气势腾挪。两个腰眼一上一下、一虚一实，以实托虚，虚实转换，行不外露。退步时"实脚吸虚脚"。

（3）"两尖相对裆自圆"，即两膝与两脚方向一致，裆如拱桥。为防止膝关节扭伤，当脚内扣时先动脚大拇指，继动膝关节；外摆时先动脚小脚尖，继动膝关节。

（4）前手向前下方45°推掌，好像钻头一样边旋转边前进；转身时左肩与右髋合，右肩与左髋合。

（5）一退一进、边退边进、下退上击、后退之中必有前击，这叫逢前必后、前后相济、前后兼顾。

用法：

对方左手抓我左手，我左手从内旋到外旋翻拧其腕，随即左脚后撤、重心左移、腰向左拧，左手向左下方牵至左腰侧；同时右掌向前推击其肘部，使其肘关节受制。

以撩阴掌撩击对方裆部；或手按其头、胸部，边退边打。

第二十式　斜飞势

1.重心后移，坐实左腿，腰胯右转，胸腹中心线向东，左脚尖内扣，右脚提起；同时左掌内旋自左而上向右划弧，置于左胸前，掌心向下，手与肩平，肘低于腕，臂呈弧形；右掌外旋向左下方抄至腹前，掌心向左偏上，两掌相对合抱；眼顾左掌划弧。（图3-100）

图 3-100

要点：左脚尖内扣要借腰胯右转的惯性拧转，转体时右膝要提住，重心才能保持平稳；立身中正，松肩沉肘。

2.腰胯继续右转，开胯旋腿，右膝如扇面打开，右脚向右前方迈步，脚尖向前，脚跟先着地；同时两掌随体转"合再合"，两腕上下相对置于胸腹中线前，成剪掌（"欲右先左""欲左先右"，右掌稍左引伸时掌心向左偏下，否则，下个动作无臂可旋；左掌心向右偏下）；眼看前方。（图3-101）

图 3-101

3.腰胯右转，随着重心渐渐移向右腿而全脚踏实，蹬左腿，撑右腿，成右弓步；同时随体转胸腹中线对正前方，右掌外旋以大拇指一侧向右后上方捌出，肘微屈，劲点在桡骨处，指尖上扬，掌心斜向上，高与额平；左掌内旋向左弧形下采至左胯旁，掌心向下，虎口对向右前方，与右手动向一致。（向南偏西 30°，图 3-102）

图 3-102

要点：

（1）"逢转必沉""逢沉必领"。右转迈步时，松沉左胯，松开右胯，骨盆端起，尾骨向旋转方向，虚灵顶劲。

（2）两肩平、两胯平，肩胯对正，肩胯同转，沉肩坠肘坐腕；百会与会阴垂直；右手与左脚尖有对拉之意。

（3）右挒时，腰腿劲节节贯穿，通过脊背、肩、肘而达于掌，劲贯指尖；左采时，裆劲下沉，有回转之意。拳论云：其根于脚，发于腿，主宰于腰，形于手指；由脚而腿而腰，总须完整一气。

用法：

对方用左弹腿攻击我腹、裆部，我右闪步，右手抄其左小腿，随即右脚上步，左脚跟进，右手向右上方发劲，将其发放。

对方用左弹腿、左蹬腿攻击我腹部，我右闪步，左手从其小腿外侧下搂引化，随即右脚上步，别住其右腿，重心前移，同时右手从其腹前伸出，随着腰向右拧转，用右掌向右前上方撑开，成右侧弓步（横裆步），将其发放。

对方左脚上步，用左直拳击我头部，我右闪步，左手内旋从其小臂外侧引采，随即右脚上步，别住其左腿，重心前移，同时右手从其左臂腋下向前穿出，随即用右肩臂挤靠其胸肋，腰向右拧，右掌向右前上方撑开，成右侧弓步（横裆步），将其发放。

对方左脚上步，用左直拳击我胸部，我右闪步，左手从其臂外侧引采其小臂或腕，随即右手从其左臂腋下前伸，用掌背由左向右封扫其腋窝前侧，同时用右勾踢腿攻击对方左脚跟或踝关节，腰向右拧。

第二十一式　提手上势

1.腰胯右转，重心前移，左脚跟提起；同时随体转右掌内旋向右下方移至右肩前，掌心向左下；随体转左掌稍外旋向左前上方移至腰左侧前，掌心向右下；眼视前方。（图3-103）

图 3-103

2.坐实右腿，左腿跟进半步，脚掌先着地；随即腰胯左转，重心左移，左脚踏实；同

时右掌随肘下沉回采至右腰侧前方，掌心斜向下；左掌随屈肘平抹至左腰侧前方，掌心斜向下；眼神顾及右掌。（图 3-104）

图 3-104

3. 坐实左腿，右脚提起稍前移，脚跟着地，脚尖微抬，膝微弓，成右虚步；同时腰胯左转，催动两掌向里、向上、向前做合、提、送，右掌在前，高与眉齐，掌心向左；左掌在后，收于右肘内侧，高与胸齐，掌心向右，两掌心相对；两手臂掌缘与尺骨处用意贯注；眼平视前方。（正南偏西 30°，图 3-105）

图 3-105

要点：

（1）随体转两掌向里、向上做合、提时，两掌外旋，掌心相对（有抓采对方腕肘之意）；两掌向前送时，两掌内旋，掌心斜向前（有把对方发出去之意）。

（2）此为合劲。两手在胸腹中线前相合，先下后上。两手掌下沉时，松肩坠肘，以肘引领（肘先下沉，腕高于肘，好像两肘挂着物体下沉）；两手掌上提不是手动，而是通过"腹球"的内动，骨盆端起，尾骨前收，劲起于脚，发于腿，主宰于腰，形于手指。肩与胯合、肘与膝合、手与足合；左肩井穴、左胯与左脚跟在同一垂直线上；左大腿、左小腿、左踝关节的外侧在同一平面上。

（3）提手时，两手向前上方与左胯向左后方抽转有对拉之意，使手、胯和脚跟"三点贯通"形成整劲。胸部不可正对前方。

（4）左脚实脚内扣时，为保护膝关节，先动左脚大拇指，继动左膝关节。

第二十二式　白鹤亮翅

1.右脚稍前移，腰胯右转，重心右移，撑右腿，蹬左腿，成右弓步；同时左掌向前推出，腕与胸平；右掌向下落至腹前再经右膝前搂过，按至右胯旁；眼看前方。（图3-106）

图 3-106

2.收沉左胯，重心左移，以左脚跟为轴使身体向左后转，右脚尖内扣；同时随体转左手边内旋边向左采抹至左胸前，掌心斜向下；右手边外旋边向左前弧形抄至下腹前，掌心向左偏下，与左掌斜相合（斜抱球）。眼随体转平视。（图3-107和图3-108）

图 3-107　　　　　　　　　　图 3-108

3.右脚稍向后移步，前脚掌着地，然后重心右移踏实，左脚移至体前，前脚掌着地，成左虚步，两脚之间的着意点在第四点，使后腿不滞；同时右掌外旋向前上提，左掌下落内旋贴于右小臂里侧，两掌胸前形成挤的动作（白鹤亮翅的挤为扶臂挤、肘挤，揽雀尾的挤为扶腕挤），随着腰胯的右转，右臂向前挤出、前展，含有下沉之意；随挤随带肩靠、髋打（右肩外侧向西南方向作贴身靠）。继而腰胯左转，右掌内旋向右上翻滚、掤架置于右额前（手背与小臂在同一平面上），掌心斜向外，掌指斜向上；左掌向左下按落于左胯旁，掌心向下偏右，掌指向前；眼看前方。（面向正东，图 3-109）

图 3-109

要点：

白鹤亮翅走立圈，退步跨虎走平圈。白鹤亮翅两手逆时针转一圈，即右手向右上方撑劲，左手向左下方采劲，两手向同一个方向前进，两臂似一臂，这叫"两膊相系"。

第二十三式　左搂膝拗步

1.右腿重心不变，右胯收坐，腰胯右转；同时右掌边外旋边经面前、胸前弧形下切（劲点在掌根，如京剧戏中正捋胡须）后落至右胯旁，掌背斜向后；左掌自下向前而上而右弧形移至胸前中线，掌心斜向下。（图 3-110 和图 3-111）

图 3-110　　　　　　　　图 3-111

2.腰胯右转，左脚提起；同时随体转，右掌边外旋边弧形由前向下、向右下方撩掌（掌背领先，劲贯指尖），继而向右斜角上举，掌心斜向上，手勿高于肩；左掌边外旋向上、向右下方弧形格挡、下切合于右胸前，意贯掌外沿（小指一侧），掌心斜向下，虎口与右肘相对；眼神关顾右掌。（图 3-112）

图 3-112

3.腰胯左转，左脚向前偏左迈步，脚跟先轻轻着地，脚尖向前；同时左掌内旋向左下方采至腹前，掌心斜向下；右臂稍内旋屈回，右掌收至右耳侧前方，虎口与耳相对约10cm，掌心向左前下方；眼视前方。（图 3-113）

图 3-113

4.腰胯左转，重心左移，左脚踏实，撑左腿，蹬右腿，成左弓步；同时开胸张肘，以左肘向外侧搂带动左掌向下由左膝前搂过落于左胯旁，坐腕，掌心向下偏右；右掌边内旋边向前推出，坐腕，掌心向前偏左；眼向前平视。（图 3-114）

图 3-114

第二十四式　海底针

1.腰胯左转，重心左移，身体直起，右脚向前跟半步，前脚掌着地；两掌松腕前移，掌心均斜向下。眼看前方。（图 3-115）

图 3-115

2.腰胯右转，重心右移，右脚踏实；同时随体转右臂外旋、屈肘，右腕向里提回（做一个小立圆）至右肩前，掌心向左，掌指向前下；左臂外旋、沉肘，左掌经右前臂下侧提腕前伸，掌心向右，掌指向前下；眼平视前方。（图 3-116）

图 3-116

3.腰向左转，左脚提起前移，前脚掌着地，成左虚步，左胯根内收，以胯为轴折腰下沉；同时右掌经腹前弧形向前下方插击，发对方的胯或尾闾，掌心向左，掌指斜向前，腕与左膝平；左掌边内旋边搂采至左膝旁；眼视前下方。（图 3-117）

图 3-117

要点：

（1）插掌时折腰下沉（颈椎、胸椎、腰椎保持斜的直线，百会与会阴对拉，而不是弯腰），以腰带手，小指领劲，四指伸直（除拇指外），劲贯指尖，腕与膝平，肘不过膝。身躯与地面的夹角 45°；右手臂与身躯的夹角 90°；

（2）内气自下而上沿三关（指人体背后的尾闾关、夹脊关、玉枕关）向前上方升腾，带动上体缓缓前俯，即气向上顶，称之为"三关一长"。

（3）两臂关联法：左手顺时针划弧后向左平移拉开，右手向前下插击，产生偶劲。

（4）右腕向里提回和左掌提腕动作：手腕上升，而手指、大臂、肘下沉，这叫逢上必下、有升有沉、升沉统一、轻沉兼备、阴阳相济。

用法：

对方右手抓握我右腕，我以腰胯右转带动右手提回，以腕（拇指侧）领劲，划一个小立圆；若对方仍未松手，我右掌下沉，以四骈指插击（小指领劲）其裆部。若对方用右弹腿击我裆部，我用左手下搂其脚，用右掌插击其腹、裆部。

第二十五式　闪通背

1.腰胯右转，以头领身，上体直起，坐实右腿，左脚提起；同时右掌随体转边内旋边提至右肩前，右掌心斜向下，掌指向左；左掌边外旋边上提至胸前、右小臂（近腕）旁，掌心向右，掌指向上，两手交叉；眼向前平视。（图 3-118）

图 3-118

2.腰胯继续右转，左脚向前迈出，跟先着地，随着重心前移，左脚踏实，撑左腿，蹬右腿，成左弓步；同时随体转，左掌边内旋边沿右臂向前立掌推出，坐腕，掌指向上，掌心斜向前；右掌向右前上方推撑，置于右额前上方，掌指斜向上，掌心斜向前，劲点在掌缘；眼看左指尖，向前平视。（图 3-119 和图 3-120）

图 3-119

图 3-120

要点：

（1）拳论云："其根在脚，发于腿，主宰于腰，形于手指。由脚而腿而腰，总须完整一气。"左弓步、左掌前推、右掌上托动作协调一致，两手形成对拉；左掌前推与命门后撑对拉。

（2）左手从胸口向前出去，松肩阔背，开胸张肘，不可耸肩、扬肘。两臂撑开撑圆，裆撑开撑圆，右胯向右撑转（此为顺弓步，两胯呈开势）；两肩平、两胯平、裆与膝平；百会与会阴垂直。

（3）"劲以曲蓄而有余"，是指动作要有伸展的余地。因此，太极拳任何动作两手、两腿不可伸直，要弧形圆满；不可挺胸，做到"立身中正安舒"、虚领顶劲、含胸拔背、气沉丹田、尾骨前收、尾闾中正。

（4）内气自上而下沿三关（指人体背后的玉枕关、夹脊关、尾闾关）沉落时，带动上体缓缓竖直，即气向脚下沉，称之为"三关一竖"。

用法：

对方右脚上步，用右直拳击我头部，我左闪步，右手从其右臂外侧抓采其小臂，向右上方引采，同时左脚上步成左弓步，左手向前上方推击其右肋。（右手往右上方牵，左手往前上方推，形成合劲。我以两臂之长攻其一臂之长）

对方右手抓握我右腕，我右手用提劲上提，同时左掌顺着对方的手臂推击其软肋。（顺着对方的手臂打对方软肋，称之为穿袖，要求发劲完整）

对方右手抓握我右腕，我用左手按压其手背，两手上提至右上方，同时腰向右拧，重心后移，使其拔跟。（左手按压其手背防止其脱离，上提时以腰带臂）

第二十六式　翻身撇身捶

1.左腿重心不变，左脚尖内扣，腰胯稍右转；同时右掌外旋渐渐握拳自右前而下至左腹前，屈肘横臂直落，拳眼斜向上；左掌内旋向上弧形架至左额前上方，掌心向外；眼神关顾右手划弧，随体转前视。（图3-121）

图3-121

要点： 右盖拳有拦击作用，避免右拳划大圈。

2.腰胯继续右转，左腿坐实，右脚跟稍内扣提起，向前落步，先以脚跟着地（脚尖向西），再全脚踏实；同时右肩带动右臂转，右拳边旋转边向前弧形下撇，打对方鼻子，拳心向上，拳与中脘穴（脐上四寸）高；左掌外旋由上而下（经右小臂外侧），落于右肘

内侧，掌心斜向下；眼视前方，关顾右拳。（图3-122）

图 3-122

3.腰胯继续右转，使胸腹中线对向前，蹬左腿，撑右腿，成右弓步；同时左掌经右小臂上侧向前推出，高与肩平，掌心斜向前；右拳抽于右腰侧前方，拳心向上，与右膝上下对齐；眼平视前方。（图3-123）

图 3-123

要点：

（1）右掌握拳下盖时，屈肘横臂直接下落（横肘竖落），以拦截对方来拳进攻我胸腹部。

（2）撇身捶的右拳以肩为圆心，即以肩带肘，以肘带拳；拳尖、鼻尖、脚尖，三尖相对。

用法：

对方左脚上步，用左直拳击我胸部，我右屈肘横臂直接下落（横肘竖落），以拦截对方来拳；随即我右脚上步封住对方左腿，用右拳撇打其面部。或对方左脚上步，用左直拳击我头部，我右闪步，左手从其臂外侧引采其腕或小臂，随即我右脚上步封住对方左腿，右手从其左臂下前伸，随即用右拳撇打其面部。

第二十七式　进步搬拦捶

1.稍收沉右胯，随即腰胯左转，蹬左腿，撑右腿，重心稍后移；同时左掌随左肘下沉，边外旋边以掌外沿下切至胸前，掌心向右；右拳内旋向前上中线（经左掌虎口上侧）以拳面击出，高与喉平，拳心向下，与左掌成抱臂状；眼视前方，关顾右拳。（图3-124）

图3-124

2.腰胯左转，重心后移，随即右脚收提；同时随体转右臂外旋，右拳由前向左下划弧（称为盖拳）至左腹前，拳心斜向下；随体转左掌向左（捋）、向上（挑）、向右下方划弧（合）至胸前，掌心斜向下。眼看前方。（图3-125和图3-126）

图3-125

图3-126

3.腰胯右转，右脚向右前方迈步，先右脚跟着地，继而右脚尖外展踏实，重心右移，蹬左腿，撑右腿，成右弓步；同时随体转，右拳由左向上经胸前向前翻转搬出（称为搬拳），拳眼向上；左掌随体转弧形向右在胸前拦出，掌微坐，置于右腕内侧，掌心向右。眼神向前。（图 3-127 和图 3-128）

图 3-127　　　　　　　　　图 3-128

4.腰胯继续右转，左脚向前上步，脚跟着地；同时随体转，左掌边内旋边向前拦出，坐腕竖掌，掌心斜向前；右拳边外旋边向右下方搬压，弧形收回于腰侧，拳心向上。眼看前方。（图 3-129）

图 3-129

5.腰胯左转，重心左移，左脚踏实，撑左腿，蹬右腿，成左弓步；同时右拳边内旋边向前上方打出（称为冲拳），劲由脊发，高与胸平，拳眼向上；左掌收贴于右小臂内侧，眼视前方，关顾右拳。（图 3-130）

图 3-130

要点：

（1）第一拳：斜冲拳；第二拳：盖拳；第三拳：搬拳；第四拳：冲拳。

（2）右拳向右下方搬压与左掌拦出对拉；左掌与后抽右胯对拉。右拳回抽时"后不露肘"，大小臂夹角约100°，沉肩坠肘，不可耸肩。

（3）右拳边内旋边向前上方打出，至心口前（这叫"拳从心发"），攻击对方"中"，心窝；左胯内收，肩胯垂直，圆裆；右冲拳与左胯对拉。

第二十八式　上步揽雀尾

（一）右掤式

1.收沉左胯，腰胯左转，重心左移，左脚外展；同时左掌随体转和左臂外旋掤至左肩前，掌心向右上；右拳变掌边内旋边向右下采至上腹侧前，掌心向下偏左。眼视前方。（图 3-131）

图 3-131

2.坐实左腿，腰胯继续左转带右脚提起，小腿自然下垂为虚悬。同时左掌随体转和左肘后抽边内旋边弧形下采至左胸前，掌心向右偏下；右掌边外旋边向左抄至下腹前中线（切勿超出左侧身外），掌心向左偏下；两掌斜抱球。眼视前。（图3-132）

图3-132

3.腰胯右转，右脚向右前方上步，脚跟先着地踏实，撑右腿，蹬左腿，成右弓步；同时右掌边外旋边立掌前上方掤出，手高与肩平，手背含掤劲，意贯指尖，掌心向内偏上，腕略高于肘，中指与小臂一线；左掌置于右腕内侧斜下方，指尖指向右手脉门，随右掌向前推出，立掌坐腕。继而随体转右掌内旋向前掤出，掌心侧向前，掌指向上与鼻平；左掌随体转外旋置于右肘内侧，掌心侧向上，掌指对右肘。眼随体转向前平视。（此为"双手掤"，前面的左掤为"单手掤"，图3-133和图3-134）

图3-133

图3-134

　　要点：实脚左转时，左胯找左脚跟并有对拉之意；右抄手、提右脚时，以腰带手、以腰带脚。这种以腰为车轴，手起脚随的练法，称之为"上下相吸"。

（二）挒式

　　腰胯左转，重心左移，成左坐步。随体转两掌绞转（右掌外旋，左掌内旋）向左边掤边挒，胸腹中线对左前约45°，两手始终在胸腹中线两侧，掌心斜相对，右掌在右胸前，掌心向左，掌指向前；左掌在左上腹前，掌心向内，掌指向前，手背含掤劲；眼随体转向前平视。（图3-135）

图 3-135

（三）挤式

　　腰胯右转，重心右移，撑右腿，蹬左腿，成右弓步；同时右臂外旋，弧形横于胸前，掌心向内；左臂内旋，掌心向外，贴近右腕内侧；随即以右小臂与左掌向前挤出；眼看前方。（图3-136 和图3-137）

图 3-136

图 3-137

（四）按式

1. 收沉右胯，随即腰胯左转，重心左移，成左坐步；同时随体转两肘渐屈下沉，右臂内旋，右掌由左向右划弧，掌心向前；左臂内旋，左掌由右向左划弧，掌心向前；随即两掌根向下划一个小圆弧至心口前，防止直来直去产生棱角；眼看前方。（图 3-138）

图 3-138

2. 腰胯右转，撑右腿，蹬左腿，成右弓步；同时两掌向前微向上（呈微微向上的弧形）按出，坐腕竖掌，腕与肩平，掌心斜向前，劲贯掌根，意贯指梢；眼神关及两掌前按。（图 3-139）

图 3-139

第二十九式　单鞭

1. 收沉右胯，腰胯左转，右脚尖微翘，以右脚跟为轴，实脚内扣约135°，使胸腹中线从右前对向左前；同时两掌微放平，两掌心斜向下，随体转两肘渐屈下沉，带动两掌向左偏上抹转半个椭圆，两掌宽、高不过肩，掌心仍斜向下；向左抹转劲点在左掌根外侧，有掀起对方之意。眼神随体转向前平视，关顾两手。（图 3-140）

图 3-140

2.腰胯右转，重心右移；同时两掌随体转沉肘屈臂向右偏下回抹半个椭圆，使胸腹中线从左前对向右前，即左掌稍外旋随体转向里经胸前向右抹转半个椭圆形，坐腕竖掌，掌指斜向上，掌心斜向下；右掌外旋经胸前向右划半个椭圆形，掌心斜向上，掌指斜向左，两腕不低于胸。向右回抹有下采对方之意，劲点在右掌根外缘（小指侧），意贯指尖。眼神关顾两手。（图 3-141）

图 3-141

3.重心全部移于右腿，左膝领起，左脚离地并往里收，脚尖自然下垂；同时右掌边内旋边右伸，五指尖下垂撮拢成钩手，指尖向下，腕与肩高；腰胯稍左转，左掌外旋，掌心向里，与脸相对，如照镜子，手指斜向上，手与口平；眼神关顾两手。（图 3-142）

图 3-142

4.腰胯左转，胸腹中线对向左前，左脚随体转向左前迈出（东偏北 15°），脚跟先着地，重心左移，左脚踏实，撑左腿，蹬右腿，成左弓步；同时右钩手继续松肩右伸；左掌随体转经面前左移，随移随臂内旋翻掌前推，坐腕竖掌；眼随体转左移，关顾左手。（图 3-143）

图 3-143

要点：两臂运动距离要相等，总须前手去，后手跟。做到"两膊相系"。

第三十式　云手

左脚尖内扣，腰胯稍右转；同时右钩手变掌随转腰落于右腹前，掌心向下；左掌随转腰落于左胸前，掌心向下；眼平视前方。（图 3-144）

图 3-144

云手一：

1.腰胯左转，右脚提起向左脚内侧落步，前脚掌着地，与肩同宽；同时右掌边外旋边向左上方抄至左肩前，掌心斜向内；左掌向左上弧形运出，掌心向左前；右指尖与左肘遥相对。眼看前方。（图 3-145）

图 3-145

2.腰胯稍右转，右脚踏实，成开立步；同时右掌随体转由左弧形向前（掤）、向右（捯）至面前，掌指斜向上，掌心斜向内，腕与喉高；左掌由左弧形下抄至腹前（腕与脐高），掌指斜向下，掌心斜向内；眼看前方，关顾右掌。（图 3-146 和图 3-146 附图）

图 3-146   图 3-146 附图

3.重心渐渐右移，左脚向左迈出半步，前脚掌着地；同时右掌边内旋边弧形向右按、采至右前方，掌心向右前；左掌边外旋边向右上方抄至右肩前，掌心斜向内；左指尖与右肘遥相对。眼看前方。（图 3-147）

图 3-147

4.腰胯稍左转，左脚踏实，成马步；同时左掌随体转由右弧形向前（掤）、向左（捯）至面前，掌指斜向上，掌心斜向内，腕与喉高；右掌由右弧形下抄至腹前（腕与脐高），掌指斜向下，掌心斜向内；眼看前方，关顾左掌。（图 3-148 和图 3-148 附图）

图 3-148   图 3-148 附图

云手二至四： 与云手一相同。

云手五：

1.腰胯左转，右脚提起向左脚内侧落步，前脚掌着地，与肩同宽；同时右掌边外旋边向左上方抄至左肩前，掌心斜向内；左掌向左上弧形运出，掌心向左前；右指尖与左肘遥相对。眼看前方。（图 3-149）

图 3-149

2.腰胯稍右转，右脚踏实，成开立步；同时右掌随体转由左弧形向前（掤）、向右（捋）至面前，掌指斜向上，掌心斜向内，腕与喉高；左掌由左弧形下抄至腹前，掌指斜向下，掌心斜向内；眼看前方，关顾右掌。（图 3-150）

图 3-150

3.重心渐渐右移，左脚向左迈出半步，前脚掌着地；同时右掌边内旋边弧形向右按、采至右前方，掌心向右前；左掌边外旋边向右上方抄至右肩前，掌心斜向内；左指尖与右肘遥相对。眼看前方。（图 3-151）

图 3-151

要点：

分清左右虚实：如左云手时，左手向左划弧时是"阳"为虚手，左脚为实；右手是"阴"为实手，右脚为虚。神、意、气由虚手通过脊背运送至实手。同理：当一脚实时，松胯下沉；另一脚为虚，提膝变换。虚实变换此起彼伏如跷跷板运动。内气由虚腿一侧的涌泉穴、踝、膝、胯，通过腰运送至实腿涌泉穴。

（2）劲自脚起，两腿互为其根，互为蹬撑。如右腿蹬，左腿撑，向左运转时：劲自右脚起，经右腿、右胯、左胯、左腿、左脚。有人说"胯似磨盘腿似架"，上磨盘（腰胯左右）转动，下磨盘不动（两腿支架不动）；转动时百会与会阴垂直，做到四平：两肩平、两胯平。

（3）两手由"内气撑开撑圆"，达到处处圆满。当开立步、马步时，两手在中间；手心与中心对准；上手与喉高，下手与脐高；上手掌指斜向上，下手掌指斜向下；上手掌心斜向内偏上，下手掌心斜向内偏下。

（4）"动手不是太极拳"，云手时以腰带手、以腰带脚。当右掌随体转边内旋边弧形向右按时，左脚向左迈出；当左掌随体转向左上弧形运出时，右脚向左脚内侧落步，这叫上下相随、上下相系或上下相吸。

（5）"手走弧形臂要旋"，云手时两掌在划椭圆运行中，不停地内旋和外旋，并与身体中轴为圆心作同心圆。当手向上、向前运行，以手（掌）引领；当手向下、向后运行，以肩（肘）引领。

（6）头部的旋转幅度，不宜超过躯干的旋转幅度。做到"头身同转"，鼻尖与肚脐在一条垂直线上，不可扭头看手或头转身不转。

（7）连绵不断，行云流水，时时处处不断劲。断劲是指中断、停顿、脱节、突变；要求连贯、协调、圆活。

（8）由胸腹中线出手，不要空抢手臂，意在手外侧；上手护胸，拨开进攻的来力；下手撩裆、护裆，向侧下化发。

（9）云手时：通过松胯、旋腰的螺旋来完成，两胯立体螺旋转动走横8字。丹田内转，以腰为轴，带动全身，形成整劲。

（10）裆走下弧。为了在倒换重心时保持下盘的稳固，增强骨盆运动，而采取的一种锻炼方法。如云手由重心偏左移偏右，或由重心偏右移偏左时，胯再松一下，在松胯、塌腰的条件下，"走锅底形"把重心移到另一侧。前辈强调"不许把重心扛过去"（即不能走上弧，或平移）。一般动作大小腿夹角大于90°（仆步、坐盘等除外），两大腿的下侧横线比平行线高，裆部（会阴穴处）微微沉一下，走一个下弧线，而不是大起大落。裆部仍然保持一个拱圆形的上弧线。这对增强内功具有重要作用。

用法：

对方用左拳击我头部，我左手内旋抓采其小臂或腕，自右往左引化，引劲落空，腰向左拧；对方用右拳击我头部，我右手内旋抓采其小臂或腕，自左往右引化，引劲落空，腰向右拧，随即我用右弹腿攻击其裆部。（云手时上面的手引化其劲，保护上身；下面的手随腰转动，保护下身。云手被称之为太极拳之"母式"，云手动作可以配合各种拳脚进攻）

第三十一式　单鞭

1. 收沉右胯，腰胯左转，右脚尖微翘，以右脚跟为轴，实脚内扣；同时两掌微放平，两掌心斜向下，随体转两肘渐屈下沉，带动两掌向左偏上抹转半个椭圆，两掌宽、高不过肩，掌心仍斜向下；向左抹转劲点在左掌根外侧，有掀起对方之意。眼神随体转向前平视，关顾两手。（图 3-152 和 3-153）

图 3-152　　　　　　　　　　图 3-153

2.腰胯右转，重心右移；同时两掌随体转沉肘屈臂向右偏下回抹半个椭圆，使胸腹中线从左前对向右前：即左掌稍外旋随体转向里经胸前向右抹转半个椭圆形，坐腕竖掌，掌指斜向上，掌心斜向下；右掌外旋经胸前向右划半个椭圆形，掌心斜向上，掌指斜向左，两腕不低于胸。向右回抹有下采对方之意，劲点在右掌根外缘（小指侧），意贯指尖。眼神关顾两手。（图 3-154）

图 3-154

3.重心全部移于右腿，左膝领起，左脚离地并往里收，脚尖自然下垂；同时右掌边内旋边右伸，五指尖下垂撮拢成钩手，指尖向下，腕与肩高；腰胯稍左转，左掌外旋，掌心向里，与脸相对，如照镜子，手指斜向上，手与口平；眼神关顾两手。（图 3-155）

图 3-155

4.腰胯左转，胸腹中线对向左前，左脚随体转向左前迈出（东偏北 15°），脚跟先着地，重心左移，左脚踏实，撑左腿，蹬右腿，成左弓步；同时右钩手继续松肩右伸；左掌随体转经面前左移，随移随臂内旋翻掌前推，坐腕竖掌；眼随体转左移，关顾左手。（图 3-156）

图 3-156

要点：

（1）两臂运动距离要相等，总须前手去，后手跟，做到"两膊相系"。

（2）"手走弧形臂要旋"。左掌边随体转边随臂旋边前推，如同电钻头，劲贯掌根，与身体中轴为圆心作同心圆。

第三十二式　高探马

1.腰胯左转，撑左腿，蹬右腿，身体重心渐渐移于右腿，左脚尖微翘（右胯根后抽，带动重心后坐；坐实右腿后，左胯根渐渐后抽，带动左脚提起），随即左脚提回半步，前脚掌轻轻着地；同时右钩手变掌，屈右肘，右掌内旋弧形经右肩侧前移至喉头前，掌心斜向下；左臂外旋，沉肘，使左掌心渐渐收至心口前，掌心向里偏上，两掌心在胸腹中线前遥对。目视前方。（图 3-157 和图 3-158）

图 3-157   图 3-158

2.腰胯继续左转，使胸腹中线对向正前方，坐实于右腿，右膝微屈，左脚前脚掌着地，成左虚步。同时右掌经中线由左臂上侧向前探出，掌指向左前方（掌指朝东北），掌心向下，略高于肩，劲贯掌缘小指一侧（斜切掌）；左掌经中线由右臂下侧弧形收于左腰前，后不露肘，掌指向右前方，掌心向上；目视前方。（图 3-159）

图 3-159

要点：

（1）上体自然正直，虚领顶劲，顶劲要有冲霄之意，有上下对拉，拔长身肢之意。

（2）两臂呈弧形，沉肩坠肘，松腰松胯；手指不可向前，否则失掉坐腕；不可横掌，否则容易抬肘。

（3）左掌回抽与右掌探击，有搓劲扭断马脖子之意。

（4）有人说"动手不是太极拳"。右手前探时，不是动手，而是以胸控手，以上盘转动前击，神、意、气通过由脊背、肩、肘、腕至掌根；以左胯根里收带动左手回收和左脚提起。《拳经》云："一动无有不动"，"一静无有不静。"

用法：

我左掌攻击对方，被其黏采；我即左掌翻转，以叠劲带回其手，同时以右斜切掌击其面部或咽喉；或拧（擒）敌头部。如我用左劈掌击对方头，对方用左手掤架，我左手顺势抓采其小臂向左下方采引；同时右手斜切掌击其面或咽喉，腰胯左转，以腰带手。

第三十三式　左右分脚

（一）右分脚

1.重心在右腿，右腿渐渐下蹲，左脚稍提起，向左前（东北方向）迈出，脚跟先着地，左脚踏实；同时腰胯稍右转，右掌随转体向右弧形捋回（如将马头粘住拧回状），掌心向下；左掌向前经中线向左前弧形捯出，掌心向上。（如将马下颔向前向左拧转，此为高探马的继续，意为双手拧转马头，图3-160和图3-161）

图3-160　　　　　　　　　　图3-161

2.腰胯继续右转（身躯向东南偏东），右腿蹬，左腿撑，成左弓步；同时左掌自左而前向右经右臂下侧向里抹转大半个平圆，左臂横屈成弧形，左掌横置于右胸前、右肘旁，掌心斜向上；右掌自右而里向左经左臂上侧向前抹大半个平圆，即向右前（东南）切出，掌心斜向左前，指尖斜向上，劲点在尺骨处。左掌与右肘成抱臂状。眼视关顾右掌。（图3-162）

图 3-162

3.腰胯左转，重心左移，左腿渐渐起立，右脚悬提，脚尖自然下垂；同时左掌微向前上方移，右掌自右而下弧形抄至左掌外侧，成十字手，掌心皆向内，左掌在里。眼神关顾两掌。（图 3-163）

图 3-163

4.左腿渐渐起立，腰胯稍右转，右腿屈膝提起，使右脚向右前方慢慢踢出，高与胯平，脚面绷直；同时两掌边内旋边向左右弧形撑开，腕与肩平，掌心皆向外，手指斜向上，坐腕竖掌。眼神关顾右掌、右脚。（分脚方向为东偏南约30°，图 3-164 和图 3-165）

图 3-164

图 3-165

要点：

（1）提膝时，腰胯右转，两臂边内旋边向两肩前上方举起，掌心斜相对；弹踢时，腰胯不转，两掌边内旋边向侧下方划弧撑开。整个动作呈抛物线弧形撑开。

（2）起立时，头顶（百会）领起；下沉时，尾骨引领，称之为"身躯端引法"。

（3）通过气球膨胀催动手脚，而不是用力向外伸臂、踢腿。弹踢时，肩与胯上下相对，右手与右脚方向一致，右肘与右膝上下相对。

（4）逢上必下：提右膝，同时左胯必须松胯下沉，有升有沉，有上有下，体现轻沉兼备的风格；两手左右弧形撑开时，手指上扬，掌根下塌，有升有沉。

用法：

对方用左直拳击我头部，我右手从其小臂内侧引采，右弹腿攻击其裆部。

（二）左分脚

1.左腿渐渐下蹲，腰胯右转，右脚缓缓随屈膝自然虚悬；同时左掌屈肘右抹至胸前中线，随抹随臂内旋使掌心斜向下；右掌自右向左、向里划弧，边划弧边臂外旋使掌心斜向下。眼关顾右掌。（图 3-166）

图 3-166

2.腰胯继续右转（身躯向东南偏东），右脚向右前（东南）迈出，脚跟先着地，踏实；同时右掌继续边外旋边向左下方拦至右胸前、左掌前下方，掌心向左下；左掌继续边外旋边向右拦至右锁骨前，掌心向右下。平视前方。（图 3-167）

图 3-167

3.随着重心前移，右脚踏实，蹬左腿，撑右腿，成右弓步；同时右掌边外旋边随屈肘向左偏下经右小臂下方向里偏下切至左胸腹前、左肘右下方，掌心斜向上；左掌边内旋边向右经右小臂上方向左前弧形螺旋切出，掌缘向外，指尖上扬，掌心斜向下，沉肘坐腕，食指与鼻尖平齐，劲点在尺骨处，右掌与左肘成抱臂状。腰胯左转，使身躯向东北偏东。眼从左手向前平视。（图 3-168）

图 3-168

4.腰胯右转，重心右移，右腿渐渐起立，左脚悬提，脚尖自然下垂；同时右掌微向前上方移，左掌自左而下弧形抄至右掌外侧，成十字手，掌心皆向内，右掌在里。眼神关顾两掌。（图 3-169）

图 3-169

5.右腿渐渐起立，腰胯稍左转，左腿屈膝提起，使左脚向左前方慢慢踢出，高与胯平，脚面绷直；同时两掌边内旋边向左右弧形撑开，腕与肩平，掌心皆向外，手指斜向上，坐腕竖掌。眼神关顾左掌、左脚。（分脚方向为东偏北约30°，图 3-170 和图 3-171）

图 3-170　　　　　　　　　　　　图 3-171

要点：

（1）提膝时，腰胯左转，两臂边内旋边向两肩前上方举起，掌心斜相对；弹踢时，腰胯不转，两掌边内旋边向侧下方划弧撑开。整个动作呈抛物线弧形撑开。

（2）起立时，头顶（百会）领起；下沉时，尾骨引领，称之为"身躯端引法"。

（3）弹踢时，肩与胯上下相对，左手与左脚方向一致，左肘与左膝上下相对。

（4）逢转必沉，逢沉必领。意气松沉至脚底，百会领起，百会与会阴垂直，脊骨节节松沉直竖，上下对拉。松沉实胯，肩胯相合，稳固下盘。当腰胯左转时，松沉左胯，左胯主动；当腰胯右转时，松沉右胯，右胯主动。

用法：

对方用右直拳攻击我胸部，我左手向左后引劲落空，用左弹腿攻击其裆部；对方用右蹬腿攻击我腹部，我左手从其腿内侧搂开，用左弹腿攻击其裆部；对方右弹腿击我裆部，我提左膝防腿，乘势用左弹腿攻击其裆部。

第三十四式　转身左蹬脚

1.以右脚跟为轴，腰胯向左后转，重心在右腿，左脚边转边落，左腿自然悬提，左膝微里合；同时两掌外旋向左右侧下方弧形下采、上抄、交叉合抱前掤至胸前，成十字手，左掌在外，掌心皆向内；眼神随体转顾两掌，向前平视。（向北偏西，图 3-172 和图 3-172 附图）

图 3-172   图 3-172 附图

2.腰胯左转，右腿渐渐起立，左腿屈膝提起，左脚慢慢向左前方蹬出，高与胯平，与左手方向相同，劲贯脚跟；同时两掌边内旋边向左右弧形撑开，腕与肩平，掌心皆向外，手指斜向上，坐腕竖掌。眼神关顾左掌、左脚。（图 3-173 和图 3-174 ）

图 3-173   图 3-174

要点：

（1）两手合抱时要"三合"：意合、胸合、裆合；两手分开时要"三开"：意开、胸开、裆开。立身中正，两肩松平，腰胯撑圆，左手与左脚方向一致，两臂要沉肩、坠肘、坐腕，撑开撑圆成一个大圆球；右实脚通过沉肩、沉胯、沉膝，使内劲沉于涌泉穴。

（2）转身下沉时，尾骨引领（尾椎骨朝旋转方向），百会领起，左脚边转边落，两手边转边抱；两肩平、两胯平，做到"四平"；腰胯同转。

（3）通过气球膨胀催动手脚，而不是用力向外伸臂、蹬脚。两腿似一腿，两脚的劲点在脚跟；两臂似一臂，两手的劲点在掌根。

用法：

对方用右直拳击我头部，我左手从其右臂内侧引劲落空，并顺势击其脸，左脚蹬其裆。

第三十五式 左右搂膝拗步

（一）左搂膝拗步

1.左腿屈膝下落，左脚尖自然下垂，右腿渐渐下蹲；同时随体转，右掌边外旋边弧形向右斜角上举，掌心斜向上，手勿高于肩；左掌边外旋边弧形由前向上、向右下合于右胸前，掌心斜向下，虎口与右肘相对；眼神关顾右掌。（图 3-175）

图 3-175

2.腰胯左转，左脚向前偏左迈步，脚跟先轻轻着地，脚尖向前；同时左掌内旋向左下方采至腹前，掌心斜向下；右臂稍内旋屈回，右掌收至右耳侧前方，虎口与耳相对约10cm，掌心向左前下方；眼视前方。（图 3-176）

图 3-176

3.腰胯左转，重心左移，左脚踏实，撑左腿，蹬右腿，成左弓步；同时开胸张肘，以左肘向外侧搂带动左掌向下由左膝前搂过落于左胯旁，坐腕，掌心向下偏右；右掌边内旋边向前推出，坐腕，掌心向前偏左；眼向前平视。（图3-177）

图3-177

（二）右搂膝拗步

1.腰胯左转，以左脚跟为轴，脚尖外展45°，右脚提起；同时随体转左掌边外旋边向左下方撩掌（掌背领先，劲贯指尖），继而向左斜角上举，掌心斜向上，手勿高于肩；右掌边外旋边向左下方弧形格挡、下切合于左胸前，意贯掌外沿（小指一侧），掌心斜向下，拇指向上，虎口与左肘相对；眼神关顾左掌。（图3-178）

图3-178

2.腰胯右转，右脚向前偏右迈步，脚跟先轻轻着地，脚尖向前；同时右掌内旋向右下方采至腹前，掌心斜向下；左臂稍内旋屈回，右掌收至左耳侧前方，虎口与耳相对约10cm，掌心向右前下方；眼视前方。（图3-179）

图 3-179

3.腰胯右转，重心右移，右脚踏实，撑右腿，蹬左腿，成右弓步；同时开胸张肘，以右肘向外侧搂带动右掌向下由右膝前搂过落于右胯旁，坐腕，掌心向下偏左；左掌边内旋边向前推出，坐腕，掌心向前偏左；眼向前平视。（图 3-180）

图 3-180

第三十六式　进步栽捶

1.以右脚跟为轴，脚尖外展 45°，腰胯右转，左脚提起；同时随体转，右掌边外旋边弧形向右下方撩掌（掌背领先，劲贯指尖），继而向右斜角上举变拳，拳心斜向上，手勿高于肩；左掌边外旋向右下方弧形格挡、下切合于右胸前，意贯掌外沿（小指一侧），掌心斜向下，虎口与右肘相对；眼神关顾右掌。（图 3-181）

图 3-181

2.腰胯左转，左脚向前落下，脚跟先着地，胸腹中心线正对前方，随重心左移而踏实，撑左腿，蹬右腿，成左弓步；同时上体以胯为轴向前折腰，左掌向下坐腕由左膝前搂至膝左侧后向上提腕，手指斜向下，四指（除拇指外）伸直；右拳内旋经右耳侧向前下方打出，意在对方裆后，低过于膝，头不超出足尖，拳面向前下方，拳眼向左；眼看前下方。（图 3-182 和图 3-183）

图 3-182

图 3-183

要点：

（1）折腰时，顶劲引领，颈椎至腰椎保持直线，不可弓背、低头、抬头；足跟之劲，节节贯穿地贯注于右拳。百会与右脚涌泉穴有对拉之意；头顶与右脚跟呈一条斜向直线。右拳与右锁骨有对拉之意。两肘微屈，不可伸直。

（2）栽捶原名"击地捶"，指将对方打倒地，我一脚踏胸，一拳击腹。拳论云："着人成拳"，指拳行至定式时，由虚拳变为实拳。

（3）内气自下而上沿三关（指人体背后的尾闾关、夹脊关、玉枕关）向前上方升腾，带动上体缓缓前俯，即气向上顶，称之为"三关一长"。

用法：

对方左弹腿攻击我裆部，我右拳栽其脚背或小腿骨。

对方左蹬腿攻击我腹部，我右闪步，同时左手搂住其小腿或踝关节处，随即左脚进步靠近对方，用右拳栽其腰间或小腿骨。

对方右弹腿或右蹬腿攻击我裆部、腹部，我左手从腿内侧搂其小腿或踝关节处，引劲落空，随即左脚上步，右脚跟进，重心前移，腰向左拧，同时用右栽拳其腹部，力达拳面。

第三十七式　转身白蛇吐信

1.左腿重心不变，左脚尖内扣，腰胯右转；同时右拳上提，右前臂横置于腹前，拳眼斜向上；左手随体转向上、向右划弧至头部的前上方；眼随体转平视。（图3-184和图3-184附图）

图3-184　　　　　　　　图3-184附图

2.腰胯右转，左腿坐实，右脚向前迈出，脚跟先着地再踏实，成左坐步；同时右拳变掌，以掌背领先，以肩为圆心，经面前边外旋边向右前摔击，放长击远，劲达掌背，掌心向上，指尖向前，掌指伸直，为四骈指，肘部下垂，右掌在胸腹中线前，高与中脘穴（脐上四寸）齐；左掌落于右前臂内侧，掌心向右下方。眼神关顾右掌。（图3-185）

图 3-185

3.腰胯继续右转，使胸腹中线对向右前，重心右移，蹬左腿，撑右腿，成右弓步；同时随体转左掌边内旋边经右小臂里侧上方向前推出，舒指坐腕，高与肩平，掌心斜向前，掌指斜向上；右胯根内收（吸右胯）带动右掌抽沉于右腰侧前，与右膝上下对齐，与左肘相对，掌心向上，手臂撑圆；眼神关顾左掌。（图 3-186）

图 3-186

4.腰胯左转，重心左移，左腿坐实，右脚前脚掌着地，成右虚步；同时随体转右掌边内旋边经胸腹中线向前、向上伸出，掌心向下，腕与喉平（即白蛇吐信），劲贯指尖，右掌尖与右足尖对齐；左胯根内收（吸左胯）带动左掌边外旋边以掌外沿下切至胸前（抽沉附于右臂内侧），以掌缘格挡来拳，劲点在掌缘，掌心向右，与右肘相对成抱臂状，以护中节，手臂撑圆；眼神关顾右掌。（向东偏南，图 3-187、图 3-188 和图 3-188 附图）

图 3-187　　　　　　　图 3-188　　　　　　图 3-188 附图

要点：

（1）以腰带手，右手由拳变掌，以掌背领先，以肩为圆心，通过沉胯、沉腰、沉肩、沉肘、沉腕带动掌背下沉；通过腰胯右转带动右掌后抽、左掌前推；通过腰胯左转带动左掌后抽、右掌前推，这叫"上下相随"。右实腿时，右胯根松沉，为"虚"；左实腿时，左胯根松沉，为"虚"，这叫"实中有虚"。

（2）此为折叠之术，折叠由对立双方的相合统一而构成，在有上即有下、有下即有上、有前即有后、有后即有前、有左即有右、有右即有左的过程中产生。包括内劲上的运行和身法上的相合，即一开一合、一伸一聚、一左一右、一收一放、一纵一横、一上一下、忽前忽后、忽顺忽逆的运劲方法。身法折叠如两肩与两胯正对相合（四正者）；左肩与右胯、右肩与左胯相合（四斜者）。

（3）太极拳讲究"两膊相系"、"两臂似一臂"。右手内气由劳宫穴送至腕、肘、肩，经背脊送至左肩、肘、腕、劳宫穴，称之为右虚手、左实手；左手内气由劳宫穴送至腕、肘、肩，经背脊送至右肩、肘、腕、劳宫穴，称之为左虚手、右实手。

（4）"手臂撑圆"，指大小臂呈弧形，避免直来直往和转死弯、拐直角的现象；夹角应该大于 90°，如果小于或等于 90°，则影响气血畅通；如果 180° 直臂，则不符合"劲以曲蓄而有余"的要求。太极拳的手臂一伸一屈不可平出平入，直来直往，应把腕部和前臂的旋转动作确切地表现出来，臂含沉劲，肘含顶劲；下肢也要保持自然弯曲，曲中求直，似展非展。

用法：

对方从我身后用右直拳击我胸部，我左脚在前，向右后转身，右掌（掌背领先）从其臂外侧摔出击其脸部，连防带打，以内劲即沉胯、沉腰、沉肩、沉肘、沉腕，使掌背下沉；若对方抓我右腕，我吸右胯抽回右手，同时左掌沿右臂上侧格出其臂（形成搓劲，以腰带手），顺势用左掌击其脸部。

对方从我身后用左直拳击我胸部，我右脚在前，向左后转身，左掌（掌背领先）从其臂外侧摔出击其脸部，连防带打，以内劲即沉胯、沉腰、沉肩、沉肘、沉腕，使掌背下沉；若对方抓我左腕，我吸左胯抽回左手，同时右掌沿左臂上侧格出其臂（形成搓劲，以腰带手），顺势用右掌指插击其咽喉。

第三十八式　进步搬拦捶

1.腰胯左转，重心在左腿，右脚提起；同时随体转右臂外旋，右拳由前向左下划弧（称为盖拳）至左腹前，拳眼斜向上；随体转左掌向左（捋）、向上（挑）、向右下方划弧（合）至胸前，掌心斜向下。眼看前方。（图 3-189）

图 3-189

2.腰胯右转，右脚向右前方迈步，先右脚跟着地，继而右脚尖外展踏实，重心右移，蹬左腿，撑右腿，成右弓步；同时随体转，右拳由左向上经胸前向前翻转搬出（称为搬拳），拳眼向上；左掌随体转弧形向右在胸前拦出，掌微坐，置于右腕内侧，掌心向右。眼神向前。（图 3-190 和图 3-191）

图 3-190

图 3-191

3.腰胯继续右转，左脚向前上步，脚跟着地；同时随体转，左掌边内旋边向前拦出，坐腕竖掌，掌心斜向前；右拳边外旋边向右下方搬压，弧形收回于腰侧，拳心向上。眼看前方。（图3-192）

图 3-192

4.腰胯左转，重心左移，左脚踏实，撑左腿，蹬右腿，成左弓步；同时右拳边内旋边向前上方打出（称为冲拳），劲由脊发，高与胸平，拳眼向上；左掌收贴于右小臂内侧，眼视前方，关顾右拳。（图3-193）

图 3-193

要点：

（1）右拳向右下方搬压与左掌拦出对拉；左掌与后抽右胯对拉。右拳回抽时"后不露肘"，大小臂夹角约100°，沉肩坠肘，不可耸肩。

（2）右拳边内旋边向前上方打出，至心口前（这叫"拳从心发"），攻击对方"中"，心窝；左胯内收，肩胯垂直，圆裆。

第三十九式　右蹬脚

1.腰胯左转，以左脚跟为轴辗转，左脚尖外展，重心左移，右脚跟掀起；同时两手左右分手，左掌内旋向左下方弧形下采，右拳变掌内旋向右下方弧形下采，两掌略宽于肩，两掌心向下，虎口相对，与上腹平。随即腰胯继续左转，两掌外旋向下、向里抄至下腹前，掌心斜相对；眼神关顾两掌。（图3-194）

图3-194

2.腰胯继续左转，左腿坐实，右脚提起，脚尖自然下垂；同时两掌边外旋边向下、向里抄至腹前，随即向前上方合抱交叉于心口前，掌心皆向内，右掌在左掌外侧。眼神关顾两掌。（图3-195和图3-195附图）

图3-195　　　　　　　图3-195附图

3.左腿渐渐起立，腰胯稍向右转，右腿屈膝提起，右脚慢慢向右前方蹬出，高与胯平，与右手方向相同，劲贯脚跟；同时两掌边内旋边向左右弧形撑开，腕与肩平，掌心皆向外，手指斜向上，坐腕竖掌。眼神关顾右掌、右脚。（向正东蹬出，图3-196和3-197）

图 3-196　　　　　　　　图 3-197

要点：两腿似一腿，两脚的劲点在脚跟；两臂似一臂，两手的劲点在掌根。

第四十式　左右打虎势

（一）左打虎势

1.右脚落于左脚旁，脚跟先着地；同时左掌变拳自左而前弧形平移，右掌变拳自右而前弧形平移，两拳随移臂外旋使拳心渐渐向内，拳面皆向上。眼神关顾两拳。（图3-198）

图 3-198

2.随着重心渐渐移于右腿而至全脚踏实，随即左脚提起向前迈步，脚跟先着地；同时两前臂合拢并以两肘尖领劲下沉，使两拳向下、向侧划弧平举，拳心向下，拳眼向前，高与肩平。眼视前方。（图3-199）

图 3-199

3.腰胯左转，蹬右腿，撑左腿，成左弓步；同时左拳向左上弧形击出，置于左额上方，拳眼斜向下，拳心斜向外；右拳向前向左弧形采盖，置于上腹前，拳眼斜向上，拳心斜向下。两拳上下相对。眼神随体转而转动，平视前方。（弓步向正北，面向东偏北，图 3-200 和图 3-200 附图）

图 3-200

图 3-200 附图

要点：

（1）左掌下落经左膝前上方时，掌心向上，有搂膝之意；右掌下落经右膝前上方时，掌心向上，下采之意。

（2）两手过渡为打虎式时，弧形要走得圆，两臂呈弧形，圆满而有蓄，不可有棱角，肘尖意须向下。

（3）百会领起，尾骨引领，命门后撑，对拉拔长；拧腰时臀合、胸合、肩合、拳合，产生一股合劲。

（4）上拳直腕，防范腕受伤；下拳坐腕，增强采拿劲。两拳出劲儿走外线，接脊背劲儿。

用法：

"左右打虎势威武，下采上打披身退。"如对方用右直拳击我头部，我左脚在前，右手从其臂外侧搂抓、下采其腕；随即用左摆拳攻击其头部右侧。

对方用右蹬腿攻击我腹部，我左脚在前，向左闪步，同时右手从其腿外侧搂开其踝关节或小腿，随即左脚上步，用左摆拳攻击其头部右侧。

我左脚上步，以左直拳击其面部，对方下潜躲闪，双手抱我左腿膝部，我快速下蹲，稳固下盘，用右手抓采其头或左肩部，以左摆拳攻击其右耳侧。

（二）右打虎势

1.腰胯稍左转，同时两臂稍外旋；随即腰胯右后转180°，左脚尖内扣，右脚尖外展，重心右移，左腿蹬，右腿撑，成右弓步；同时两臂外旋，两阴肘置于胸口前，拳心皆向上。眼随体转向前平视。（图3-201）

图 3-201

2.腰胯继续右转，右脚跟辗转，重心渐渐全部右移，右脚踏实，左脚提起落于右脚旁，脚跟着地；两拳随体转外形保持不变；眼随体转向前平视。（图3-202）

图 3-202

3.随着重心渐渐移于左腿而至全脚踏实，随即右脚提起向前迈步，脚跟先着地；同时两前臂合拢并以两肘尖领劲下沉，使两拳向下、向侧划弧平举，拳心向下，拳眼向前，高与肩平。眼视前方。（图3-203）

图 3-203

4.腰胯右转，蹬左腿，撑右腿，成右弓步；同时右拳向右上弧形击出，置于右额上方，拳眼斜向下，拳心斜向外；左拳向前向右弧形采盖，置于上腹前，拳眼斜向上，拳心斜向下。两拳上下相对。眼神随体转而转动，平视前方。（弓步向正南，面向东偏南）（图3-204）

图 3-204

要点：

（1）左弓步时，胸腹中线对左脚尖；右弓步时，胸腹中线对右脚尖。

（2）左脚尖内扣和右脚尖外展，指以脚跟为轴，脚掌轻贴地面辗转。

（3）两拳出劲儿走外线，接脊背劲儿。

用法：

对方用右摆拳击我左耳，我左脚在前，左手从其臂内侧抓采其小臂（用沉劲）；我以右摆拳击其左耳。

第四十一式　回身右蹬脚

1.腰胯稍右转，意贯右阳肘尖；随即腰胯左转，右腿蹬，左腿撑，成左弓步；同时两臂外转，两阴肘置于胸口前，拳心皆向上，左拳与右肘相对。手指方向走立圆，意在对方胸口。眼随体转向前平视。（图3-205和图3-205附图）

图3-205　　　　　　　　　图3-205附图

2.腰胯继续左转，重心渐渐全部移于左腿，右脚悬提，脚尖自然下垂；同时左拳变掌向左前上方掤出，右拳变掌与左掌合抱，两腕交叉成十字手，右掌在外，两臂撑圆。眼视关及两掌。（图3-206）

图3-206

3.左腿渐渐起立，腰胯右转，右腿屈膝提起，右脚以脚跟慢慢向右前方蹬出；同时两掌边内旋边向左右弧形撑开，腕与肩平，掌心皆向外，手指斜向上，坐腕竖掌。眼神关顾右掌、右脚。（面向东偏南，图3-207）

图 3-207

要点：

（1）肘分阴肘和阳肘。阴阳顾名思义：向日为阳，背日为阴。阳肘，拳心向下，肘尖出劲，意在对方背后；阴肘，小臂外转，把肘放在胸口中，拳心向上，手指方向走立圆，意在对方胸口。

（2）两腿似一腿，两脚的劲点在脚跟；两臂似一臂，两手的劲点在掌根。

第四十二式　双峰贯耳

1.腰胯右转，左脚尖内扣（实脚内扣），右脚下落，右膝提起；同时两臂外旋，两掌掩合于头前，与头同宽，掌心向内，指尖与鼻齐，两肘下坠，两臂呈弧形。眼神关及两掌合拢。（图3-208）

图 3-208

2.左腿渐渐下蹲，右脚向右前方落下，重心渐渐前移，腰胯右转，成右弓步；同时两肘下沉带动两掌下落，两掌经右膝两侧（掌心相对）向左右划弧，随划随两臂内旋，随即掌变拳向上、向前划弧，以虎口勾击，成钳形状，两拳虎口相对，与耳同高，与头同宽。眼神关及两拳。（面向东偏南，图3-209和图3-210）

图 3-209　　　　　　　　　图 3-210

要点：

（1）从右蹬腿两手左右分开弧形移至胸前，继两手下沉于右膝两侧时两臂呈弧形，肘不宜太直，也不能太弯，做到肘不外扬，不出棱角。此动作俗称：武松脱铐。

（2）通过"三沉"即：沉肩、沉胯、沉膝，内气从腿内侧下沉如树根入地，然后从腿外侧上升（反弹力）；内气通过涌泉穴、踝、膝、裆、会阴、命门、脊背、肩、肘、腕至双拳。拳论云：其根于脚，发于腿，主宰于腰，形于手指；由脚而腿而腰，总须完整一气。

（3）双峰贯耳时两肩松平，两臂成弧形，膝与脚尖对准；意合、胸合、裆合；命门后撑，内气撑开、撑圆，腿劲贯顶。

（4）双峰贯耳、回身右蹬脚、右分脚皆为面向东偏南。

（5）两拳虎口相对、相合，两肘要掤开，否则，只开无合，则散；只合无开，则瘪。这叫开中有合、合中有开。

（6）两手螺旋上提，而胸腹螺旋下沉。这叫有逢上必下、有升有沉、沉中有升。

用法：

两臂屈肘两手格挡对方攻击上盘；提右膝格挡对方腿攻击裆部；"武松脱铐"脱抱腿。

对方两手推按我胸部；我两手向前下方按其小臂，引劲落空，随即左脚上步，右膝顶其裆部，同时两掌变拳向对方双耳部贯击。（提膝顶击与双峰贯耳同时，起指上打下或指下打上作用）

我左脚在前，以左直拳击对方头部，对方下潜躲闪，并上步用两手抱我左腿，我身体迅速下沉，左脚退步，以防被抱，同时我双拳贯其双耳或太阳穴。

对方右蹬腿击我腹部，我右闪步，左手从其腿内侧下搂其踝关节，随即我左脚上步，用双拳贯其耳，同时右膝顶其裆。

第四十三式　左蹬脚

1.腰胯右转，重心右移，右脚尖外展踏实，左脚跟掀起，成磨转步；同时两掌变掌，沉肘坐腕，外旋向左右侧下方采至腹部侧前方，掌心斜向下，劲点在掌缘或尺骨处；眼顾两手。（图3-211）

图3-211

2.腰胯微右转，右腿坐实，左脚提起，脚尖自然下垂；同时两掌边外旋边向下、向里抄至腹前，随即向前上方合抱交叉于心口前，掌心皆向内，左掌在右掌外侧。眼神关顾两掌。（图3-212）

图3-212

3. 腰胯左转，右腿渐渐起立，左腿屈膝提起，左脚慢慢向左前方蹬出，高与胯平，与左手方向相同，劲贯脚跟；同时两掌边内旋边向左右弧形撑开，腕与肩平，掌心皆向外，手指斜向上，坐腕竖掌。眼神关顾左掌、左脚。（图 3-213 和图 3-214）

图 3-213　　　　　　　　　　　图 3-214

要点：与"转身左蹬脚"动作相同，方向相反。此蹬脚方向为正东。两腿似一腿，两脚的劲点在脚跟；两臂似一臂，两手的劲点在掌根。

第四十四式　转身右蹬脚

1. 以右脚掌为轴，腰胯向右后转约 270°，左腿边随体转边放下悬提，下落于右脚内侧，脚跟先着地，随着重心左移而踏实；当左脚踏实的同时右脚跟提起，同时两掌外旋向左右侧下方弧形下采、上抄、前掤至胸前交叉合抱，成十字手，右掌在外，掌心皆向内；眼神随体转顾两掌，向前平视。（图 3-215）

图 3-215

2. 腰胯向右转，左腿渐渐起立，右腿屈膝提起，右脚慢慢向右前方蹬出，高与胯平，与右手方向相同，劲贯脚跟；同时两掌边内旋边向左右弧形撑开，腕与肩平，掌心皆向外，手指斜向上，坐腕竖掌。眼神关顾右掌、右脚。（图3-216和图3-217）

图3-216　　　　　　　　　　　图3-217

要点：转身时左脚边转边落，百会领起，带动肢体向上；尾椎骨朝旋转方向。两腿似一腿，两脚的劲点在脚跟；两臂似一臂，两手的劲点在掌根。

第四十五式　进步搬拦捶

1.左腿渐渐下蹲，右脚下落悬提，腰胯左转；同时随体转，右掌变拳由右向左下划弧（称为盖拳）至左腹前，拳眼斜向上；左掌由左向前、向右下方划弧合至左胸前，掌心斜向下。眼看前方。（图3-218）

图3-218

2.腰胯右转，右脚向右前方迈步，先右脚跟着地，继而右脚尖外展踏实，重心右移，蹬左腿，撑右腿，成右弓步；同时随体转，右拳由左向上经胸前向前翻转搬出（称为搬拳），拳眼向上；左掌随体转弧形向右在胸前拦出，坐腕，置于右腕内侧，掌心向右。眼神向前。（图 3-219 和图 3-220）

图 3-218　　　　　　　　图 3-220

3.腰胯继续右转，左脚向前上步，脚跟着地；同时随体转，左掌边内旋边向前拦出，坐腕竖掌，掌心斜向前；右拳边外旋边向右下方搬压，弧形收回于腰侧，拳心向上。眼看前方。（图 3-221）

图 3-221

4.腰胯左转，重心左移，左脚踏实，撑左腿，蹬右腿，成左弓步；同时右拳边内旋边向前上方打出（称为冲拳），高与胸平，拳眼向上；左掌收贴于右小臂内侧，眼视前方，关顾右拳。（图 3-222）

图 3-222

要点： 右拳向右下方搬压与左掌拦出对拉；左掌与后抽右胯对拉。右拳回抽时"后不露肘"，大小臂夹角约 100°，沉肩坠肘，不可耸肩。

第四十六式　如封似闭

1. 腰胯右转，重心稍右移，收沉左胯；同时左掌边内旋边从右肘下向右前伸，掌缘沿右臂向前格出，继而外旋使掌心向内上；右拳变掌边外旋边向左切边沉肘屈臂弧形抽回，掌心向内上；两臂交叉，右臂在内，高与肩平。眼看两掌一格一切。（图 3-223）

图 3-223

2. 腰胯右转，两胯骨与两肩肘同时后抽，中正安舒，重心右移，成右坐步；同时两掌边内旋边向左右抹至胸前，两手拇指靠近，掌心斜相对，稍窄于肩。眼看两手。（图 3-224）

图 3-224

3.腰胯左转，重心渐渐左移，撑左腿，蹬右腿，左弓步；同时两掌靠近向前向上弧形按出，与两乳同宽，不要过宽过窄，掌心斜向前，掌指斜向上，腕与肩平；动作不可散野、门户大开。眼神关顾两掌。（图 3-225）

图 3-225

要点：

（1）两手臂交错封对方时，一是左手臂向前伸，右手臂交错向后拉，否则容易被对方挤按住；二是以左肘找右手，而不是右手找左肘。

（2）前进后退肩胯上下对准，平进平退，四面八稳。重心后移时，内气一部分后撑命门，一部分由膻中穴向下经腿内侧到达涌泉穴；以腰胯右转带动两掌一格一切，两臂交叉时两臂撑圆，左右分开时要沉肩坠肘，腋下容一拳余地，后不露肘。弓步按掌时，"其根在脚，发于腿，主宰于腰，形于手指"。

（3）立身中正，肩胯垂直，齐进齐退，上下相随。弓步时，后有蹬劲，前有撑劲；前去之中，必有后撑；坐步时，前腿撑展，后腿屈蹬，两腿互为其根，撑中有蹬渐后坐。

用法:

对方用左手抓我右腕,我左手从右臂下前伸,沿右肘领先格开其左手(左肘找右手),同时我右手外旋左切屈肘、回抽,两手臂胸前交锋,使对方不得进,称之为"如封";随即我两手内旋按其肘腕(使其不得走化),称之为"似闭"。随即发放(有关门—开门—再关门之意)。

第四十七式 十字手

1.腰胯右转,左胯松沉,左脚尖内扣并踏实,右脚跟离地;同时随体转,两臂屈肘分开,带动两掌(架)于额前,虎口相对成"小圆",掌心向前偏下,两手拇指与头同宽;两臂环形成"大圆";眼看前方。(图3-226)

图 3-226

2.左胯后抽,重心全部移于左腿,右脚稍离地;同时两臂带两掌左右弧形下采到腰侧前方,掌心向下;眼看前方。(图3-227)

图 3-227

3. 右脚向左收回，两脚距离与肩同宽，两腿渐渐起立，两膝微屈，成开立步；同时两掌分别自左右下抄经腹前上抄交叉合抱（掤）于胸前，掌心均向内，成十字手，两臂撑圆，腕与肩平；眼看前方。（图 3-228）

图 3-228

要点："手走弧形臂要旋"。两掌分开划立圆时以肘为圆心，分架、采、抄、掤四个阶段。

第四十八式　抱虎归山

1. 腰胯右转，重心左移，左脚尖内扣后踏实，右脚跟提起；同时随体转两掌合掤向右平移；眼向前平视。（图 3-229）

图 3-229

2. 腰胯继续右转，右脚提起；同时随体转，左掌以肘带手外旋经胯侧向左下方抽撩，继而向左斜角上举，掌心斜向上，腕与肩平；右掌以沉肘带动小臂内旋弧形由前向里、向左下合于左胸前，掌心斜向下，虎口与左肘相对；眼随体转平视。（图3-230）

图 3-230

3.腰胯右转，右脚向前落下，脚跟先着地，随重心右移而踏实，撑右腿，蹬左腿，成右弓步；同时右掌向下由右膝前搂过落于右胯旁，坐腕，虎口向前，掌心向下偏左；左臂屈回，左掌经耳侧向前推出，坐腕，掌心向前偏右；眼向前平视。（面向西偏北30°，图3-232和图3-233）

图 3-231

图 3-232

第四十九式　斜揽雀尾

（一）挒式

1.腰胯右转，随体转左掌外旋向前伸展（以掌缘格挡来拳），掌心斜向上，掌指向前，腕与肩高；随体转右臂外旋，右掌心翻转向上，自前向右、向后划平弧（解脱对方抓我右腕），继而内旋展开于右肩外，虎口与耳相对，掌心向外，掌指向上（两臂为开，两掌

相合)；眼视前方。(图 3-233)

图 3-233

2. 腰胯左转；随体转右掌内旋经右耳侧向前上中线（经左掌虎口上侧）立掌推出，掌心斜向前，掌指向上，与鼻同高；同时左掌随左肘下沉，边外旋边以掌外沿下切至胸前，掌心斜向上，掌指对右肘，两掌一前一后遥对呈抱臂状；眼视前方，关顾右拳。(图 3-235)

图 3-234

3. 腰胯左转，重心左移，成左坐步；同时随体转两掌绞转（右掌外旋，左掌内旋）向左边掤边捋，胸腹中线对左前约 45°，两手始终在胸腹中线两侧，掌心斜相对，右掌在右胸前，掌心向左，掌指向前；左掌在左上腹前，掌心向内，掌指向前，手背含掤劲；眼随体转向前平视。(图 3-235)

图 3-235

（二）挤式

腰胯右转，重心右移，撑右腿，蹬左腿，成右弓步；同时右臂外旋，弧形横于胸前，掌心向内；左臂内旋，掌心向外，贴近右腕内侧；随即以右小臂与左掌向前挤出；眼看前方。（图 3-236 和图 3-237）

图 3-236

图 3-237

（三）按式

1.收沉右胯，随即腰胯左转，重心左移，成左坐步；同时随体转两肘渐屈下沉，右臂内旋，右掌由左向右划弧，掌心向前；左臂内旋，左掌由右向左划弧，掌心向前；随即两掌根向下划一个小圆弧至心口前，防止直来直去产生棱角；眼看前方。（图 3-238）

图 3-238

2.腰胯右转，撑右腿，蹬左腿，成右弓步；同时两掌向前微向上（呈微微向上的弧形）按出，坐腕竖掌，腕与肩平，掌心斜向前，劲贯掌根，意贯指梢；眼神关及两掌前按。（图 3-239）

图 3-239

第五十式　斜单鞭

1.收沉右胯，腰胯左转，右脚尖微翘，以右脚跟为轴，实脚内扣约135°；同时两掌微放平，两掌心斜向下，随体转两肘渐屈下沉，带动两掌向左偏上抹转半个椭圆，两掌宽、高不过肩，掌心仍斜向下；向左抹转劲点在左掌根外侧，有掀起对方之意。眼神随体转向前平视，关顾两手。（图 3-240）

图 3-240

2.腰胯右转，重心右移；同时两掌随体转沉肘屈臂向右偏下回抹半个椭圆，即左掌稍外旋随体转向里经胸前向右抹转半个椭圆形，坐腕竖掌，掌指斜向上，掌心斜向下；右掌外旋经胸前向右划半个椭圆形，掌心斜向上，掌指斜向左，两掌高与肩平。向右回抹有下采对方之意，劲点从右掌根依次经小指、无名指、中指、食指、拇指，意贯指尖。眼神关顾两手。（图 3-241）

图 3-241

3.重心全部移于右腿，左脚提起向左前迈步，脚跟先着地；同时右掌边内旋边右伸，五指尖下垂撮拢成钩手，指尖向下，腕与肩高；腰胯稍左转，左掌外旋，掌心向里，与脸相对，如照镜子，手指斜向上，手与口平；眼神关顾两手。（图 3-242 和图 3-243）

图 3-242　　　　　　　　图 243

4. 腰胯左转，重心左移，左脚踏实，撑左腿，蹬右腿，成左弓步；同时右钩手继续松肩右伸；左掌随体转经面前左移，随移随臂内旋翻掌前推，坐腕竖掌；眼随体转左移，关顾左手。（面向东南，图 3-244）

图 3-244

要点： 两臂运动距离要相等，总须前手去，后手跟，做到"两膊相系"。

第五十一式　左右野马分鬃

（一）右野马分鬃

1. 收沉左胯，左脚尖内扣 90°，重心在左腿，腰胯右转，右脚提起，小腿自然下垂为虚悬；同时随体转左手边内旋边向左采抹至左胸前，掌心斜向下；右钩手变掌边外旋边向左前弧形抄至下腹前，掌心向左偏上，与左掌斜相合（斜抱球）。眼随体转平视。（图 3-245）

图 3-245

2.腰胯稍右转，右脚提起向右前方迈出，脚跟先着地；同时随体转左掌边外旋边向右抹至右锁骨前，掌心斜向下，与右肘相对；右掌边内旋边合至左腹前，掌心向左下，两掌合再合，两腕上下交迭于胸腹中线前，两臂呈弧形。眼顾左掌。（右脚向西北方向迈出，图 3-246）

图 3-246

3.腰胯右转，蹬左腿，撑右腿，成右弓步；同时随体转胸腹中心线对正前方，右掌边外旋边以拇指一侧向前、向右上方弧形掤捌，肘微屈，劲点在桡骨处，指尖上扬，高与眼平，掌心斜向上；左掌边内旋边向左弧形下采于左胯旁，肘微屈，掌心向下，虎口对向右前方，与右手动向一致。眼顾右掌。（图 3-247）

图 3-247

要点：

（1）两掌前后拉伸展开时，经过胸腹中线前（两腕上下相对），成剪掌。

（2）弓步与分手要协调一致，上下相随。腰为车轴，上掌外旋、捧捌，下掌内旋、下采，两臂螺旋，两膊相系。向上的臂要有向外靠之意。弓步的横向距离30cm左右，保持重心稳定。

（3）上体中正，百会与会阴垂直，肩与胯垂直；沉肩坠肘坐腕；两肩平，两胯平；意开、胸开、裆开及左顾、右盼、中定。裆撑开撑圆。

（4）实脚转身时，"逢转必沉"，松沉实胯，胯找脚跟，有对拉之意。

（5）两个"意"：一是两掌抱球状时，右掌沿左小臂向肘方向斜插，"意入地"；二是穿鬃分鬃时，用转腰走拔劲儿，气球膨胀催动右小臂滚转向前穿钻，"意气圆"。

（6）劲力的变化以太极阴阳哲理为统帅。以其哲理，悟其劲道。一劲源起于足跟：后脚蹬地借大地之力，前腿支撑；二劲路：腰腿劲节节贯串至脊背、肩催肘、肘催手；三结构：欲开先合、开中有合（胸开背合）、上开下合（臂开腿合）、臂开手合（虎口相合）等；后手逆（或顺）缠下采外碾劲，前手顺（或逆）缠下插、斜上挑、外捌，开胸走胸靠劲；四劲点在近腕的桡骨处，指尖上扬。

（二）左野马分鬃

1.腰胯继续右转，重心后移，成左坐步；同时右臂外旋，右掌心翻转向上，自前向右、向后屈肘划平弧到右肩前，随即腰胯左转，右脚尖内扣；右掌平旋内收；左掌动作不变。眼顾右掌，随体转平视。（图3-248和图3-249）

图 3-248　　　　　　　　　图 3-249

2.收沉右胯，重心右移，坐实右腿，腰胯右转带左脚提起，小腿自然下垂为虚悬；同时随体转右手边内旋边向右采抹至右胸前，掌心斜向下；左手边外旋边向右前弧形抄至下腹前，掌心向右偏上，与右掌斜相合（斜抱球）。眼随体转平视。（图 3-250）

图 3-250

3.腰胯稍左转，左脚提起向左前方迈出，脚跟先着地；同时随体转右掌边外旋边向左抹至左锁骨前，掌心斜向下，与左肘相对；左掌边内旋边合至右腹前，掌心向右下，两掌合再合，两腕上下交迭于胸腹中线前，两臂呈弧形。眼顾右掌。（左脚向西南方向迈出，图 3-251）

图 3-251

4.腰胯左转，蹬右腿，撑左腿，成左弓步；同时随体转胸腹中心线对正前方，左掌边外旋边以拇指一侧向前、向左上方弧形掤捌，肘微屈，劲点在桡骨处，指尖上扬，高与眼平，掌心斜向上；右掌边内旋边向右弧形下采于右胯旁，肘微屈，掌心向下，虎口对向左前方，与左手动向一致。眼顾左掌。（图 3-252）

图 3-252

（三）右野马分鬃

1.腰胯继续左转，重心后移，成右坐步；同时左臂外旋，左掌心翻转向上，自前向左、向后屈肘划平弧到左肩前；随即腰胯右转，左脚尖内扣；左掌平旋内收；眼顾左掌，随体转平视。（图 3-253 和 3-254）

图 3-253　　　　　　　　　图 3-254

2.收沉左胯，重心左移，坐实左腿，腰胯左转带右脚提起，小腿自然下垂为虚悬；同时随体转左手边内旋边向左采抹至左胸前，掌心斜向下；右手边外旋边向左前弧形抄至下腹前，掌心向左偏上，与左掌斜相合（斜抱球）。眼随体转平视。（图 3-255）

图 3-255

3.腰胯稍右转，右脚提起向右前方迈出，脚跟先着地；同时随体转左掌边外旋边向右抹至右锁骨前，掌心斜向下，与右肘相对；右掌边内旋边合至左腹前，掌心向左下，两掌合再合，两腕上下交迭于胸腹中线前，两臂呈弧形。眼顾左掌。（右脚向西北方向迈出，图 3-256）

图 3-256

4.腰胯右转，蹬左腿，撑右腿，成右弓步；同时随体转胸腹中心线对正前方，右掌边外旋边以拇指一侧向前、向右上方弧形掤捯，肘微屈，劲点在桡骨处，指尖上扬，高与眼平，掌心斜向上；左掌边内旋边向左弧形下采于左胯旁，肘微屈，掌心向下，虎口对向右前方，与右手动向一致。眼顾右掌。（图 3-257）

图 3-257

（四）左野马分鬃

1.腰胯继续右转，重心后移，成左坐步；同时右臂外旋，右掌心翻转向上，自前向右、向后屈肘划平弧到右肩前，随即腰胯左转，右脚尖内扣；右掌平旋内收；左掌动作不变。眼顾右掌，随体转平视。（图 3-258 和图 3-259）

图 3-258　　　　　　　　　图 3-259

2.收沉右胯，重心右移，坐实右腿，腰胯右转带左脚提起，小腿自然下垂为虚悬；同时随体转右手边内旋边向右采抹至右胸前，掌心斜向下；左手边外旋边向右前弧形抄至下腹前，掌心向右偏上，与右掌斜相合（斜抱球）。眼随体转平视。（图 3-260）

图 3-260

3.腰胯稍左转，左脚提起向左前方迈出，脚跟先着地；同时随体转右掌边外旋边向左抹至左锁骨前，掌心斜向下，与左肘相对；左掌边内旋边合至右腹前，掌心向右下，两掌合再合，两腕上下交迭于胸腹中线前，两臂呈弧形。眼顾右掌。（左脚向西南方向迈出，图 3-261）

图 3-261

4. 腰胯左转，蹬右腿，撑左腿，成左弓步；同时随体转胸腹中心线对正前方，左掌边外旋边以拇指一侧向前、向左上方弧形掤挒，肘微屈，劲点在桡骨处，指尖上扬，高与眼平，掌心斜向上；右掌边内旋边向右弧形下采于右胯旁，肘微屈，掌心向下，虎口对向左前方，与左手动向一致。眼顾左掌。（图 3-262）

图 3-262

要点：

（1）手臂运行时肘两侧称之为“阴肘”和“阳肘”，开时劲贯“阳肘”，合时劲贯“阴肘”。

（2）太极拳要求连绵不断，行云流水，时时处处不断劲。断劲是指中断、停顿、脱节、突变。要在连贯、协调、圆活的基础上掌握运动规律。当前后两个动作运行线路来回往复时，顺势以一个小圆弧来连接。如欲做左野马分鬃，左掌先自左向右抄手顺势在右腹前划一个小圆弧，称之为“意欲向左，必先向右”或“欲左先右”。划弧以肘为圆心，符合"走手不走肘"的拳理；划弧时手臂不停地内旋和外旋，气血贯注指梢，内劲充盈，符合"手走弧形臂要旋"的运动特点。

用法：

对方右脚上步，用右直拳击我头部，我左闪步，右手从其臂外侧引采其小臂下端或腕，引进落空，左脚快速上步，用左腿别住其右腿，同时左手从其右臂腋下向左上方伸出，手心斜向上，随即右脚蹬地发力，左腿屈膝成左弓步，同时腰向左拧，右肩臂靠其右胸肋，将其发放。

对方左脚上步，用右直拳击我头部，我左脚在前，用左手从其拳内侧引采其腕或小臂，随即右脚上步，别其左脚，右手从其腋下向前上方穿出，以右肩臂的挤靠劲，将其发放。

对方用左蹬腿攻击我腹、裆部，我向右闪步，同时右手从其小腿下侧回挂，抄其左小腿或踝关节处，随即右脚进步，重心前移，成右弓步，右掌向前穿靠，掌心向上，指尖向前，腕高与头平，将其发放（穿靠时右脚滑进，发劲完整）。

第五十二式　揽雀尾

（一）右掤式

1.上体继续左转并慢慢后坐，重心移于右腿，随即腰胯右转；同时左掌内旋、沉肘、提腕，使四指（除大拇指外）斜向下，掌心向右；右掌稍外旋。眼随体转平视。（图3-263和图3-264）

图3-263　　　　　　　　图3-264

2.坐实左腿，腰胯继续左转带右脚提起，小腿自然下垂为虚悬。同时左掌随体转和左肘后抽边内旋边弧形下采至左胸前，掌心向右偏下；右掌边外旋边向左抄至下腹前中线（切勿超出左侧身外），掌心向左偏下；两掌斜抱球。眼视前方。（图3-265）

图 3-265

3.腰胯右转，右脚向右前方上步，脚跟先着地踏实，撑右腿，蹬左腿，成右弓步；同时右掌边外旋边立掌前上方掤出，手高与肩平，手背含掤劲，意贯指尖，掌心向内偏上，腕略高于肘，中指与小臂一线；左掌置于右腕内侧斜下方，指尖指向右手脉门，随右掌向前推出，立掌坐腕。继而随体转右掌内旋向前掤出，掌心侧向前，掌指向上与鼻平；左掌随体转外旋置于右肘内侧，掌心侧向上，掌指对右肘。眼随体转向前平视。（此为"双手掤"，前面的左掤为"单手掤"，图 3-266 和图 3-267）

图 3-266

图 3-267

（二）捋式

腰胯左转，重心左移，成左坐步。随体转两掌绞转（右掌外旋，左掌内旋）向左边掤边捋，胸腹中线对左前约45°，两手始终在胸腹中线两侧，掌心斜相对，右掌在右胸前，掌心向左，掌指向前；左掌在左上腹前，掌心向内，掌指向前，手背含掤劲；眼随体

转向前平视。（图 3-268）

图 3-268

（三）挤式

腰胯右转，重心右移，撑右腿，蹬左腿，成右弓步；同时右臂外旋，弧形横于胸前，掌心向内；左臂内旋，掌心向外，贴近右腕内侧；随即以右小臂与左掌向前挤出；眼看前方。（图 3-269 和图 3-270）

图 3-269　　　　　　　　图 3-270

（四）按式

1.收沉右胯，随即腰胯左转，重心左移，成左坐步；同时随体转两肘渐屈下沉，右臂内旋，右掌由左向右划弧，掌心向前；左臂内旋，左掌由右向左划弧，掌心向前；随即两掌根向下划一个小圆弧至心口前，防止直来直去产生棱角；眼看前方。（图 3-271）

图 3-271

2.撑右腿，蹬左腿，成右弓步；同时两掌向前微向上（呈微微向上的弧形）按出，坐腕竖掌，腕与肩平，掌心斜向前，劲贯掌根，意贯指梢；眼神关及两掌前按。（图3-272）

图 3-272

第五十三式　单鞭

1.收沉右胯，腰胯左转，右脚尖微翘，以右脚跟为轴，实脚内扣约135°，使胸腹中线从右前对向左前；同时两掌微放平，两掌心斜向下，随体转两肘渐屈下沉，带动两掌向左偏上抹转半个椭圆，两掌宽、高不过肩，掌心仍斜向下；向左抹转劲点在左掌根外侧，有掀起对方之意。眼神随体转向前平视，关顾两手。（图3-273）

图 3-273

2.腰胯右转，重心右移；同时两掌随体转沉肘屈臂向右偏下回抹半个椭圆，使胸腹中线从左前对向右前，即左掌稍外旋随体转向里经胸前向右抹转半个椭圆形，坐腕竖掌，掌指斜向上，掌心斜向下；右掌外旋经胸前向右划半个椭圆形，掌心斜向上，掌指斜向左，两腕不低于胸。向右回抹有下采对方之意，劲点在右掌根外缘（小指侧），意贯指尖。眼神关顾两手。（图 3-274）

图 3-274

3.重心全部移于右腿，左膝领起，左脚离地并往里收，脚尖自然下垂；同时右掌边内旋边右伸，五指尖下垂撮拢成钩手，指尖向下，腕与肩高；腰胯稍左转，左掌外旋，掌心向里，与脸相对，如照镜子，手指斜向上，手与口平；眼神关顾两手。（图 3-275）

图 3-275

4.腰胯左转，胸腹中线对向左前，左脚随体转向左前迈出（东偏北15°），脚跟先着地，重心左移，左脚踏实，撑左腿，蹬右腿，成左弓步；同时右钩手继续松肩右伸，五指自然下垂，不要紧捏在一起，保持意气畅通无阻；左掌随体转经面前左移，随移随臂内旋翻掌前推，坐腕竖掌；眼随体转左移，关顾左手。（图 3-276）

图 3-276

要点：两臂运动距离要相等，总须前手去，后手跟，做到"两膊相系"。

第五十四式　玉女穿梭

（一）左穿梭

1.腰胯左转，右脚尖稍内扣，重心左移；同时右钩手变掌，随体转边外旋边向左偏前弧形抄至下腹前，掌心斜向下，位于左掌右下方，与左掌斜相合（斜抱球）；左掌随体转边内旋边向左采至左胸前，掌心向右下方。眼随体转平视。（图 3-277）

图 3-277

2.腰胯右转，右脚外展，左脚内扣，重心渐渐右移，左脚随体转收至右脚内侧，前脚掌着地；同时右掌随体转边内旋边向右采至右胸前，掌心向下；左掌随体转边外旋边向右偏前弧形抄至下腹前，掌心向上，与右掌成抱球状；眼随体转平视。（图 3-278 和图 3-279）

图 3-278

图 3-279

3.腰胯继续右转，左脚踏实，左腿微屈站稳，右腿屈膝在身前提起，右脚尖上翘并内扣；右腕引领向里提回（做一个小立圆）至右腋前，掌心向左，掌指向前下；左掌随体转内旋，掌心斜向下；眼看前方。（图 3-280）

图 3-280

4. 右腿落步，脚跟先着地踏实，重心右移，左脚向前上步，左脚跟先着地；同时右掌以小指领先弧形向前下插，劲贯指尖，掌心向左，掌指斜向前；左掌内旋横于胸前，掌心向外，掌指斜向上；眼看前方。（图 3-281 和图 3-282）

图 3-281　　　　　　　　她 3-282

5. 腰胯左转，重心左移，左脚踏实，蹬右腿，撑左腿，成左弓步；同时右掌顺势向前上方弧形提腕，四指（除拇指外）伸直，掌心向左，掌指斜向下，腕与肩平，提腕时劲贯右腕拇指一侧（攻击下颌）；左掌由脸前翻掌向上举起，置于左额前，掌心斜向上；眼顾右手。（面向西南，图 3-283）

图 3-283

要点: 右腕上升, 而手指、大臂、肘下沉, 这叫逢上必下、有升有沉、升沉统一、轻沉兼备、阴阳相济。

用法:

对方抓我左手腕, 我以气球膨胀之意, 左脚上步, 左小臂滚转翻手推架, 右手同方向攻击。

对方右手抓握我右腕, 我以腰胯右转带动右手提回, 以腕 (拇指侧) 领劲, 划一个小立圆; 同时右腿提膝, 右脚尖上翘并内扣, 以右拦门脚攻击其左膝, 左手内旋护左前下方; 随即右脚落步, 左脚上步, 我右掌下沉, 以四骈指插击 (小指领劲) 其裆部; 继而我右手由下向前上方提腕 (拇指侧领劲) 攻击其腹胸、下颌, 左手掤架。

(二) 右穿梭

1. 收沉右胯, 重心右移, 成右坐步; 同时右小臂外转, 右肘置于胸口, 掌心斜向上, 此为阴肘; 左掌下移附于右前臂内侧 (护右肘), 掌心向下, 左肘为阳肘, 注意 "肘不贴肋" 和 "肘不离肋"; 眼平视前方。(图 3-284)

图 3-284

2.左脚内扣，以右脚跟为轴，身体向右后转，右腿坐实，左脚提起收至右脚内侧；右掌动作不变，左掌仍附于右前臂内侧，此时右肘为阳肘，肘尖出劲；眼随体转平视。（图3-285和图3-286）

图3-285　　　　　　　图3-286

3.身体继续右后转，左脚着地；同时右脚提起向前迈一步，脚跟先着地；右掌内旋，掌心向前，掌指向上；左掌随沉肘落于左腰侧前，掌心斜向前，掌指斜向上；眼随体转平视。（图3-287）

图3-287

4.腰胯右转，重心右移，右脚踏实，左腿蹬，右腿撑，成右弓步；同时右掌边内旋边上举置于右额前，掌心斜向上；左掌向前推出；眼顾左掌。（面向东南，图3-287）

图 3-288

要点：

右实腿通过胯根内收，将神、意、气输送至左掌根。

用法：

对方左或右手牵住我右腕，我吸右胯，坐右腿，以腰胯右转带动右手外旋（小指领劲）、屈臂（走手不走肘），左手附于右肘旁，吸住对方，使其拔根；随体转左腿坐实，右脚上步，左手按掌，将其发放。

对方用右直拳击我胸部；我左手内旋从其臂内侧抓采其腕向左下方引采，右手伸至其右臂腋下，手心向上，屈指勾住其大臂根部，两手同时向左下方引采；随即右脚向右前方上步，右手向右前上方引采，左手推按其右肩后侧，将其放出。

对方用左蹬腿击我腹部，我向右滑步闪身，同时右手从右向左上方抄其小腿或踝关节，左手按扶其脚，腰向左拧，随即左脚蹬劲，右脚上步，两手向前上方发力，腰向右拧，将其发出。

对方在我身后用右砍掌打我肩颈部，我速向右后转身，以右手掤架黏其小臂或腕，同时右脚上步，别其右脚，屈膝弓出，用左掌击其右侧软肋。

（三）左穿梭

1.腰胯左转，重心左移；同时右掌向前按出；左掌外旋，置于右前臂下方，掌心向上，成抱臂状；随即腰胯右转，右脚前脚掌着地，成右丁步；随体转，意贯右阳肘尖，肘尖出劲。眼看前方。（图 3-289 和图 3-290）

图 3-289　　　　　　　　　图 3-290

2.腰胯左转，右臂外旋，劲贯右阴肘，右掌心斜向上；左臂内旋，左肘尖出劲，左掌心斜向下，与右阴肘相对，成抱臂状；两掌向左捋化。眼顾两手。（图 3-291 和图 3-291 附图）

图 3-291　　　　　　　　　图 3-291 附图

3.腰胯右转，左腿微屈站稳，右腿屈膝在身前提起，右脚尖上翘并内扣；同时右臂外旋，右掌心翻转向上，自前向右、向后屈肘划平弧到右肩前；左掌随体转内旋，掌心斜向下。眼顾右掌，随体转平视。（图 3-292）

图 3-292

4.右腿落步坐实，随即左脚向前上步，左脚跟先着地；同时右掌平旋内收下按后以小指领先弧形向前下插，劲贯指尖，掌心向左，掌指斜向前；左掌内旋横于胸前，掌心斜向右，掌指斜向上；眼看前方。（图 3-293 和图 3-294）

图 3-293　　　　　　　　　　　图 3-294

5.腰胯左转，重心左移，左脚踏实，蹬右腿，撑左腿，成左弓步；同时右掌顺势向前上方弧形提腕，四指（除拇指外）伸直，掌心向左，掌指斜向下，腕与肩平，提腕时劲贯右腕拇指一侧（攻击下颌）；左掌由脸前翻掌向上举起，置于左额前，掌心斜向上；眼顾右手。（面向东北，图 3-295）

图 3-295

用法：

对方左手牵住我右腕，我右前臂外旋，阳肘发劲；同时右腿提膝，右脚尖上翘并内扣，以右拦门脚攻击其左膝，左手内旋护左前下方；若对方未松手，我右手以肘为轴，小指领劲，向前下方圆弧（抛物线）发劲，形成解脱手；随即右脚落步，左脚上步，我右掌下沉，以四骈指插击（小指领劲）其裆部；继而我右手由下向前上方提腕（拇指侧领劲）攻击其腹胸、下颌，左手掤架。

（四）右穿梭

1. 收沉右胯，重心右移，成右坐步；同时右小臂外转，右肘置于胸口，掌心斜向上，手指方向走立圆，意在对方胸口，此为阴肘；左掌下移附于右前臂内侧（护右肘），掌心向下，左肘为阳肘，注意"肘不贴肋"和"肘不离肋"；眼平视前方。（图 3-296）

图 3-296

2. 左脚内扣，以右脚跟为轴，身体向右后转，右腿坐实，左脚提起收至右脚内侧；右掌动作不变，左掌仍附于右前臂内侧，此时右肘为阳肘，肘尖出劲；眼随体转平视。

（图 3-297 和图 3-298 ）

图 3-299 　　　　　　　图 3-300

3.身体继续向右后转，左脚着地；同时右脚提起向前迈一步，脚跟先着地；右掌内旋，掌心向前，掌指向上；左掌随沉肘落于腹前，置于右肘内侧，掌心斜向前，掌指斜向上；眼随体转平视。(图 3-299 和 3-300)

图 3-299 　　　　　　　图 3-300

4.腰胯右转，重心右移，右脚踏实，左脚跟步，左脚前脚掌着地；同时右掌边内旋边向前上方推出，坐腕；左掌置于右臂内侧，与右肘相对；眼顾右掌方向。(面向西北，图 3-301)

图 3-301

要点：

（1）玉女穿梭动作面向四个斜角，如面向南起势，穿梭方向分别为西南、东南、东北、西北。

（2）上体保持正直，命门后撑，前后对拉拔长。

（3）变换虚实时，一脚踏实，另一脚即起。当左脚尖内扣渐至踏实时，右脚跟渐渐离地提起。此伏彼起，如跷跷板运动。

（4）手臂运行时肘两侧称之为"阴肘"和"阳肘"，开时劲贯"阳肘"，合时劲贯"阴肘"。

（5）手足虚实的搭配。发劲时，右手向前下方发劲，右脚必然为虚。但是右手向前上方发劲，则右脚也可以是实。

用法：

对方从我身后用右直拳攻击我头部，我迅速向右后转身，以右手内旋向上掤架，引进落空，随即我右脚上步别住其右脚，用左掌推击对方胸肋部。

对方以右手抓我右腕，我右手用提劲上举至右额前，同时右脚上步，别其左脚，用左掌推击其右肋部。

第五十五式　上步揽雀尾

（一）掤式

1. 左脚向左后方撤步，腰胯左转，重心左移，成左坐步；同时随体转两掌绞转（右掌外旋，左掌内旋）向左边掤边捋，胸腹中线对左前约45°，两手始终在胸腹中线两侧，掌心斜相对，右掌在右胸前，掌心向左，掌指向前；左掌在左上腹前，掌心向内，掌指

向前，手背含掤劲；眼随体转向前平视。（图 3-302）

图 3-302

2.左脚尖外展踏实，重心渐渐移于左腿，腰胯继续左转带右脚提起，小腿自然下垂为虚悬。同时左掌随体转和左肘后抽边内旋边弧形下采至左胸前，掌心向右偏下；右掌边外旋边向左抄至下腹前中线（切勿超出左侧身外），掌心向左偏下；两掌斜抱球。眼视前方。（图 3-303）

图 3-303

3.腰胯右转，右脚向右前方上步，脚跟先着地踏实，撑右腿，蹬左腿，成右弓步；同时右掌边外旋边立掌前上方掤出，手高与肩平，手背含掤劲，意贯指尖，掌心向内偏上，腕略高于肘，中指与小臂一线；左掌置于右腕内侧斜下方，指尖指向右手脉门，随右掌向前推出，立掌坐腕。继而随体转右掌内旋向前掤出，掌心侧向前，掌指向上与鼻平；左掌随体转外旋置于右肘内侧，掌心侧向上，掌指对右肘。眼随体转向前平视。（此为"双手掤"，前面的左掤为"单手掤"，图 3-304 和他 3-305）

图 3-304   图 3-305

要点：

（1）走手不走肘。右小臂以肘为圆心，右掌先外旋后内旋向右、向上、向前弧形掤出。

（2）左脚实脚内扣。

（二）捋式

腰胯左转，重心左移，成左坐步。随体转两掌绞转（右掌外旋，左掌内旋）向左边掤边捋，胸腹中线对左前约45°，两手始终在胸腹中线两侧，掌心斜相对，右掌在左胸前，掌心向左，掌指向前；左掌在左上腹前，掌心向内，掌指向前，手背含掤劲；眼随体转向前平视。（图3-306）

图 3-306

要点：

（1）从推手实战出发，两掌随体转左捋；两掌距离以一手搭对方腕、一手搭对方肘节大臂处为宜，捋化的距离相等，这叫"上于两膊相系"。

（2）重心后移做到"撑中有蹬渐后坐"，即撑展前腿，屈蹬后腿（不可主动屈膝），两脚互为其根。

（三）挤式

腰胯右转，重心右移，撑右腿，蹬左腿，成右弓步；同时右臂外旋，弧形横于胸前，掌心向内；左臂内旋，掌心向外，贴近右腕内侧；随即以右小臂与左掌向前挤出；眼看前方。（图 3-307 和图 3-308）

图 3-307   图 3-308

要点：

（1）"前去之中，必有后撑"。两掌前挤与命门后撑，形成对拉拔长；但不是背部后移，做到"形不外露，功蕴于内"。

（2）左掌与右腕（右手脉门）之间不要贴住，似挨非挨，似合非合。

（3）肘部不可抬起，稍低于腕。

（四）按式

1.收沉右胯，随即腰胯左转，重心左移，成左坐步；同时随体转两肘渐屈下沉，右臂内旋，右掌由左向右划弧，掌心向前；左臂内旋，左掌由右向左划弧，掌心向前；随即两掌根向下划一个小圆弧至心口前，防止直来直去产生棱角；眼看前方。（图 3-309）

图 3-309

2.腰胯右转，撑右腿，蹬左腿，成右弓步；同时两掌向前微向上（呈微微向上的弧形）按出，坐腕竖掌，腕与肩平，掌心斜向前，劲贯掌根，意贯指梢；眼神关及两掌前按。（图 3-310）

图 3-310

要点：

（1）一开一合。开时"意开、胸开、裆开"，合时"意合、胸合、裆合"。

（2）以转体移动重心。右胯根（股骨头关节）微向后抽，使身体正对前方。

第五十六式　单鞭

1.收沉右胯，腰胯左转，右脚尖微翘，以右脚跟为轴，实脚内扣约135°，使胸腹中线从右前对向左前；同时两掌微放平，两掌心斜向下，随体转两肘渐屈下沉，带动两掌向左偏上抹转半个椭圆，两掌宽、高不过肩，掌心仍斜向下；向左抹转劲点在左掌根外侧，有掀起对方之意。眼神随体转向前平视，关顾两手。（图3-311）

图 3-311

2.腰胯右转，重心右移；同时两掌随体转沉肘屈臂向右偏下回抹半个椭圆，使胸腹中线从左前对向右前，即左掌稍外旋随体转向里经胸前向右抹转半个椭圆形，坐腕竖掌，掌指斜向上，掌心斜向下；右掌外旋经胸前向右划半个椭圆形，掌心斜向上，掌指斜向左，两腕不低于胸。向右回抹有下采对方之意，劲点在右掌根外缘（小指侧），意贯指尖。眼神关顾两手。（图3-312）

图 3-312

3.重心全部移于右腿，左膝领起，左脚离地并往里收，脚尖自然下垂；同时右掌边内旋边右伸，五指尖下垂撮拢成钩手，指尖向下，腕与肩高；腰胯稍左转，左掌外旋，掌心向里，与脸相对，如照镜子，手指斜向上，手与口平；眼神关顾两手。（图3-313）

图 3-313

4.腰胯左转，胸腹中线对向左前，左脚随体转向左前迈出（东偏北 15°），脚跟先着地，重心左移，左脚踏实，撑左腿，蹬右腿，成左弓步；同时右钩手继续松肩右伸，五指自然下垂，不要紧捏在一起，保持意气畅通无阻；左掌随体转经面前左移，随移随臂内旋翻掌前推，坐腕竖掌；眼随体转左移，关顾左手。（图 3-314）

图 3-314

要点：

（1）两掌抹转椭圆形，须随腰转动，"主宰于腰，形于手指"。

（2）两臂运动距离要相等，总须前手去，后手跟，做到"两膊相系"。

（3）弓步时左臂与左腿、右臂与右腿方向一致（右吊手与右足尖成一垂直线）。前腿膝不超过脚尖；鼻尖、脚尖、手尖三尖对齐。

第五十七式 云手

左脚尖内扣，腰胯稍右转；同时右钩手变掌随转腰落于右腹前，掌心向下；左掌随转腰落于左胸前，掌心向下；眼平视前方。（图 3-315）

图 3-315

云手一：

1.腰胯左转，右脚提起向左脚内侧落步，前脚掌着地，与肩同宽；同时右掌边外旋边向左上方抄至左肩前，掌心斜向内；左掌向左上弧形运出，掌心向左前；右指尖与左肘遥相对。眼看前方。（图 3-316）

图 3-316

2.腰胯稍右转，右脚踏实，成开立步；同时右掌随体转由左弧形向前（掤）、向右（捯）至面前，掌指斜向上，掌心斜向内，腕与喉高；左掌由左弧形下抄至腹前（腕与脐高），掌指斜向下，掌心斜向内；眼看前方，关顾右掌。（图 3-317 和图 3-317 附图）

图 3-317　　　　　　图 3-317 附图

3.重心渐渐右移，左脚向左迈出半步，前脚掌着地；同时右掌边内旋边弧形向右按、采至右前方，掌心向右前；左掌边外旋边向右上方抄至右肩前，掌心斜向内；左指尖与右肘遥相对。眼看前方。（图 3-318）

图 3-318

4.腰胯稍左转，左脚踏实，成马步；同时左掌随体转由右弧形向前（掤）、向左（捌）至面前，掌指斜向上，掌心斜向内，腕与喉高；右掌由右弧形下抄至腹前（腕与脐高），掌指斜向下，掌心斜向内；眼看前方，关顾左掌。（图 3-319 和图 3-319 附图）

图 3-319　　　　　　　　　图 3-319 附图

云手二至四：与云手一相同。

云手五：

1.腰胯左转，右脚提起向左脚内侧落步，前脚掌着地，与肩同宽；同时右掌边外旋边向左上方抄至左肩前，掌心斜向内；左掌向左上弧形运出，掌心向左前；右指尖与左肘遥相对。眼看前方。（图 3-320）

图 3-320

2.腰胯稍右转，右脚踏实，成开立步；同时右掌随体转由左弧形向前（掤）、向右（捯）至面前，掌指斜向上，掌心斜向内，腕与喉高；左掌由左弧形下抄至腹前，掌指斜向下，掌心斜向内；眼看前方，关顾右掌。（图 3-321）

图 3-321

3.重心渐渐右移，左脚向左迈出半步，前脚掌着地；同时右掌边内旋边弧形向右按、采至右前方，掌心向右前；左掌边外旋边向右上方抄至右肩前，掌心斜向内；左指尖与右肘遥相对。眼看前方。（图 3-322）

图 3-322

第五十八式　单鞭

1.收沉右胯，腰胯左转，右脚尖微翘，以右脚跟为轴，实脚内扣；同时两掌微放平，两掌心斜向下，随体转两肘渐屈下沉，带动两掌向左偏上抹转半个椭圆，两掌宽、高不过肩，掌心仍斜向下；向左抹转劲点在左掌根外侧，有掀起对方之意。眼神随体转向前平视，关顾两手。（图 3-323 和图 3-324）

| 图 3-323 | 图 3-324 |

2.腰胯右转，重心右移；同时两掌随体转沉肘屈臂向右偏下回抹半个椭圆，使胸腹中线从左前对向右前，即左掌稍外旋随体转向里经胸前向右抹转半个椭圆形，坐腕竖掌，掌指斜向上，掌心斜向下；右掌外旋经胸前向右划半个椭圆形，掌心斜向上，掌指斜向左，两腕不低于胸。向右回抹有下采对方之意，劲点在右掌根外缘（小指侧），意贯指尖。眼神关顾两手。（图 3-325）

图 3-325

3.重心全部移于右腿，左膝领起，左脚离地并往里收，脚尖自然下垂；同时右掌边内旋边右伸，五指尖下垂撮拢成钩手，指尖向下，腕与肩高；腰胯稍左转，左掌外旋，掌心向里，与脸相对，如照镜子，手指斜向上，手与口平；眼神关顾两手。（图 3-326）

图 3-326

4.腰胯左转，胸腹中线对向左前，左脚随体转向左前迈出（东偏北15°），脚跟先着地，重心左移，左脚踏实，撑左腿，蹬右腿，成左弓步；同时右钩手继续松肩右伸，五指自然下垂，不要紧捏在一起，保持意气畅通无阻；左掌随体转经面前左移，随移随臂内旋翻掌前推，坐腕竖掌；眼随体转左移，关顾左手。（图 3-327）

图 3-327

要点：两臂运动距离要相等，总须前手去，后手跟，做到"两膊相系"。

第五十九式　下势

腰胯右转，重心渐渐右移，右脚尖外展，右腿屈膝下蹲（右大腿呈水平为度），左脚尖内扣，左腿微屈，成左仆步；同时左掌随转身向上、向右下划弧收至右肩前（坐腕），然后左臂外旋下沉，掌心向外，掌指向前（大拇指内扣），由左腿内侧向前穿出；右钩手平举于身体右侧；眼顾左掌。（图 3-328 和图 3-329）

图 3-328　　　　　　　　　　　图 3-329

要点：

（1）下势时，腰胯右转，右脚尖外展，左脚尖内扣，同时完成；运用松腰胯、沉肩、沉肘带动左掌里收下移和前穿，动作圆活，节节贯穿；前穿时左脚掌贴地转向正前（东），膝尖与脚尖方向一致，防止膝关节扭伤。裆要撑开撑圆.

（2）上体保持正直，防止身体前俯、低头和臀部突出。左仆步时，左腿微屈；右胯微高于右膝或右大腿呈水平为度。

用法：

对方手抓我左腕，我腰胯右转、直体下沉，带动左手旋掌下采，解脱抓我左腕之手或使其拔跟。

第六十式　左右金鸡独立

（一）左金鸡独立

1.左脚尖外展，身体渐渐左转，蹬右腿，撑左腿，成左弓步；同时左掌向前、向上弧形穿出；右臂内旋，右钩手于身后下落，渐松微展。眼神顾及左手，仍平视前方。（图3-330）

图 3-330

2.身体重心渐渐移至左腿（脚尖外展），然后左腿渐渐起立，右腿向前提膝，成左独立式；同时左掌边内旋边弧形向下采压至左胯侧，掌心向下；右钩手变掌自后而下，随着右腿向前提膝，沿右大腿外侧边外旋边向前上方弧形上挑，屈肘置于面前，掌指向上，高于眉齐，掌心向左。眼神顾及右手，仍平视前方。（图 3-331 和图 3-331 附图）

图 3-331　　　　　　　　图 3-331 附图

要点：

（1）身体起立以百会领起，两胯相合，尾骨前移，实腿之胯找脚跟并有对拉之意，气沉脚底；身体下沉以尾骨引领，实胯松沉，实腿微屈，脚尖外展。

（2）以腰为主宰，腰胯转动带动手、脚前移；肩与胯合，肘与膝合，手与脚合；有同侧手上挑牵起同侧腿上提之意，称之为"上下相吸"或"上下相随"。

（3）两臂似一臂，一手采压对方攻击的手，另一手上挑如锁喉、托肘、打脸等进攻对方，一上一下，两臂撑圆，有内气膨胀感。

（4）"金鸡独立"要逢上必下，右掌往前上托，提右膝，同时左胯必须松胯下沉，左掌下按，有升有沉，有上有下，体现轻沉兼备的风格。

用法：

对方用左直拳击我头部；我右手从其拳臂内侧挂防（即右臂从前向后屈肘回带）其拳，同时右提膝攻击其裆部。

对方用右直拳击我头部，我左手向上托住对方右肘，随即提右膝顶其裆部或腹部，左腿微屈支撑，此为金鸡独立。如对方后退，我可以用右弹腿攻击其裆部。

对方用右直拳攻击我头部，我左手从其臂内侧抓握其手腕向下沉，对方再用左直拳击我头部，我右手虎口向上托住对方左肘部，同时用右弹腿攻击对方腹部或裆部。

（二）右金鸡独立

左腿渐渐下蹲，身体渐渐右转，右脚落于左脚内侧，前脚掌先落地（脚尖外展或脚跟微内扣），随着重心渐渐移于右腿而全脚踏实，然后右腿渐渐起立，左腿向前提膝，左小腿向前方慢慢踢出，脚面绷直，成右独立式；同时左掌随着左腿向前提膝，贴近左大腿上侧边外旋边向前上方弧形经右手背上穿出，伸向前上方，掌心斜向上，高与眼平；右掌边内旋边弧形下搂至左肘下方，掌心向下。眼神顾及左手，仍平视前方。（图 3-332和图 3-333）

图 3-332　　　　　　　　　　　图 3-333

用法：

对方用右直拳击我头部；我左手从其拳臂内侧挂防（即左臂从前向后屈肘回带）其拳，同时左提膝攻击其裆部。

对方用左直拳攻击我头部；我右手从其臂内侧抓握其手腕（用沉劲），以左膝击其裆部，左手锁其咽喉。

第六十一式　左右倒撵猴

（一）左倒撵猴

1. 收沉右胯，右腿渐渐屈蹲，左腿屈膝下落，前脚掌先着地；随即腰胯右转，左脚跟碾转，左脚尖内扣，右脚尖外展，蹬左腿，撑右腿，胸腹中线正对向右前；同时右掌以掌背领先，外旋向下、向后经右胯旁弧形下撩，此为阴掌；继而右掌继续外旋向右方弧形举至右肩外侧，腕与肩平，掌心斜向上；左掌内旋，掌心斜向下，两掌心遥遥相对，两掌有对撑拉之意；眼随体转平视，顾右掌。（图 3-334）

图 3-334

2.腰胯继续右转，胸腹中线正向前方；同时随体转，右掌内旋屈臂，收至右耳侧前方，掌心向左前；左掌边外旋向右抄手划弧至下腹前，掌心向右前，与右掌斜相对；眼随体转平视。（图 3-335）

图 3-335

3.腰胯左转，左脚向左后方退步，左脚掌先着地再踏实，左脚尖外展，左腿屈膝半蹲，右脚稍内扣，成左坐步，胸腹中线对向右前；同时左臂外旋，左掌收至胸前掌心渐渐翻向上经右掌下抽至左胯旁，掌心斜向上；右掌沿左臂上侧向前下方推出，腕与胸平，舒指坐腕，掌心斜向前；眼随体转向前平视转移，眼神关顾右掌前推。（面向正东，图3-336 和图 3-337）

图 3-336 图 3-337

要点：

（1）阴掌以掌背领先，以肩为圆心，通过沉胯、沉腰、沉肩、沉肘、沉腕带动右掌下撩。

（2）后退时，肩、胯下沉垂直；坐步时，尾骨宜有前移之意，两肩松平，立身中正。

（3）以腰胯转动带动一手后抽，一手前推；两掌胸前相搓有对拉之意，前推的手掌与锁骨有对拉之意；做到意开、胸开、裆开，劲贯指尖；坐步定式时肘不可露背。

（4）两手平举如同挑扁担；拧转腰胯时两臂旋转，不可断劲，两臂似一臂；动作之间"势断劲不断，劲断意不断"。

（二）右倒撵猴

1.腰胯继续左转，右脚跟碾转，右脚尖内扣，重心左移，蹬右腿，撑左腿，胸腹中线正对向左前；同时左掌以掌背领先，内旋向下、向后经左胯旁弧形下撩，此为阴掌；继而左掌外旋向左后方弧形举至左肩外侧，腕与肩平，掌心斜向上；右掌外旋，掌心斜向下，两掌心遥遥相对，两掌有对撑拉之意；眼随体转平视，顾左掌。（图 3-338）

图 3-338

2.腰胯继续左转，胸腹中线正向前方；同时随体转，左掌内旋屈臂，收至左耳侧前，掌心向右前；右掌边外旋向左抄手划弧至下腹前，掌心向左前，与左掌斜相对；眼随体转平视。（图3-339）

图 3-339

3.腰胯右转，右脚向右后方退步，右脚掌先着地再踏实，右脚尖外展，右腿屈膝半蹲，左脚跟碾转，左脚稍内扣，成右坐步，胸腹中线对向左前；同时右臂外旋，右掌收至胸前掌心渐渐翻向上经左掌下抽至右胯旁，掌心斜向上；左掌沿右臂上侧向前下方推出，腕与胸平，舒指坐腕，掌心斜向前；眼随体转向前平视转移，眼神关顾左掌前推。（面向正东，图3-340和图3-341）

图 3-340　　　　　　　　　　图 3-341

（三）左倒撵猴

1.腰胯继续右转，左脚跟碾转，左脚尖内扣，重心右移，蹬左腿，撑右腿，胸腹中线正对向右前；同时右掌以掌背领先，内旋向下、向后经右胯旁弧形下撩，此为阴掌；继而右掌外旋向右后方弧形举至右肩外侧，腕与肩平，掌心斜向上；左掌外旋，掌心斜向下，两掌心遥遥相对，两掌有对撑拉之意；眼随体转平视，顾右掌。（图 3-342）

图 3-342

2.腰胯继续右转，胸腹中线正向前方；同时随体转，右掌内旋屈臂，收至右耳侧前方，掌心向左前；左掌边外旋向右抄手划弧至下腹前，掌心向右前，与右掌斜相对；眼随体转平视。（图 3-343）

图 3-343

3.腰胯左转，左脚向左后方退步，左脚掌先着地再踏实，左脚尖外展，左腿屈膝半蹲，右脚跟碾转，右脚稍内扣，成左坐步，胸腹中线对向右前；同时左臂外旋，左掌收至胸前掌心渐渐翻向上经右掌下抽至左胯旁，掌心斜向上；右掌沿左臂上侧向前下方推出，腕与胸平，舒指坐腕，掌心斜向前；眼随体转向前平视转移，眼神关顾右掌前推。（面向正东，图 3-344 和图 3-345）

图 3-344　　　　　　　　　　图 3-345

要点：

（1）两手分别向前向后，前臂长伸，把劲扔抛出去或抖弹出去，不是用力推出去。

（2）"两尖相对裆自圆"，即两膝与两脚方向一致，裆如拱桥。为防止膝关节扭伤，当脚内扣时先动脚大拇指，继动膝关节；外摆时先动脚小脚尖，继动膝关节。

（3）阴阳虚实之间的转化根据"劲由内换"的原则，如退右步时，右腰眼微上抽，以左腰眼托起右腰眼，而左实腿须内气贯注，右腿则气势腾挪。两个腰眼一上一下、一虚一实，以实托虚，虚实转换，行不外露。退步时"实脚吸虚脚"。

（4）退左脚略向左后斜，退右脚略向右后斜。

第六十二式　斜飞式

1. 重心后移，坐实左腿，腰胯右转，胸腹中心线向东，左脚尖内扣，右脚提起；同时左掌内旋自左而上向右划弧，置于左胸前，掌心向下，手与肩平，肘低于腕，臂呈弧形；右掌外旋向左下方抄至腹前，掌心向左偏上，两掌相对合抱；眼顾左掌划弧。（图3-346）

图 3-346

要点: 左脚尖内扣要借腰胯右转的惯性拧转,转体时右膝要提住,重心才能保持平稳;立身中正,松肩沉肘。

2.腰胯继续右转,开胯旋腿,右膝如扇面打开,右脚向右前方迈步,脚尖向前,脚跟先着地;同时两掌随体转"合再合",两腕上下相对置于胸腹中线前,成剪掌("欲右先左""欲左先右",右掌稍左引伸时掌心向左偏下,否则,下个动作无臂可旋;左掌心向右偏下);眼看前方。(图 3-347)

图 3-347

3.腰胯右转,随着重心渐渐移向右腿而全脚踏实,蹬左腿,撑右腿,成右弓步;同时随体转胸腹中线对正前方,右掌外旋以大拇指一侧向右后上方捯出,肘微屈,劲点在桡骨处,指尖上扬,掌心斜向上,高与额平;左掌内旋向左弧形下采至左胯旁,掌心向下,虎口对向右前方,与右手动向一致。(向南偏西30°,图 3-348)

图 3-348

要点：

（1）"逢转必沉""逢沉必领"。右转迈步时，松沉左胯，松开右胯，骨盆端起，尾骨向旋转方向，虚灵顶劲。

（2）两肩平、两胯平，肩胯对正，肩胯同转，沉肩坠肘坐腕；百会与会阴垂直；右手与左脚尖有对拉之意。

（3）右挒左采，以膻中穴为中心点，神、意、气向左右散开，节节贯穿，劲贯指尖。拳论云：其根于脚，发于腿，主宰于腰，形于手指；由脚而腿而腰，总须完整一气。

第六十三式　提手上势

1.腰胯右转，重心前移，左脚跟提起；同时随体转右掌内旋向右下方移至右肩前，掌心向左下；随体转左掌稍外旋向左前上方移至腰左侧前，掌心向右下；眼视前方。（图3-349）

图 3-349

2.坐实右腿，左脚跟进半步，脚掌先着地；随即腰胯左转，重心左移，左脚踏实；同时右掌随肘下沉回采至右腰侧前方，掌心斜向下，坐腕；左掌随屈肘平抹至左腰侧前方，掌心斜向下，坐腕；眼神顾及右掌。（图 3-350）

图 3-350

3.坐实左腿，右脚提起稍前移，脚跟着地，脚尖微抬，膝微弓，成右虚步；同时腰胯左转，两掌向里、向上、向前做合、提、送，右掌在前，高与眉齐，掌心斜向前；左掌在后，收于右肘内侧，高与胸齐，掌心斜向前，两掌心斜相对，两手臂掌缘与尺骨处用意贯注；眼平视前方。（图 3-351）

图 3-351

要点：

（1）随体转两掌向里、向上做合、提时，两掌外旋，掌心相对（有抓采对方腕肘之意）；两掌向前送时，两掌内旋，掌心斜向前（有把对方发出去之意）。

（2）此为合劲。两手掌下沉时，松肩坠肘，以肘引领，腕高于肘，好像两肘挂着物体下沉；两手掌上提时，以肩催肘，以肘催手，劲贯指梢。老师说："先下后上才叫提手上势。"

（3）提手时，两手向前上方与左胯向左后方抽转有对拉之意，使手、胯和脚跟"三点贯通"形成整劲。胸部不可正对前方。

第六十四式　白鹤亮翅

1.右脚稍前移，腰胯右转，重心右移，撑右腿，蹬左腿，成右弓步；同时左掌向前推出，腕与胸平；右掌向下落至腹前再经右膝前搂过，按至右胯旁；眼看前方。（图3-352）

图 3-352

2.收沉左胯，重心左移，以左脚跟为轴使身体向左后转，右脚尖内扣；同时随体转左手边内旋边向左采抹至左胸前，掌心斜向下；右手边外旋边向左前弧形抄至下腹前，掌心向左偏下，与左掌斜相合（斜抱球）。眼随体转平视。（图3-353和图3-354）

图 3-353　　　　　　　　　图 3-354

3. 右脚稍向后移步，前脚掌着地，然后重心右移踏实，左脚移至体前，前脚掌着地，成左虚步，两脚之间的着意点在第四点，使后腿不滞；同时右掌外旋向前上提，左掌下落内旋贴于右小臂里侧，两掌胸前形成挤的动作（白鹤亮翅的挤为扶臂挤、肘挤，揽雀尾的挤为扶腕挤），随着腰胯的右转，右臂向前挤出、前展，含有下沉之意；随挤随带肩靠、髋打（右肩外侧向西南方向作贴身靠）。继而腰胯左转，右掌内旋向右上翻滚、掤架置于右额前（手背与小臂在同一平面上），掌心斜向外，掌指斜向上；左掌向左下按落于左胯旁，掌心向下偏右，掌指向前；眼看前方。（面向正东，图 3-355 和图 3-356）

图 3-355　　　　　　　　　图 3-356

要点：

白鹤亮翅走立圈，退步跨虎走平圈。白鹤亮翅两手逆时针转一圈，即右手向右上方撑劲，左手向左下方采劲，两手向同一个方向前进，两臂似一臂，这叫"两膊相系"。

第六十五式 左搂膝拗步

1.右腿重心不变，右胯收坐，腰胯右转；同时右掌边外旋边经面前、胸前弧形下切（劲点在掌根，如京剧戏中正捋胡须）后落至右胯旁，掌背斜向后；左掌自下向前而上而右弧形移至胸前中线，掌心斜向下。（图 3-357 和 3-358）

图 3-357　　　　　　　　　图 3-358

2.腰胯右转，左脚尖内扣，右脚尖外展，重心渐渐右移，左脚提起；同时随体转，右掌边外旋边弧形由前向下、向右下方撩掌（掌背领先，劲贯指尖），继而向右斜角上举，掌心斜向上；左掌边外旋向上、向右下方弧形格挡、下切合于右胸前，意贯掌外沿（小指一侧），掌心斜向下，虎口与右肘相对；眼神关顾右掌。（图 3-359）

图 3-359

3.腰胯左转，左脚向前偏左迈步，脚跟先轻轻着地，脚尖向前；同时左掌内旋向左下方采至腹前，掌心斜向下；右臂稍内旋屈回，右掌收至右耳侧前方，虎口与耳相对约

10cm，掌心向左前下方；眼视前方。（图 3-360）

图 3-360

4.腰胯左转，重心左移，左脚踏实，撑左腿，蹬右腿，成左弓步；同时左掌向下由左膝前搂过落于左胯旁，坐腕，掌心向下偏右；右掌边内旋边向前推出，坐腕，掌心向前偏左；眼向前平视。（图 3-361）

图 3-361

第六十六式　海底针

1.腰胯左转，重心左移，身体直起，右脚向前跟半步，前脚掌着地；两掌松腕前移，掌心均斜向下。眼看前方。（图 3-362）

图 3-362

2.腰胯右转，重心右移，右脚踏实；同时随体转右臂外旋、屈肘，右腕向里提回（做一个小立圆）至右肩前，掌心向左，掌指向前下；左臂外旋、沉肘，左掌经右前臂下侧提腕前伸，掌心向右，掌指向前下；眼平视前方。（图 3-363）

图 3-363

3.腰向左转，左脚提起前移，前脚掌着地，成左虚步，左胯根内收，折腰下沉；同时右掌经腹前弧形向前下方插击，发对方的胯或尾闾，掌心向左，掌指斜向前，腕与左膝平；左掌边内旋边搂采至左膝旁；眼视前下方。（图 3-364）

图 3-364

要点：

（1）插掌时折腰下沉（颈椎、胸椎、腰椎保持斜的直线，会与会阴对拉，而不是弯腰），以腰带手，小指领劲，四指伸直（除拇指外），劲贯指尖，腕与膝平，肘不过膝。身躯与地面的夹角 45°；右手臂与身躯的夹角成 90°。

（2）内气自下而上沿三关（指人体背后的尾闾关、夹脊关、玉枕关）向前上方升腾，带动上体缓缓前俯，即气向上顶，称之为"三关一长"。

（3）两臂关联法：左手顺时针划弧后向左平移拉开，右手向前下插击，产生偶劲。

第六十七式　闪通背

1.腰胯右转，以头领身，上体直起，坐实右腿，左脚提起；同时右掌随体转边内旋边提至右肩前，右掌心斜向下，掌指向左；左掌边外旋边上提至胸前、右小臂（近腕）旁，掌心向右，掌指向上，两手交叉；眼向前平视。（图 3-365）

图 3-365

2.腰胯继续右转，左脚向前迈出，脚跟先着地，随着重心前移，左脚踏实，撑左腿，蹬右腿，成左弓步；同时随体转，左掌边内旋边沿右臂向前立掌推出，坐腕，掌指向上，掌心斜向前；右掌向右前上方推撑，置于右额前上方，掌指斜向上，掌心斜向前，劲点在掌缘；眼看左指尖，向前平视。（图 3-366 和图 3-367）

<table>
<tr><td>图 3-366</td><td>图 3-367</td></tr>
</table>

要点：

（1）左掌前推与右掌上托、后牵形成对拉；左掌前推与命门后撑对拉。

（2）神、意、气由右脚发出贯至左掌；裆要撑开撑圆。

（3）内气自上而下沿三关沉落时，带动上体缓缓竖直，即气向脚下沉，即"三关一竖"。

第六十八式　翻身撇身捶

1.左腿重心不变，左脚尖内扣，腰胯稍右转；同时右掌外旋渐渐握拳自右前而下至左腹前，屈肘横臂直落，拳眼斜向上；左掌内旋向上弧形架至左额前上方，掌心向外；眼神关顾右手划弧，随体转前视。（图 3-368）

图 3-368

要点： 右盖拳有拦击作用，避免右拳划大圈。

2.腰胯继续右转，左腿坐实，右脚跟稍内扣提起，向前落步，先以脚跟着地（脚尖向西），再全脚踏实；同时右肩带动右臂转，右拳边旋转边向前弧形下撇，打对方鼻子，拳心向上，拳与中脘穴（脐上四寸）高；左掌外旋由上而下（经右小臂外侧），落于右肘内侧，掌心斜向下；眼视前方，关顾右拳。（图 3-369）

图 3-369

3.腰胯继续右转，使胸腹中线对向前，蹬左腿，撑右腿，成右弓步；同时左掌经右小臂上侧向前推出，高与肩平，掌心斜向前；右拳抽于右腰侧前方，拳心向上，与右膝上下对齐；眼平视前方。（图 3-370）

图 3-370

要点：

（1）右掌握拳下盖时，屈肘横臂直接下落（横肘竖落），以拦截对方来拳进攻我胸腹部。

（2）撇身捶的右拳以肩为圆心，即以肩带肘，以肘带拳；拳尖、鼻尖、脚尖，三尖相对。

用法：

对方左脚上步，用左直拳击我胸部，我右屈肘横臂直接下落（横肘竖落），以拦截对方来拳；随即我右脚上步封住对方左腿，用右拳撇打其面部。或对方左脚上步，用左直拳击我头部，我右闪步，左手从其臂外侧引采其腕或小臂，随即我右脚上步封住对方左腿，右手从其左臂下前伸，随即用右拳撇打其面部。

第六十九式　进步搬拦捶

1.稍收沉右胯，随即腰胯左转，蹬右腿，撑右腿，重心稍后移；同时左掌随左肘下沉，边外旋边以掌外沿下切至胸前，掌心向右；右拳内旋向前上中线（经左掌虎口上侧）以拳面击出，高与喉平，拳心向下，与左掌成抱臂状；眼视前方，关顾右拳。（图3-371）

图3-371

2.腰胯左转，重心后移，随即右脚收提；同时随体转右臂外旋，右拳由前向左下划弧（称为盖拳）至左腹前，拳心斜向下；随体转左掌向左（捋）、向上（挑）、向右下方划弧（合）至胸前，掌心斜向下。眼看前方。（图3-372和图3-373）

图 3-372   图 3-373

3.腰胯右转，右脚向右前方迈步，先右脚跟着地，继而右脚尖外展踏实，重心右移，蹬左腿，撑右腿，成右弓步；同时随体转，右拳由左向上经胸前向前翻转搬出（称为搬拳），拳眼向上；左掌随体转弧形向右在胸前拦出，掌微坐，置于右腕内侧，掌心向右。眼神向前。（图 3-374 和图 3-375）

图 3-374   图 3-375

4.腰胯继续右转，左脚向前上步，脚跟着地；同时随体转，左掌边内旋边向前拦出，坐腕竖掌，掌心斜向前；右拳边外旋边向右下方搬压，弧形收回于腰侧，拳心向上。眼看前方。（图 3-376）

图 3-376

5.腰胯左转，重心左移，左脚踏实，撑左腿，蹬右腿，成左弓步；同时右拳边内旋边向前上方打出（称为冲拳），劲由脊发，高与胸平，拳眼向上；左掌收贴于右小臂内侧，眼视前方，关顾右拳。（图 3-377）

图 3-377

要点：

（1）第一拳：盖拳，拳心盖挂；第二拳：搬拳，拳背击人；第三拳：冲拳，拳面击人。

（2）右拳向右下方搬压与左掌拦出对拉；左掌与后抽右胯对拉。右拳回抽时"后不露肘"，大小臂夹角约100°，沉肩坠肘，不可耸肩。

（3）右拳边内旋边向前上方打出，至心口前（这叫"拳从心发"），攻击对方心窝；左胯内收，肩胯垂直，圆裆。

第七十式　上步揽雀尾

（一）右掤式

1.收沉左胯，腰胯左转，重心左移，左脚外展；同时左掌随体转和左臂外旋掤至左肩前，掌心向右上；右拳变掌边内旋边向右下采至上腹侧前，掌心向下偏左。眼视前方。（图3-378）

图 3-378

2.坐实左腿，腰胯继续左转带右脚提起，小腿自然下垂为虚悬。同时左掌随体转和左肘后抽边内旋边弧形下采至左胸前，掌心向右偏下；右掌边外旋边向左抄至下腹前中线（切勿超出左侧身外），掌心向左偏下；两掌斜抱球。眼视前方。（图3-379）

图 3-379

3.腰胯右转，右脚向右前方上步，脚跟先着地踏实，撑右腿，蹬左腿，成右弓步；同时右掌边外旋边立掌前上方掤出，手高与肩平，手背含掤劲，意贯指尖，掌心向内偏上，腕略高于肘，中指与小臂一线；左掌置于右腕内侧斜下方，指尖指向右手脉门，随右掌向前推出，立掌坐腕。继而随体转右掌内旋向前掤出，掌心侧向前，掌指向上与鼻平；左掌随体转外旋置于右肘内侧，掌心侧向上，掌指对右肘。眼随体转向前平视。（此为"双手掤"，前面的左掤为"单手掤"，图3-380和图3-381）

图3-380　　　　　　　　　　图3-381

要点： 实脚左转时，左胯找左脚跟并有对拉之意；右抄手、提右脚时，以腰带手、以腰带脚。这种以腰为车轴，手起脚随的练法，称之为"上下相吸"。

（二）将式

腰胯左转，重心左移，成左坐步。随体转两掌绞转（右掌外旋，左掌内旋）向左边掤边将，胸腹中线对左前约45°，两手始终在胸腹中线两侧，掌心斜相对，右掌在右胸前，掌心向左，掌指向前；左掌在左上腹前，掌心向内，掌指向前，手背含掤劲；眼随体转向前平视。（图3-382）

图3-382

（三）挤式

腰胯右转，重心右移，撑右腿，蹬左腿，成右弓步；同时右臂外旋，弧形横于胸前，

掌心向内；左臂内旋，掌心向外，贴近右腕内侧；随即以右小臂与左掌向前挤出；眼看前方。（图 3-383 和图 3-384）

图 3-383　　　　　　　　图 3-384

（四）按式

1.收沉右胯，随即腰胯左转，重心左移，成左坐步；同时随体转两肘渐屈下沉，右臂内旋，右掌由左向右划弧，掌心向前；左臂内旋，左掌由右向左划弧，掌心向前；随即两掌根向下划一个小圆弧至心口前，防止直来直去产生棱角；眼看前方。（图 3-385）

图 3-385

2.撑右腿，蹬左腿，成右弓步；同时两掌向前微向上（呈微微向上的弧形）按出，坐腕竖掌，腕与肩平，掌心斜向前，劲贯掌根，意贯指梢；眼神关及两掌前按。（图 3-386）

图 3-386

第七十一式　单鞭

1. 收沉右胯，腰胯左转，右脚尖微翘，以右脚跟为轴，实脚内扣约 135°，使胸腹中线从右前对向左前；同时两掌微放平，两掌心斜向下，随体转两肘渐屈下沉，带动两掌向左偏上抹转半个椭圆，两掌宽、高不过肩，掌心仍斜向下；向左抹转劲点在左掌根外侧，有掀起对方之意。眼神随体转向前平视，关顾两手。（图 3-387）

图 3-387

2. 腰胯右转，重心右移；同时两掌随体转沉肘屈臂向右偏下回抹半个椭圆，使胸腹中线从左前对向右前，即左掌稍外旋随体转向里经胸前向右抹转半个椭圆形，坐腕竖掌，掌指斜向上，掌心斜向下；右掌外旋经胸前向右划半个椭圆形，掌心斜向上，掌指斜向左，两腕不低于胸。向右回抹有下采对方之意，劲点在右掌根外缘（小指侧），意贯指尖。眼神关顾两手。（图 3-388）

图 3-388

3.重心全部移于右腿，左膝领起，左脚离地并往里收，脚尖自然下垂；同时右掌边内旋边右伸，五指尖下垂撮拢成钩手，指尖向下，腕与肩高；腰胯稍左转，左掌外旋，掌心向里，与脸相对，如照镜子，手指斜向上，手与口平；眼神关顾两手。（图3-389）

图 3-389

4.腰胯左转，胸腹中线对向左前，左脚随体转向左前迈出（东偏北15°），脚跟先着地，重心左移，左脚踏实，撑左腿，蹬右腿，成左弓步；同时右钩手继续松肩右伸；左掌随体转经面前左移，随移随臂内旋翻掌前推，坐腕竖掌；眼随体转左移，关顾左手。（图3-390）

图 3-390

要点：

（1）两掌抹转椭圆形，须随腰转动，"主宰于腰，形于手指"。

（2）两臂运动距离要相等，总须前手去，后手跟，做到"两膊相系"。

（3）弓步时左臂与左腿、右臂与右腿方向一致（右吊手与右足尖成一垂直线）。前腿膝不超过脚尖；鼻尖、脚尖、手尖三尖对齐。

第七十二式　云手

左脚尖内扣，腰胯稍右转；同时右钩手变掌随转腰落于右腹前，掌心向下；左掌随转腰落于左胸前，掌心向下；眼平视前方。（图 3-391）

图 3-391

云手一：

1.腰胯左转，右脚提起向左脚内侧落步，前脚掌着地，与肩同宽；同时右掌边外旋

边向左上方抄至左肩前，掌心斜向内；左掌向左上弧形运出，掌心向左前；右指尖与左肘遥相对。眼看前方。（图 3-392）

图 3-392

2.腰胯稍右转，右脚踏实，成开立步；同时右掌随体转由左弧形向前（掤）、向右（捋）至面前，掌指斜向上，掌心斜向内，腕与喉高；左掌由左弧形下抄至腹前（腕与脐高），掌指斜向下，掌心斜向内；眼看前方，关顾右掌。（图 3-393 和图 3-393 附图）

图 3-393　　　　　　　图 3-393 附图

3.重心渐渐右移，左脚向左迈出半步，前脚掌着地；同时右掌边内旋边弧形向右按、采至右前方，掌心向右前；左掌边外旋边向右上方抄至右肩前，掌心斜向内；左指尖与右肘遥相对。眼看前方。（图 3-394）

图 3-394

4.腰胯稍左转，左脚踏实，成马步；同时左掌随体转由右弧形向前（掤）、向左（捋）至面前，掌指斜向上，掌心斜向内，腕与喉高；右掌由右弧形下抄至腹前（腕与脐高），掌指斜向下，掌心斜向内；眼看前方，关顾左掌。（图 3-395 和 3-395 附图）

图 3-395

图 3-395 附图

云手二至四：与云手一相同。

云手五：

1.腰胯左转，右脚提起向左脚内侧落步，前脚掌着地，与肩同宽；同时右掌边外旋边向左上方抄至左肩前，掌心斜向内；左掌向左上弧形运出，掌心向左前；右指尖与左肘遥相对。眼看前方。（图 3-396）

图 3-396

2.腰胯稍右转，右脚踏实，成开立步；同时右掌随体转由左弧形向前（掤）、向右（捋）至面前，掌指斜向上，掌心斜向内，腕与喉高；左掌由左弧形下抄至腹前，掌指斜向下，掌心斜向内；眼看前方，关顾右掌。（图 3-397）

图 3-397

3.重心渐渐右移，左脚向左迈出半步，前脚掌着地；同时右掌边内旋边弧形向右按、采至右前方，掌心向右前；左掌边外旋边向右上方抄至右肩前，掌心斜向内；左指尖与右肘遥相对。眼看前方。（图 3-398）

图 3-398

第七十三式 单鞭

1.收沉右胯，腰胯左转，右脚尖微翘，以右脚跟为轴，实脚内扣；同时两掌微放平，两掌心斜向下，随体转两肘渐屈下沉，带动两掌向左偏上抹转半个椭圆，两掌宽、高不过肩，掌心仍斜向下；向左抹转劲点在左掌根外侧，有掀起对方之意。眼神随体转向前平视，关顾两手。（图 3-399 和图 3-400）

图 3-399

图 3-400

2.腰胯右转，重心右移；同时两掌随体转沉肘屈臂向右偏下回抹半个椭圆，使胸腹中线从左前对向右前，即左掌稍外旋随体转向里经胸前向右抹转半个椭圆形，坐腕竖掌，掌指斜向上，掌心斜向下；右掌外旋经胸前向右划半个椭圆形，掌心斜向上，掌指斜向左，两腕不低于胸。向右回抹有下采对方之意，劲点在右掌根外缘（小指侧），意贯指尖。眼神关顾两手。（图 3-401）

图 3-401

3.重心全部移于右腿，左膝领起，左脚离地并往里收，脚尖自然下垂；同时右掌边内旋边右伸，五指尖下垂撮拢成钩手，指尖向下，腕与肩高；腰胯稍左转，左掌外旋，掌心向里，与脸相对，如照镜子，手指斜向上，手与口平；眼神关顾两手。（图 3-402）

图 3-402

4.腰胯左转，胸腹中线对向左前，左脚随体转向左前迈出（东偏北15°），脚跟先着地，重心左移，左脚踏实，撑左腿，蹬右腿，成左弓步；同时右钩手继续松肩右伸；左掌随体转经面前左移，随移随臂内旋翻掌前推，坐腕竖掌；眼随体转左移，关顾左手。（图3-403）

图 3-403

第七十四式 高探马

1.腰胯左转，撑左腿，蹬右腿，身体重心渐渐移于右腿，左脚尖微翘（右胯根后抽，带动重心后坐；坐实右腿后，左胯根渐渐后抽，带动左脚提起），随即左脚提回半步，前脚掌轻轻着地；同时右钩手变掌，屈右肘，右掌内旋弧形经右肩侧前移至喉头前，掌心斜向下；左臂外旋，沉肘，使左掌心渐渐收至心口前，掌心向里偏上，两掌心在胸腹中线前遥对。目视前方。（图 3-404 和图 3-405）

图 3-404　　　　　图 3-405

2.腰胯继续左转，使胸腹中线对向正前方，坐实右腿，右膝微屈，左脚前脚掌着地，成左虚步。同时右掌经中线由左臂上侧向前探出，掌指向左前方（掌指朝东北），掌心向下，略高于肩，劲贯掌缘小指一侧（斜切掌）；左掌经中线由右臂下侧弧形收于左腰前，后不露肘，掌指向右前方，掌心向上；目视前方。（图 3-406）

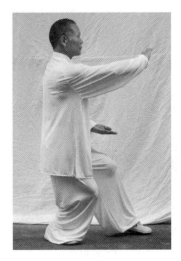

图 3-406

第七十五式　穿掌

　　右腿渐渐下蹲，左脚向前迈出半步，撑左腿，蹬右腿，成左弓步；同时右掌稍下落，左掌经右掌背上穿出，伸向前上方，肘与膝对，指尖向前，高与颈齐；右掌落于左肘下，掌心向下，掌指向左。眼顾左手。（面向正东，图 3-407 和图 3-408）

图 3-407

图 3-408

要点：

　　（1）穿掌时左肩不可前探，劲贯指尖，左臂由内气撑开撑圆，不可伸直，要留有伸屈之余地。

　　（2）百会与会阴垂直，裆要撑开撑圆，不可尖裆。

　　（3）神、意、气起于涌泉穴，经过踝、膝、胯、腰、脊背、肩、肘、腕、劳宫穴贯达指尖。

用法：

对方用左直拳攻击我头部，我右掌顺势下按其拳；随即左脚上步，右脚跟进，左臂外旋，掌心向上，从右前臂上穿出，攻击其咽喉，力达指尖；随即左掌内旋，左臂屈肘，掌心向下，以掌外沿领先，再次向前横击其咽喉，力达掌外沿。

对方用右直拳击我胸部，我左脚在前，用左劈掌攻击来拳，连防带打，引劲落空，掌心斜向上；随即左脚上步，左掌顺势沿其臂上侧向其咽喉插掌，掌心向上，力达掌指。

我右手以扑面掌击其脸部，对方用右手掤架并引采，我急收回右手，手心向下，同时左掌从右前臂上穿出（掌心向上）直插其咽喉，右手藏于左肘下，随机应变。

对方双手推我胸部，我右手用横掌盖压其小臂或腕，随即左脚上步弓腿，左掌（掌心向上）从右前臂上穿出，击其咽喉，力达掌指。

第七十六式　转身单摆莲

1.腰胯向右后转，左脚尖内扣，重心在左腿，右脚向右前移步，成右虚步；同时随体转右掌由左臂下向前横掌穿出，掌心斜向下，腕与胸平，掌指斜向前；左掌随体转边内旋边弧形由上向右下合于右胸前，掌心斜向下，虎口与右肘相对；眼随体转向前平视。（面向正西，图3-409）

图3-409

2.腰胯左转，右脚向左上方屈膝提起（以腰带脚）；两掌向右下方移。眼神随体转平视。（图3-410）

图 3-410

3.左腿独立支撑，腰胯右转，右脚自左向右上方弧形外摆（以腰带脚），右腿自然微屈，脚高不超过肩部；同时左掌自上而右向左迎着右脚面拍击；右掌向下划弧于右胯旁，掌心向下，虎口向前；眼神关顾左掌拍击右脚面。（图 3-411 和图 3-411 附图 ）

图 3-411

图 3-411 附图

要点:

（1）右腿摆莲是横劲，以转腰胯带动右腿外摆。

（2）百会与涌泉对准，使身体立身中正。

用法:

对方左直拳打来，我左手从其手臂外侧引采其腕、右手按其肘，两手合劲向左下方将之，同时起右腿用横劲从左往右弧形击打其胸腹部，力达脚背外侧，左腿支撑蹬直。

第七十七式　搂膝指裆捶

1.左腿支撑屈蹲，腰胯右转，右脚向前迈出落地，脚跟先落地，脚尖外展；然后重心右移，右脚踏实，左脚向前迈步，脚跟先落地；同时右掌变拳收于右腰侧前方，拳心向上；左掌向上经面前划弧于右胸前，掌心向后，掌指向右；眼随体转向前平视。（图3-412为右脚落步，图3-413和图3-413附图为左脚上步）

图 3-412　　　　　　　图 3-413　　　　　　　图 3-413附图

2.腰胯左转，重心左移，左脚踏实，撑左腿，蹬右腿，成左弓步；胸腹中心线正对前方。以胯为轴微折腰，上身稍前俯，头不超出足尖。左掌先落于右腹前，掌心翻转向下，再用左肘向左经左膝前弧形搂至左膝侧上方，掌心向下，坐腕，掌指向前；右拳随体转边内旋边从中向前偏下打出，高与关元穴（脐下三寸）齐，意在对方裆后，拳眼向上偏前；眼神关顾右拳前击，俯视前下方，不可低头，不可抬头。（图3-414）

图 3-414

要点：

（1）折腰时，顶劲引领，颈椎至腰椎保持直线，不可弓背、低头、抬头；足跟之劲，节节贯穿地贯注于右拳。百会与右脚涌泉穴有对拉之意；头顶与右脚跟呈一条斜向直线。右拳与右锁骨有对拉之意。命门后撑，两肩平，两胯平；两肘微屈，不可伸直。

（2）拳论云："着人成拳"，指拳行至定式时，由虚拳变为实拳。右拳向前打时前臂内旋，含有向前下攻击敌方裆部之意；左掌掌心向下坐掌，松肩屈肘向外搂出。

（3）内气自下而上沿三关（指人体背后的尾闾关、夹脊关、玉枕关）向前上方升腾，带动上体缓缓前俯，即气向上顶，称之为"三关一长"。

用法：

对方右蹬腿攻击我腹部，我左手从其小腿或踝关节内侧搂开，随即左脚上步，用右立拳击其裆部，意在对方裆后。

第七十八式　上步揽雀尾

（一）右掤式

1.身体直起，腰胯左转，重心左移，左脚外展，右脚跟渐渐离地（左腰肾托右腰肾，右胯前送）；同时左掌随体转和左臂外旋掤至左肩前，掌心向右上；右拳变掌边内旋边向右下采至上腹侧前，掌心向下偏左；两臂为开，虎口相合。眼视前方。（图 3-415）

图 3-415

2.坐实左腿，腰胯继续左转带右脚提起，小腿自然下垂为虚悬。同时左掌随体转和左肘后抽边内旋边弧形下采至左胸前，掌心向右偏下；右掌边外旋边向左抄至下腹前中线（切勿超出左侧身体），掌心向左偏下；两掌斜抱球。眼视前方。（图 3-416）

图 3-416

3. 腰胯右转，右脚向右前方上步，脚跟先着地踏实，撑右腿，蹬左腿，成右弓步；同时右掌边外旋边立掌前上方掤出，手高与肩平，手背含掤劲，意贯指尖，掌心向内偏上，腕略高于肘，中指与小臂一线；左掌置于右腕内侧斜下方，指尖指向右脉门，随右掌向前推出，立掌坐腕。继而随体转右掌内旋向前掤出，掌心侧向前，掌指向上与鼻平；左掌随体转外旋置于右肘内侧，掌心侧向上，掌指对右肘。眼随体转向前平视。（此为"双手掤"，前面的左掤为"单手掤"，图 3-417 和图 3-418）

图 3-417　　　　　　　　　　图 3-418

要点： 实脚左转时，左胯找左脚跟并有对拉之意；右抄手、提右脚时，以腰带手、以腰带脚。这种以腰为车轴，手起脚随的练法，称之为"上下相吸"。

（二）捋式

腰胯左转，重心左移，成左坐步。随体转两掌绞转（右掌外旋，左掌内旋）向左边掤边捋，胸腹中线对左前约45°，两手始终在胸腹中线两侧，掌心斜相对，右掌在右胸前，掌心向左，掌指向前；左掌在左上腹前，掌心向内，掌指向前，手背含掤劲；眼随体转向前平视。（图 3-419）

图 3-419

（三）挤式

腰胯右转，重心右移，撑右腿，蹬左腿，成右弓步；同时右臂外旋，弧形横于胸前，掌心向内；左臂内旋，掌心向外，贴近右腕内侧；随即以右小臂与左掌向前挤出；眼看前方。（图 3-420 和图 3-421）

图 3-420　　　　　　　　　　图 3-421

（四）按式

1.收沉右胯，随即腰胯左转，重心左移，成左坐步；同时随体转两肘渐屈下沉，右臂内旋，右掌由左向右划弧，掌心向前；左臂内旋，左掌由右向左划弧，掌心向前；随即两掌根向下划一个小圆弧至心口前，防止直来直去产生棱角；眼看前方。（图 3-422）

图 3-422

2.腰胯右转，撑右腿，蹬左腿，成右弓步；同时两掌向前微向上（呈微微向上的弧形）按出，坐腕竖掌，腕与肩平，掌心斜向前，劲贯掌根，意贯指梢；眼神关及两掌前按。（图 3-423）

图 3-423

第七十九式　单鞭

1.收沉右胯，腰胯左转，右脚尖微翘，以右脚跟为轴，实脚内扣约135°，使胸腹中线从右前对向左前；同时两掌微放平，两掌心斜向下，随体转两肘渐屈下沉，带动两掌向左偏上抹转半个椭圆，两掌宽、高不过肩，掌心仍斜向下；向左抹转劲点在左掌根外侧，有掀起对方之意。眼神随体转向前平视，关顾两手。（图 3-424）

图 3-424

2.腰胯右转，重心右移；同时两掌随体转沉肘屈臂向右偏下回抹半个椭圆，使胸腹中线从左前对向右前，即左掌稍外旋随体转向里经胸前向右抹转半个椭圆形，坐腕竖掌，掌指斜向上，掌心斜向下；右掌外旋经胸前向右划半个椭圆形，掌心斜向上，掌指斜向左，两腕不低于胸。向右回抹有下采对方之意，劲点在右掌根外缘（小指侧），意贯指尖。眼神关顾两手。（图 3-425）

图 3-425

3.重心全部移于右腿，左膝领起，左脚离地并往里收，脚尖自然下垂；同时右掌边内旋边右伸，五指尖下垂撮拢成钩手，指尖向下，腕与肩高；腰胯稍左转，左掌外旋，掌心向里，与脸相对，如照镜子，手指斜向上，手与口平；眼神关顾两手。（图 3-426）

图 3-426

4.腰胯左转，胸腹中线对向左前，左脚随体转向左前迈出（东偏北 15°），脚跟先着地，重心左移，左脚踏实，撑左腿，蹬右腿，成左弓步；同时右钩手继续松肩右伸；左掌随体转经面前左移，随移随臂内旋翻掌前推，坐腕竖掌；眼随体转左移，关顾左手。（图 3-427）

图 3-427

第八十式　下势

　　腰胯右转，重心渐渐右移，右脚尖外展，右腿屈膝下蹲，左脚尖内扣，左腿微屈，成左仆步；同时左掌随转身向上、向右下划弧收至右肩前，然后左臂外旋下沉，掌心向外，掌指向前（大拇指内扣），由左腿内侧向前穿出；右钩手后展，与左掌对拉，腕背与肩平。眼顾左掌。（图 3-428 和图 3-429）

图 3-428

图 3-429

要点：

（1）腰胯右转，右脚尖外展，左脚尖内扣，同时完成；下势时裆要撑开撑圆。

（2）防止身体前俯、低头和臀部突出，上体保持正直。

第八十一式　上步七星

　　1. 左脚尖外展，身体渐渐左转，蹬右腿，撑左腿，成左弓步；同时左掌向前、向上弧形穿出；右臂内旋，右钩手于身后下落，渐松微展。眼神顾及左手，仍平视前方。（图 3-430）

图 3-430

2.身体重心渐渐移至左腿，然后左腿渐渐起立，右腿向前提膝，右小腿向前方慢慢踢出，脚面绷直，高与腰平；同时右钩手变拳向前撩击，拳眼向上，高与肩平；左掌由上向前拍打左拳眼。眼平视前方。（图 3-431）

图 3-431

要点：行拳过程为虚拳，为柔；击拳定式为实拳，为刚，但实拳不可用力握紧，成为死拳、僵拳，意想拳心中的小气球不捏破为宜。

用法：

对方右拳攻击我胸，我以左拍掌击其脸部，连防带打；同时右拳撩击其下颌，右弹腿攻击其裆部。

第八十二式　退步跨虎

1.坐实左腿，腰胯右转，右脚向右后方后退一步，前脚掌先着地，随即右脚踏实，左脚跟提起；同时右拳变掌，两掌经胸前十字交叉，左掌与右腕上下相合，右掌心斜向上，左掌心斜向下；眼视顾及两掌。（图 3-432）

图 3-432

2.腰胯左转，右腿坐实，重心右移，左脚前脚掌着地，成左虚步；同时两掌向左右分开，右掌边内旋边向右上方挒至右额前方，掌心斜向外；左掌边内旋边向左下方采至腰部左前侧，掌心向下，虎口向前。眼视顾及两掌。（图 3-433）

图 3-433

要点：

（1）百会与会阴垂直，上下对拉拔长，立身中正，不可前俯、后仰。

（2）白鹤亮翅走立圈，退步跨虎走平圈。退步跨虎如气球膨胀，两手臂展开，走平圈偏斜；两掌分开后，两臂呈弧形（与背成圆），不可开得过大，形成松散现象。

（3）两臂旋转开合，以指、掌、腕领劲，通于两臂，蓄于腰际，贯于足根。

用法：

对方以双掌击我胸部，我双手上下分开，黏住其腕，即右手腕向右上方掤其左腕，左手向左下方引采其右腕，随即我用左弹腿踢其裆部。对方两手抓我两腕，我退步并旋转两臂，使其落空。对方腿踢我裆，我左手搂开，左弹腿攻其裆。

第八十三式　转身双摆莲

1.以右脚跟为轴向右后转身，左脚跟掀起；同时左掌外旋收于左腰前，掌指向右前方，掌心向上；右掌下盖于体前，掌心向下，掌指向左；眼随体转向前平视。（图3-434）

图 3-434

2.左脚经右脚内侧上步，蹬右腿，撑左腿，成左弓步；同时左掌经右掌背上穿出，伸向前上方，肘与膝对，指尖向前，高与颈齐；右掌落于左肘下（"手走弧形臂要旋"，右掌先外旋后内旋，避免"死手"），掌心向下，掌指向左。眼顾左手。（穿掌方向为西北，图3-435和图3-436）

图 3-435　　　　　　图 3-436

要点：穿掌时左肩不可前探，劲贯指尖，左臂不可伸直，要留有伸屈之余地。

3. 腰胯向右后转，左脚尖内扣，重心在左腿，右脚向右前移步，成右虚步；同时随体转右掌由左臂下向前横掌穿出，掌心斜向下，腕与胸平，掌指斜向前；左掌随体转边内旋边弧形由上向右下合于右胸前，掌心斜向下，虎口与右肘相对；眼随体转向前平视。（面向正东，图 3-437）

图 3-437

4. 腰胯左转，右脚向左上方屈膝提起（以腰带脚）；两掌向右下方移。眼神随体转平视。（图 3-438）

图 3-438

5. 左腿独立支撑，腰胯右转，右脚自左向右上方弧形外摆（以腰带脚），右腿自然微屈，脚高不超过肩部；同时两掌自右向左迎着右脚面拍击（左先右后，拍击时上体由右向左转）；眼神顾及两掌拍击右脚面；眼顾两掌。（图 3-439）

图 3-439

要点：

（1）右腿摆莲是横劲，以转腰胯来带动右腿外摆。

（2）百会与涌泉对准，使身体立身中正。

（3）两手臂从左向右，顺时针方向划圈，运行到向下、向左划时，两手拍击右脚面，然后继续运行，左手位于左侧，右手位于胸前。

用法：

对方左直拳打来，我左手从其手臂外侧引采其腕、右手按其肘，两手合劲向左下方捋之，同时起右腿用横劲从左往右弧形击打其胸腹部，力达脚背外侧，左腿支撑蹬直。

第八十四式　弯弓射虎

1.左腿独立支撑，上体继续左转，右小腿屈收，右膝上提与腰平，脚尖自然下垂；同时两掌随体转向左平摆，右臂外旋，掌心向上；左掌掌心向下；眼顾两掌。（面向东南，图 3-440）

图 3-440

2.左腿渐渐下蹲，右脚向右前迈步，脚跟先着地；两手将到体前。（图3-441）

图 3-441

3.随着腰胯右转，重心渐渐右移而至右脚踏实，左脚内扣，蹬左腿，撑右腿；同时右掌经右膝上方将至右腰侧前方，掌心斜向上；左掌将至右腹前，掌心斜向下；眼顾两掌，随即平视前方。（图3-442）

图 3-442

4.腰胯左转，蹬左腿，撑右腿，成右弓步；同时气球膨胀催动右掌边内旋边握拳挑至右耳侧向左前方打出，至右额前，高不过头，拳眼斜向下；左掌边外旋边握拳挑至心口前向左前方打出，高与胸平，拳眼向上；眼视前方，关顾左拳。（弓步方向为东南，左拳方向为东北，图3-443）

图 3-443

要点：

（1）左拳由中向前旋转打出，与右胯对拉，劲运左拳。

（2）射虎时开裆开胸；两手随着腰转动，防止右肘上抬，肩部上耸，上体前俯。

（3）意到、眼到、身到、手到、步到，一动全动，形成整劲。

用法：

对方用左摆拳击我头部，我右拳内旋上提粘住其左臂内侧，顺势向左前方击其头部左侧（边防带打），同时上步以左拳击其胸或脸部。

第八十五式　进步搬拦捶

1.腰胯左转，重心左移，左胯后抽，蹬右腿，撑左腿；同时左拳变掌外旋向右切至中心线前，掌心斜向上，与右肘成抱臂状；右拳向前冲击（经左掌上方），拳心向下，高与肩平；眼顾右拳。（图 3-444）

图 3-444

2.腰胯继续左转，左腿坐实，右脚提起；同时随体转，左掌、右拳向左挒，继而右拳向左下划弧（称为盖拳）至左腹前，拳眼斜向上；随体转左臂外旋、内旋，左掌向左（挒）、向上（挑）、向右下方划弧（合）至胸前，掌心斜向下。眼看前方。（图 3-445）

图 3-445

3.腰胯右转，右脚向右前方迈步，先右脚跟着地，继而右脚尖外展踏实，重心右移，蹬左腿，撑右腿，成右弓步；同时随体转，右拳由左向上经胸前向前翻转搬出（称为搬拳），拳眼向上；左掌随体转弧形向右在胸前拦出，坐腕，置于右腕内侧，掌心向右。眼神向前。（图 3-446 和图 3-447）

图 3-446

图 3-447

4.腰胯继续右转，左脚向前上步，脚跟着地；同时随体转，左掌边内旋边向前拦出，坐腕竖掌，掌心斜向前；右拳边外旋边向右下方搬压，弧形收回于腰侧，拳心向上。眼看前方。（图 3-448）

图 3-448

5.腰胯左转，重心左移，左脚踏实，撑左腿，蹬右腿，成左弓步；同时右拳边内旋边向前上方打出（称为冲拳），劲由脊发，高与胸平，拳眼向上；左掌收贴于右小臂内侧，眼视前方，关顾右拳。（图 3-449）

图 3-449

要点：

（1）动作1：腰胯左转，重心左移时抽左胯；动作2：左掌上挑时，劲贯指尖，小指引领。

（2）右拳向右下方搬压与左掌拦出对拉；左掌与后抽右胯对拉。右拳回抽时"后不露肘"，大小臂夹角约100°，沉肩坠肘，不可耸肩。

第八十六式　如封似闭

1.腰胯右转，重心稍右移，收沉左胯；同时左掌边内旋边从右肘下向右前伸，掌缘沿右臂向前格出，继而外旋使掌心向内上；右拳变掌边外旋边向左切边沉肘屈臂弧形抽

回，掌心向内上；两臂交叉，右臂在内，高与肩平。眼看两掌一格一切。（图 3-450）

图 3-450

2.腰胯右转，两胯骨与两肩肘同时后抽，中正安舒，重心右移，成右坐步；同时两掌边内旋边向左右抹至胸前，两手拇指靠近，掌心斜相对，稍窄于肩。眼看两手。（图 3-451）

图 3-451

3.腰胯左转，重心渐渐左移，撑左腿，蹬右腿，左弓步；同时两掌靠近向前向上弧形按出，与两乳同宽，不要过宽过窄，掌心斜向前，掌指斜向上，腕与肩平；动作不可散野、门户大开。眼神关顾两掌。（图 3-452）

图 3-452

第八十七式　十字手

1.腰胯右转，左胯松沉，左脚尖内扣并踏实，右脚跟离地；同时随体转，两臂屈肘分开，带动两掌（架）于额前，虎口相对成"小圆"，两臂环形成"大圆"；掌心向前偏下，两手拇指与头同宽；眼看前方。（图 3-453）

图 3-453

2.左胯后抽，重心全部移于左腿，右脚稍离地；同时两臂带两掌左右弧形下采到腰侧前方，掌心向下；眼看前方。（图 3-454）

图 3-454

3.右脚向左收回，两脚距离与肩同宽，两腿渐渐起立，两膝微屈，成开立步；同时两掌分别自左右下抄经腹前上抄交叉合抱（掤）于胸前，掌心均向内，成十字手，两臂撑圆，腕与肩平；眼看前方。（图 3-455）

图 3-455

要点：

"手走弧形臂要旋"。两掌分开划立圆时以肘为圆心，分架、采、抄、掤四个阶段。

第八十八式　合太极

1.两腿微微蹬起，两掌内旋（翻掌）前伸，左右分开，与肩同宽，掌心向下，意贯指梢；眼视前方。（图 3-456）

图 3-456

2.两腿继续微微蹬起；同时沉肩坠肘，带动两掌坐腕外旋下采至胸前，顺势内旋下采至胯侧前，掌心向下（稍偏里），掌指向前，意贯掌根；眼视前方。（图 3-457 和 3-458）

图 3-457　　　　　　　　图 3-458

3.神贯于顶，劲领全身，身体自然直立，两臂自然下垂，两肘微屈，腋下留有一拳空隙，五指自然松垂，意贯指尖；合太极为收势，由动变静，徐徐收敛心意气息，恢复至预备势时自然站立的无极状态。眼神也自然收敛，向前平视。（图 3-459）

图 3-459

要点：整套拳练结束，收势回到起势的位置。太极拳是人体周身的整体运动，气贯全身，节节贯穿，内劲连绵，气血畅通；收势时切不可断劲，"不可草草了事"，做到善始善终。两手下落时，气要徐徐下沉，呼气稍延长。呼则吐肺腑之浊，吸则吞天地之清。

收势后可以附加如下动作：

（1）两臂内旋慢慢向两侧平举，手心向下，继而两臂外旋使手心向上，两掌随屈臂向上、向里、向下划立圆经面前相合，掌心斜相对，如捋胡须，劲贯掌外侧（小指一侧）；然后慢慢落于胯侧前。眼视前方。（两手相合动作，意把天地之气通过百会穴、劳宫穴、涌泉穴，收纳丹田，称之为"三吸"。此动作可以重复二次或三次，图 3-460 至图 3-463）

图 3-460

图 3-461

图 3-462　　　　　　图 3-463

（2）两臂内旋慢慢向两侧平举，手心向下；继而两臂外旋使手心向前，胸前环抱，掌指微屈，自然伸开，掌心向内，掌指相对，相距约 10cm，如抱球状，意念平静，意贯指梢；然后两掌稍里收，内旋翻掌合于胸前，掌心斜相对，如捋胡须，劲贯掌外侧（小指一侧）；顺势慢慢落于胯侧前，两臂自然下垂。眼视前方。（图 3-464 至 图 3-468）

图 3-464　　　　　　图 3-465

图 3-466　　　　　图 3-467　　　　　图 3-468

结语：收式至关重要。从文化角度看，收式为练功者与上下四方（六合）之气相合；从功法角度看，收式为四肢百骸、精气心神的一次整体放松调养；从练功要点看，收式需练功者用心体会眉心舒展、息至涌泉、神意恬淡的练功要诀和境界。

第四章 传统杨式太极剑

第一节 传统杨式太极剑简介

这套传统杨式太极剑全套动作布局巧妙，连接顺畅，极具技击性、观赏性，充分体现了传统太极剑动作以意导气、以气运身、以身运剑、端正自然、端庄典雅、神态安舒、行云流水、舒展大方、旋转松活、轻灵沉稳、柔中寓刚、连贯圆活、连绵不断、虚实分明、上下相随、内外相合、动中求静、内容丰富、方法多变的风格特点。

以身运剑，犹如手臂的延长，传统杨式太极剑以传统杨式太极拳为基础，太极拳的身体姿势、运动方法均适用于剑术。"三寸为剑"，意念放在剑尖下三寸处。以腰指挥剑尖，剑尖绕腰转动。练剑要有开合，合到中点刺（剑从中心发劲，不能抢胳膊），意贯剑尖，眼随剑尖。运剑时臂要短，腕要活。做到"意到、气到、剑到"，以意为首，意领神聚，形成整劲。根据传统杨式太极拳"两膊相系""两臂似一臂""内气线路"等拳理，剑指具有重要意义：虚手运劲实手，增强运剑内劲；气血贯注指梢，协助身体平衡；劲贯剑指指梢，直接出手进攻等。剑指方向一般与剑尖方向一致。

一、手型（剑指）

食指与中指伸直并拢，其余三指屈于手心，拇指压在无名指与小指第一指节上。

二、剑的规格

剑，由剑身、剑格、剑柄、剑首等部分构成。剑身又分剑尖、剑刃和剑脊（图4-1）。剑的长度，以直臂反手持剑的姿势为准，剑尖不低于本人耳上端。剑应钢制，并带剑穗。

剑尖　　剑刃　　剑脊　　　　　剑格　剑柄　剑首

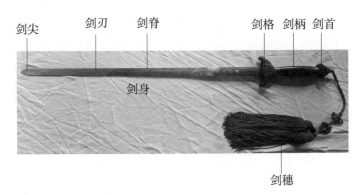

剑身

剑穗

图 4-1

三、剑的握法

握剑的方法分为持剑和握剑两种：

（1）持剑：掌心贴近剑格，食指伸直按于剑柄，拇指为一侧，其余三指为另一侧，直腕，手指扣握剑柄，剑脊贴近前臂。

（2）握剑：拇指为一侧，其余四指为另一侧，握拢剑柄，虎口靠近剑格，并须与剑刃相对。运动时，五指松握剑柄，手心要松空，使剑在手中灵活运转。

四、眼法

定势时，眼看前方或看剑指或剑；换势运转时，精神贯注，势动神随，神态自然。

五、主要剑法

（一）点剑

立剑自上而下，提腕，使剑尖向前下点，臂自然伸直，力达剑尖。

（二）崩剑

立剑自下而上，沉腕，使剑尖向前上崩，发力于腕，力达剑尖。

（三）劈剑

立剑由上向下劈，力达剑身，臂剑成一直线；抡剑沿身体左（右）侧绕一立圆。

（四）刺剑

立剑或平剑向前直出为刺，力达剑尖。臂剑成一直线；上刺剑，剑尖高与头平；平刺剑，剑尖高与胸平；下刺剑，剑尖高与膝平；低刺剑，剑尖高与踝平。臂内旋，手心向外，经肩上侧向前上方或下方立剑刺出为探刺剑。

（五）撩剑

立剑由下向上方撩，力达剑刃前部。正撩剑前臂外旋，手心朝上，贴身弧形撩出；反撩剑前臂内旋，其余与正撩要求相同。

（六）拦剑

平剑由下斜向前上方为拦，右拦剑前臂内旋，手心斜向下，贴身体左侧弧形拦出，剑尖斜向左；左拦剑前臂外旋，手心斜向上，贴身体右侧弧形拦出，剑尖斜向右，腕高不过头，低不过胸。

（七）抹剑

平剑向左（右）弧形抽回为抹，腕与胸（腹）平，力达剑刃。

（八）绞剑

平剑，自胸前使剑尖由右向左（逆时针方向）划小立圆绕环，手心向上，以腕关节为轴，力达剑身前部。

（九）架剑

立剑，横向上为架，剑高过头，力达剑身中部。

（十）带剑

平剑，由前向左（右）侧后回抽为带，力达剑身。

（十一）斩剑

平剑，向右或向左横出为斩，高度在头与肩之间，力达剑身中部。

（十二）扫剑

平剑，手心向上，由右向左下方弧形横扫，力达剑身。

（十三）提剑

立剑，由下向右上方弧形提起，剑柄高不过头，低不过肩。

（十四）压剑

平剑，手心向下，由上向下平压，低不过踝。剑尖向前（或斜向前）略低于腕，力达剑身中部。

（十五）截剑

平剑或立剑，前臂内旋或外旋，剑身斜向下截出，力达剑身。

（十六）托剑

立剑，剑身横置，由下向上为托，腕与头平，力达剑身。

（十七）云剑

平剑，以腕关节为轴，在头前上方向左（右）绕环一周为云剑，力达剑身前部。

（十八）削剑

平剑，自左下方向右上方斜出为削，手心斜向上，剑尖略高于头，力达剑身前部。

（十九）挂剑

立剑，剑尖自前向下，经同侧或异侧贴身立圆挂出，力达剑身前部。

（二十）推剑

剑身竖直，剑尖向上，由后向前推出，力达剑身中部。

第二节　传统杨式太极剑动作名称

预备势

第一式	起势	第二式	三环套月
第三式	大魁星	第四式	燕子抄水
第五式	左右拦扫	第六式	小魁星
第七式	燕子入巢	第八式	虎抱头
第九式	灵猫扑鼠	第十式	凤凰抬头
第十一式	黄峰入洞	第十二式	凤凰右展翅
第十三式	小魁星	第十四式	凤凰左展翅
第十五式	等鱼势	第十六式	左右龙行势
第十七式	怀中抱月	第十八式	宿鸟投林
第十九式	乌龙摆尾	第二十式	青龙出水
第二十一式	风卷荷叶	第二十二式	狮子摇头
第二十三式	虎抱头	第二十四式	野马跳涧
第二十五式	勒马势	第二十六式	指南针
第二十七式	迎风掸尘	第二十八式	顺水推舟
第二十九式	流星赶月	第三十式	天马飞瀑
第三十一式	挑帘势	第三十二式	车轮剑
第三十三式	大鹏展翅	第三十四式	海底捞月
第三十五式	怀中抱月	第三十六式	哪吒探海
第三十七式	犀牛望月	第三十八式	射雁势
第三十九式	青龙探爪	第四十式	凤凰双展翅
第四十一式	左右跨拦	第四十二式	射雁势
第四十三式	白猿献果	第四十四式	左右落花
第四十五式	玉女穿梭	第四十六式	猛虎搅尾
第四十七式	虎抱头	第四十八式	鱼跳龙门
第四十九式	乌龙绞柱	第五十式	白蛇吐信
第五十一式	朝天一炷香	第五十二式	风扫梅花
第五十三式	抱笏势	第五十四式	收势

第三节　传统杨式太极剑动作图解

预备势

1.两脚并拢，脚尖向前，身体自然站立，两臂自然垂于身体两侧；左手持剑，手心向前，剑身竖直贴靠左臂内侧，剑尖向上，成抱剑势；右手成剑指贴靠右腿外侧，手心向里，剑指向下；两肘微屈，眼向前平视。（图4-2）

图4-2

2.重心在右腿，左脚轻轻提起向左开步，前脚掌先着地，慢慢全脚掌踏实，与肩同宽，脚尖向前，重心在两腿中间，成开立步；眼向前平视。（图4-3）

图4-3

第一式　起势

1.两手慢慢向前平举，高与腰平；剑尖向后，手心皆向上；眼看前方。此式如太极拳之起势。（图 4-4）

图 4-4

2.两手向下、向体两侧立圆划弧（以肘关节为圆心，前臂做立圆旋转），使右手手心向前，剑指向上；左手手心向前，剑尖向左下；眼看前方。（图 4-5 和图 4-6）

图 4-5　　　　　　　　图 4-6

3.两手向前、向体两侧下落，左手背剑，剑尖向上；右手剑指向下；眼看前方。（图 4-7）

图 4-7

要点：

（1）两手向两侧立圆绕行。

（2）剑身竖直与身体平行。

第二式　三环套月

1.腰胯左转，右脚尖内扣，重心在右腿，左脚向左前方迈步，脚跟先着地；同时左手持剑由下向左、向上、向右划弧于胸前，手心向下，剑身贴于左臂，剑尖向左；右手剑指外旋收由右腹前，手心向上，两手心相对，随即内旋向右前上划弧摆举，腕与肩平，剑指向上，手心向前。眼看剑指方向。（图 4-8 和图 4-9）

图 4-8　　　　　　　　　图 4-9

2.腰胯继续左转，撑左腿，蹬右腿，成左弓步；同时左手持剑经膝前向左划弧搂至左胯旁，臂微屈，手心向后，剑尖向上；右手剑指，屈肘经耳旁向前指出，指尖向上，腕同肩高。眼随体转平视前方。此式如太极拳之搂膝拗步。（图4-10和图4-10附图）

图4-10　　　　　　　　　　　图4-10附图

3.腰胯稍左转，左脚外展，重心在左脚，右脚向前上步，前脚掌着地，成右虚步；同时左手持剑自左髋侧向前上方伸出，腕与肩平，手心向下，剑尖向左后；右手剑指从右臂下收于腹前，手心向上；眼随体转平视前方。此式如太极拳之上步七星。（图4-11）

图4-11

4.重心在左腿，右脚向前移半步，脚跟着地；同时两手下落髋两侧，左手持剑，掌心斜向下，剑身贴于左臂，剑尖斜向上；右剑指斜向下，手心斜向前；眼平视前方。（图4-12）

图 4-12

5.腰胯左转，右脚踏实，重心右移，左脚向前上步，成左弓步；同时两手经两侧胯旁向体前摆举相合，左手在外，高与胸齐，手心向外，剑身贴靠左前臂，剑尖斜向后，右手虎口对剑柄准备接剑。眼看前方。（图 4-13）

图 4-13

要点：立身中正，松肩垂肘，两臂撑圆，剑身紧贴左臂。此式如太极拳之双峰贯耳。

第三式　大魁星

1.腰胯右转，重心在左腿，右脚向左脚跟步，前脚掌着地，两腿屈膝半蹲，与肩同宽；同时右手接握剑柄，向右后下方反手撩剑；左手剑指附于右臂内侧，手心斜向下。眼看剑尖方向。（图 4-14）

图 4-14

2.右脚内扣，重心右移，右脚踏实；同时右臂外旋，剑尖上挑，腕与髋平，使剑尖向上；眼视剑身方向。（图 4-15）

图 4-15

3.腰胯左转，重心在右腿，右腿自然直立，左腿屈膝提起，脚尖自然下垂，同时右手握剑上举经头前上方反手向前刺出，剑尖稍低于剑把；左手剑指向前指出，腕同肩高，手心向前，指尖向上；眼看前方。（图 4-16）

图 3-16

要点：

（1）身躯端引法：百会领起，头顶引领，以头领身，劲领全身，神贯于顶，精神自然提起。此式如太极拳之金鸡独立。

（2）右腿支撑稳固，左腿屈膝提起高于腰；两臂撑圆，左肘与左膝相对。

第四式　燕子抄水

1.右腿屈膝半蹲，腰胯右转，左脚落至右脚内侧，脚尖点地成丁步；同时右手握剑向右点击，腕同胸高；左手剑指经体前向右划弧附于右腕内侧。随即左脚提起贴靠右脚踝内侧；右手握剑，虎口向上，沉腕崩剑，使剑尖向前上崩挑，腕与腰平；左手剑指仍附于右腕。眼看剑尖方向。（图 4-17 和图 4-18）

图 4-17

图 4-18

要点: 点剑、崩剑时力发于腕，立剑力达剑锋。

2. 右腿屈膝全蹲，左脚向左后方落步成左仆步；上体稍左转；同时左手剑指内旋经左肋前向后反插至左腿外侧，手心向上；右手握剑沉腕下落至右膝前上方，手心向上。眼神看左前方。（图 4-19）

图 4-19

3. 腰胯左转，重心左移，右脚尖内扣，撑左腿，蹬右腿，成左弓步；同时右手握剑向左平扫，腕同肩高，手心向上，剑尖向左前上；左手剑指随体转向左上方划弧，置于左额上方，手心斜向上，剑指向右。眼看扫剑方向。（图 4-20）

图 4-20

要点: 立身中正，松肩垂肘，两臂撑圆。此式如太极拳之玉女穿梭。

第五式 左右拦扫

（一）右拦扫

1.腰胯稍左转，左脚尖外展，重心左移，右脚向右前方迈步，脚跟先着地；同时右手握剑，向左上经面前划立圆绕剑于左腰侧，剑尖向上；左手剑指仍附于右腕内侧。眼随体转向前平视。（图4-21和图4-22）

图 4-21　　　　　　　　　　　图 4-22

2.腰胯右转，重心右移，撑右腿，蹬左腿，成右弓步；同时右手握剑由左向前平扫，手心向下，剑尖向左前（东北），腕与腰平；左手剑指仍附于右腕内侧。眼随体转向前平视。（图4-23）

图 4-23

要点： 扫剑力达剑刃。此式如太极拳之玉女穿梭。

（二）左拦扫

1.腰胯右转，右脚尖外展，重心在右腿，左脚向左前方迈步，脚跟先着地；同时右手握剑，俯手使剑尖向右平圆划弧，继而臂外旋横剑于体前，手心向上，剑尖向右后；左手剑指附于右腕部；眼神随剑。（图 4-24 和图 4-25）

图 4-24　　　　　　　　图 4-25

3.腰胯左转，重心左移，右脚尖内扣，成左弓步；同时右手握剑，由右向左平扫，手心向上，剑尖向右前（东南），腕与腰平；左手剑指附于右腕内侧；眼神随剑。（图 4-26）

图 4-26

要点：扫剑力达剑刃。此式如太极拳之玉女穿梭。

第六式　小魁星

1.腰胯稍左转，左脚尖外展，重心左移，右脚向右前方迈步，脚跟先着地；同时右手握剑，向左上经面前划立圆绕剑于左腰侧，剑尖向上；左手剑指仍附于右腕内侧。眼随体转向前平视。（图 4-27 和图 4-28）

图 4-27　　　　　　　　　　图 4-28

2.腰胯右转,右脚尖外展,右脚踏实,重心右移,左脚向前上一步,脚尖点地,成左虚步;同时随着腰胯右转,右手握剑,自左髋侧向右前上方立圆撩剑,手心向外,腕与头平,剑尖向前下方;左手剑指从右腕向前指出,剑指向上,腕与肩平;眼看前方。(图 4-29)

图 4-29

要点: 立剑刃自左向右前上方立圆撩剑,力达剑身前段。

第七式　燕子入巢

1.以右脚跟为轴,腰胯向左后转,左腿屈膝提起,然后向前迈步,脚跟先着地;同时两手向左右平展,置于体两侧,即右手握剑,手心向下,剑尖向前下方;左手剑指向前,两臂撑圆。眼看前方。(图 4-30)

图 4-30

要点： 右脚尖内扣要借腰胯向左后转的惯性拧转，转体时左膝要提住，重心才能保持平稳；右腿先屈膝，左脚再迈步；立身中正，松肩沉肘。

2.撑左腿，蹬右腿，成左弓步；同时两手自体两侧经腹前向前合抱，左手在外，左大拇指与右大拇指并列贴靠（以下简称"捧剑"），向前下方刺出，手心斜向上，腕同腰高；眼看剑尖方向。（面向西北方向，图 4-31）

图 4-31

要点： 立身中正，两臂撑圆，剑尖在身体中心线；弓步与刺剑动作协调一致。此式如太极拳之指裆捶。

第八式　虎抱头

重心前移，左腿自然直立，身体保持中正，右腿屈膝提起，右脚收至裆前，脚尖上翘内扣，成左独立式；同时两手捧剑，剑尖上挑，屈肘收于腹前，剑尖向前上；眼看剑尖方向。（面向西北方向，图 4-32）

图 4-32

要点：右脚自后向右、向前划弧收于裆前；右膝与右肘相对。

第九式　灵猫扑鼠

1. 身体保持中正，保持左独立式，右脚以脚跟向前蹬出，两手仍捧剑，屈肘收于腹前，剑尖上挑；随即右脚向前落步，脚跟着地。眼看剑尖方向。（图 4-33）

图 4-33

2. 重心右移，右脚踏实，蹬左腿，撑右腿，成右弓步；同时两手捧剑向前下方刺出，眼看剑尖方向。（图 4-34 和图 4-35）

图 4-34　　　　　　　　图 4-35

3.重心前移，左脚跟掀起，右脚蹬地，左脚提起向前跳步；同时，两手捧剑自下而上弧形收于胸前，剑尖斜向上；眼看前方。（图 4-36）

图 4-36

4.左脚向前跳步落地，重心左移，随即右脚向前上步，脚跟先着地；同时两手捧剑落于腹前，剑尖斜向上；眼看前方。（图 4-37）

图 4-37

5.重心右移，右脚踏实，蹬左腿，撑右腿，成右弓步；同时右手握剑经腰部向前下方刺出；左手剑指经左向上、向前划弧，臂呈弧形举于左额上方，手心斜向上；眼看剑前方。（图4-38）

图4-38

要点： 右脚用力蹬地，腾空轻灵，提膝过腰，上体稍前倾；两手捧剑使剑尖弧形回收以立圆完成；弓步、下刺、剑指上举协调一致；刺剑时劲达剑尖。右手之剑刺出后，又略收回向前一点。此之谓蜻蜓点水。此式如太极拳之闪通背。

第十式　凤凰抬头

1.腰胯右转，重心左移，左腿屈膝半蹲，成左坐步；同时右手握剑收至右胯旁，剑尖向前；左手剑指，屈肘摆于胸前，手心向前，剑指向右。眼看剑尖方向。（图4-39和图4-39附图）

图4-39　　　　　　图4-39附图

2.腰胯左转，重心前移，成右弓步；同时右手握剑，经腰间向前上方刺出；左手剑指屈臂收于腹前，手心向上，剑指向右。眼看剑尖方向。（图4-40）

图 4-40

要点：

（1）根据"内不动，外不动"原则：抽胯坐步时内气自上而下沿人体背后的玉枕关、夹脊关、尾闾关沉落时，带动上体缓缓竖直称之为"三关一竖"。"三关一竖"气沉脚底。

（2）弓步刺出时内气自下而上沿人体背后的尾闾关、夹脊关、玉枕关向前上方升腾，带动上体缓缓前俯时称之为"三关一长"，"三关一长"气向上顶。刺出时臂与剑身成一直线，力达剑尖。

第十一式　黄峰入洞

1.腰胯左转，右脚内扣，重心左移，撑左腿，蹬右腿，成左侧弓步；同时右手握剑，随体转向左平带剑，手心向上，腕同肩平，剑尖向右；左手剑指落于左腹前；眼看剑尖方向。（图 4-41）

图 4-41

2.腰胯右转，重心右移，左脚提起向左前迈出，脚跟着地；同时右手握剑，随体转右臂内旋，剑身横于体前与胸平，剑尖向左；左手剑指收于在右肩前，手心向下，剑指向右。眼看剑尖方向。（图 4-42）

图 4-42

3.腰胯向左后转，重心在右腿，左脚尖外展；同时左手剑指向左平展，腕与肩平；右手握剑横于体前，剑尖向左前；眼随体转向前平视。（图 4-43）

图 4-43

4.重心左移，右脚向右前方迈出，脚跟着地；同时随体转，右手握剑，平剑横于体前，剑尖向左；左手剑指向左划弧平展后附于右腕部。眼看剑尖方向。（图 4-44）

图 4-44

5.腰胯右转，右脚踏实，蹬左腿，撑右腿，成右弓步；同时右手握剑，向右前方平带剑，腕同肩高，剑尖低于腕，手心向下；左手剑指附于右腕内侧，手心向外，眼看剑尖方向。（图4-45和图4-45附图）

图 4-45　　　　　　　　　　　图 4-45 附图

6.腰胯左转，右脚内扣，重心在右腿，左脚提起向前迈步，脚跟先着地；同时随体转，两手向体两侧下落，即右手握剑，手心向下，剑尖向前下；左手剑指向前，手心向下；眼向前平视。（图4-46）

图 4-46

要点：右脚尖内扣要借腰胯左转的惯性拧转，转体时左膝要提住，重心才能保持平稳；右腿先屈膝，左脚再迈步；立身中正，松肩沉肘。

7.重心前移，左脚踏实，腰胯稍左转，蹬右腿，撑左腿，成左弓步；同时两手捧剑向前下方刺出；腕同腰高。眼看剑尖方向。（面向西北方向，图4-47）

图 4-47

要点: 立身中正，松肩坠肘，两臂撑圆，上下相随。此式如太极拳之指裆捶。

第十二式　凤凰右展翅

1.腰胯右转，左脚内扣，重心在左腿，右脚向右前方迈出，脚跟着地；同时随体转右手握剑，右臂内旋，转腕手心向内，使剑身立刃贴身向下劈压，向右而上经面前向左绕剑于左腰前，使剑尖绕一立圆，手心向内，剑尖向左；左手剑指附于右腕。眼随体转向前平视。（图 4-48）

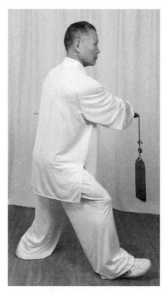

图 4-48

2.腰胯继续右转，重心右移，左脚尖内扣，右脚踏实，左腿蹬，右腿撑，成右弓步；同时右手握剑随转体向右上方斜削，腕与肩平，手心向上；左手剑指向左平撑，腕与肩平，手心向外；眼看剑尖方向。（图 4-49）

图 4-49

要点：

以腰胯右转带动左脚尖内扣、右脚迈出、绕剑和削剑；削剑动作劲贯剑身前段，剑与右臂成直线，右臂与右腿上下相对。此式如太极拳之斜飞势。

第十三式　小魁星

1. 腰胯左转，重心左移，右脚提起稍内移，脚跟着地；同时右手握剑左带，经面前向左下绕剑于左腰侧，剑尖向上，手心向内；左手剑指仍附于右腕内侧。眼随体转向前平视。（图 4-50 和图 4-51）

图 4-50　　　　　　图 4-51

2. 腰胯右转，右脚尖外展踏实，重心右移，左脚向前迈步，前脚掌着地，成左虚步；同时右手握剑，自左髋侧向右前上方立圆撩剑，手心向外，腕与头平，剑尖向左下方；眼看剑尖方向。（图 4-52）

图 4-52

要点： 立圆撩剑力达剑身前段，剑身低于剑把。

第十四式　凤凰左展翅

1.腰胯左转，右脚尖内扣，左脚向左前迈步，脚跟先着地；同时右手握剑下落，腕与肩平，手心向下，剑尖向左；左手剑指，随体转臂外旋，落于体前，手心向内，剑指向右；眼向前平视。（图 4-53 和图 4-53 附图）

图 4-53

图 4-53 附图

要点： 右脚尖内扣要借腰胯左转的惯性拧转，转体时左膝要提住，重心才能保持平稳；右腿先屈膝，左脚再迈步；立身中正，松肩沉肘。

2.身体继续左转，重心左移，撑左腿，蹬右腿，成左弓步；同时右手握剑微下落，腕与胸平，手心向下，剑尖向左；左手剑指随转体向左掤出，腕同肩高，手心斜向上，剑指向右；眼向前平视。（图 4-54 和图 4-54 附图）

图 4-54　　　　　　　　图 4-54 附图

要点： 左手臂向左上方掤出时以腰带臂，中正安舒，松肩沉肘，两臂撑圆。

第十五式　等鱼势

1. 腰胯左转，左脚尖内扣，右脚跟提起；同时右手握剑，臂外旋，立剑刃向左下方划弧挂剑；左手剑指附于右腕；眼看剑尖方向。（图 4-55）

图 4-55

2. 腰胯稍右转，右脚向前上步，脚尖点地，成右虚步；同时右手握剑，右前臂外旋，立剑刃经面前向体前反截剑，手心向右，腕与腰平，剑尖向前；左手剑指仍附于右腕；眼看剑尖方向。（图 4-56）

图 4-56

要点：反腕立剑截剑，剑身斜向下截出，力达剑身。

第十六式　左右龙行势

（一）右龙行势

1.腰胯右转，重心在左腿，右脚向右前方上步，脚跟先着地；同时右手握剑内旋，由前向右后回抽抹剑，腕与腰平，手心向下，剑尖向左前方；左手剑指仍附于右腕内侧。眼看剑尖方向。（图 4-57）

图 4-57

2.腰胯稍右转，右脚踏实，蹬左腿，撑右腿，成右弓步；同时右手握剑向左前引伸，腕与胸平，手心向下，剑尖向左前；左手剑指仍附于右腕内侧。眼看剑尖方向。（图 4-58）

图 4-58

要点：此式又称"拨草寻蛇"。①平剑弧形回抽抹剑，剑尖控制在身体中心线附近；平剑向前引伸，剑尖微高，剑尖控制在身体中心线附近。②带剑、迈步、平刺都以腰胯为主宰，即以腰带臂、以腰带脚，剑绕腰转。

（二）左龙行势

1. 腰胯右转，右脚尖外展，重心右移，右手握剑由前向右后回抽抹剑，腕与腰平，剑尖向左前方，手心向下；左手剑指仍附于右腕内侧。眼看剑尖方向。（图 4-59）

图 4-59

2. 腰胯左转，重心在右腿，左脚向左前方上步，脚跟先着地；同时右手握剑，前臂外旋，由前向左后回抽抹剑，腕与腰平，剑尖向右前方，手心向上；左手剑指仍附于右腕内侧。眼看剑尖方向。（图 4-60）

图 4-60

3.腰胯稍左转，左脚踏实，蹬右腿，撑左腿，成左弓步；同时右手握剑向右前引伸，腕与胸平，手心向上，剑尖向右前；左手剑指仍附于右腕内侧。眼看剑尖方向。（图 4-61）

图 4-61

要点：①平剑弧形回抽抹剑，剑尖控制在身体中心线附近；平剑向前引伸，剑尖微高，剑尖控制在身体中心线附近。②带剑、迈步、平刺都以腰胯为主宰，即以腰带臂、以腰带脚，剑绕腰转。

（三）右龙行势

1.腰胯左转，左脚尖外展，重心左移，右手握剑由前向左后回抽抹剑，腕与腰平，剑尖向右前方，手心向上；左手剑指仍附于右腕内侧。眼看剑尖方向。（图 4-62）

图 4-62

2.腰胯右转，重心在左腿，右脚向右前方上步，脚跟先着地；同时右手握剑内旋，由前向右后回抽抹剑，腕与腰平，剑尖向左前方，手心向下；左手剑指仍附于右腕内侧。眼看剑尖方向。（图 4-63）

图 4-63

3.腰胯稍右转，右脚踏实，蹬左腿，撑右腿，成右弓步；同时右手握剑向左前引伸，腕与胸平，手心向下，剑尖向左前；左手剑指仍附于右腕内侧。眼看剑尖方向。（图 4-64）

图 4-64

要点：①平剑弧形回抽抹剑，剑尖控制在身体中心线附近；平剑向前引伸，剑尖微高，剑尖控制在身体中心线附近。②带剑、迈步、平刺都以腰胯为主宰，即以腰带臂、以腰带脚，剑绕腰转。

第十七式　怀中抱月

1.腰胯左转，重心右移，左脚向左后方后撤步，前脚掌着地；同时随体转右手握剑向前引伸，腕与肩平，剑尖向前；左手剑指随体转向左划弧平撑，手与肩平，剑指向前，手心向外；眼视剑尖方向。（图 4-65）

图 4-65

2.腰胯在转，重心左移，左脚踏实，然后腰胯稍右转，右脚提起回收，前脚掌着地，成右虚步；同时右手握剑，前臂外旋，向左后下方带剑至腹前，剑尖向前上方；左手剑指向上划弧经胸前置于右腕，手心向下，剑指向右。眼看剑尖方向。（图 4-66）

图 4-66

第十八式 宿鸟投林

右脚向前上一小步，重心右移，腰胯稍右转，右腿自然直立，左腿屈膝提起成右独立式；同时右手握剑向前上方刺出，腕与肩平，手心斜向上，剑尖高于头平；左手剑指附于右腕。眼看剑尖方向。（图 4-67）

图 4-67

要点：右腿支撑稳固，左腿提膝过腰，提膝与刺剑协调一致，劲贯剑尖。

第十九式 乌龙摆尾

1.左脚向左后落步，腰胯向左后转，左脚踏实，重心左移；同时随体转右手握剑向左平带，手心向上，剑尖向前，腕与肩平；左手剑指下落于左腰旁，手心向上；眼看剑尖方向。（图 4-68 和图 4-69）

图 4-68　　　　　　　　　　　　图 4-69

2.腰胯右转，重心在左腿，右脚提起向前移步，前脚掌着地，成右虚步；同时右手握剑，随体转臂内旋向左带剑，随即向右下方截剑，剑尖向左前下，腕于腹平；左手剑指向左而上举至左额上方，手心向外；眼看前方。（图 4-70 和图 4-71）

图 4-70　　　　　　　　　　　图 4-71

要点： 右手握剑剑身斜向下截剑，劲贯剑身前段。

第二十式　青龙出水

1.腰胯稍右转，右脚提起在左脚内侧落步，重心右移，左脚向左前迈出，脚跟先着地；同时右手握剑外旋使手心向上，剑尖向左前下；左手剑指落于腹前，手心向下，剑指向右上；眼向前平视。（图 4-72）

图 4-72

2.腰胯稍左转，重心左移，撑左腿，蹬右腿，成左弓步；同时右手握剑经腰部向前上方刺出，腕与肩高，手心向上；左手剑指经左向上划弧，举于左额上方；眼看剑尖方向。（面向正东，图 4-73）

图 4-73

要点： 剑刺出时，右臂、右腿与剑成一直线，劲贯剑尖。

第二十一式　风卷荷叶

1.腰胯右转，左脚内扣，重心在左腿，右脚向右前方迈出，脚跟着地；同时随体转右手握剑，右臂内旋，转腕手心向内，使剑身立刃贴身向下劈压，向右而上经面前向左绕剑于左腰前，使剑尖绕一立圆，手心向内，剑尖向左上；左手剑指附于右腕。眼随体转向前平视。（图 4-74）

图 4-74

2.腰胯继续右转，重心右移，右脚踏实，左腿蹬，右腿撑，成右弓步；同时右手握剑，随体转臂内旋向左带剑（使剑尖向左），随即由左向前平扫，手心向下，剑尖向左，腕与腰平；左手剑指仍附于右腕内侧。眼随体转向前平视。（面向正东，图 4-75）

图 4-75

要点：以腰胯的转动带脚、带剑，重心平稳；扫剑力达剑刃。

第二十二式　狮子摇头

（一）右狮子摇头

1.腰胯右转，重心右移，左脚向左后方后退步，前脚掌着地；同时右手握剑内旋立剑刃经面前向右后立剑环绕，腕与腰平，手心向外，剑尖向右后；左手剑指附于右腕。眼随转体向前平视。（图 4-76）

图 4-76

2.腰胯左转，成左坐步，胸腹中心线对向前方；同时右手握剑从右腰侧向体前上方撩剑，腕与肩平，手心向右，剑尖向前；左手剑指仍附于右腕。眼随转体向前平视。(图4-77)

图 4-77

要点: 以腰的转动带动剑的撩出，力达剑身前段，剑身在身体中心线。

(二) 左狮子摇头

1.腰胯左转，重心在左腿，右脚向右后方后退步，前脚掌着地；同时右手握剑立剑刃经面前向左后立剑环绕，腕与腰平，手心向内，剑尖向左后；左手剑指仍附于右腕。眼随转体视剑尖方向。(图 4-78)

图 4-78

3.腰胯右转，重心右移，右脚踏实，左脚跟为轴转正，成右坐步；同时右手握剑从左腰侧向体前上方撩剑，腕与头平，手心向右，剑尖向前；左手剑指仍附于右腕。眼随转体向前平视。（图 4-79）

图 4-79

要点：以腰的转动带动剑的撩出，力达剑身前段，剑身在身体中心线。

（三）右狮子摇头

1.腰胯右转，重心右移，左脚向左后方后退步，前脚掌着地；同时右手握剑内旋立剑刃经面前向右后立剑环绕，腕与腰平，手心向外，剑尖向右后；左手剑指附于右腕。眼随转体向前平视。（图 4-80）

图 4-80

2.腰胯左转，重心左移，左脚踏实，右脚跟为轴转正，成左坐步；同时右手握剑从右腰侧向体前上方撩剑，腕与肩平，手心向右，剑尖向前；左手剑指仍附于右腕。眼随转体向前平视。（图 4-81）

图 4-81

要点：以腰的转动带动剑的撩出，力达剑身前段，剑身在身体中心线。此式如太极拳之倒撵猴。

第二十三式 虎抱头

1.腰胯左转，重心在左腿，右脚向右后方后退步，前脚掌着地；同时右手握剑立剑刃经面前向左后立剑环绕，腕与腰平，手心向内，剑尖向左后；左手剑指仍附于右腕。眼随转体视剑尖方向。（图 4-82）

图 4-82

2.腰胯右转，重心右移，右脚踏实，左脚跟微提起；同时随体转右手握剑内旋，向右平抹，腕与肩平，手心向下，剑尖向右前；左手剑指向左侧平撑，与肩平，手心向外，剑指向前。眼随转体向前平视。（图 4-83）

图 4-83

3.腰胯左转，重心在右脚，左脚向前迈出，脚跟先着地，左脚尖外展；随即重心左移，右脚向前迈出，前脚掌着地，成右虚步；同时两手自体两侧经腹前向前合抱捧剑，右手握剑平剑向体前平扫，腕与腰平，剑尖向前上；左手变掌托于右手下；眼看剑尖方向。（面向正西，图 4-84 和图 4-85）

图 4-84

图 4-85

4. 重心在左腿，左腿自然直立，右腿屈膝提起，右脚收至裆前，脚尖上翘内扣，成左独立式；同时两手捧剑收于腹前，剑尖在身体中线，剑尖向前；眼看剑尖方向。（图4-86）

图 4-86

要点： 立身中正，两臂撑圆，剑尖在身体中心线。

第二十四式 野马跳涧

1. 身体保持中正，保持左独立式，右脚以脚跟向前蹬出，两手仍捧剑，屈肘收于腹前，剑尖上挑；随即右脚向前落步，脚跟先着地。眼看剑尖方向。（图4-87）

图 4-87

2. 重心右移，右脚踏实，蹬左腿，撑右腿，成右弓步；同时两手捧剑向前下方刺出，眼看剑尖方向。（图4-88和图4-89）

图 4-88　　　　　　　　　　　　　图 4-89

3. 右脚蹬地向前跳步，左腿提膝前摆；同时两手捧剑抽回置于胸前；眼看前方。（图 4-90）

图 4-90

4. 左脚向前跳步落地，右脚提起向前迈步，脚跟先着地；同时两手捧剑置于腹前；眼看前方。（图 4-91）

图 4-91

5.重心右移，右脚踏实，蹬左腿，撑右腿，成右弓步；同时两手捧剑向前下刺出，腕与髋平；眼看前方。（图4-92）

图4-92

要点：右脚用力蹬地，腾空轻灵，提膝过腰，上体稍前倾；两手捧剑使剑尖弧形回收以立圆完成；弓步与两手捧剑下刺动作协调一致，劲达剑尖。右手之剑刺出后，又略收回向前一点。此之谓蜻蜓点水。

第二十五式　勒马势

1.腰胯左转，重心在右腿，右脚尖内扣；同时两手捧剑，随转体两臂旋转回抽至右肩前上方，掌心侧向下，剑身展平，剑尖向后；眼随体转向前平视。（图4-93）

图4-93

要点：由右向左转身时，以右脚跟转；松肩沉肘，两臂撑圆，转体带剑。

2.腰胯继续左转，重心在右腿，左脚向前上半步，脚跟先着地；同时两手捧剑向体前平举抽剑，剑尖向后；眼随体转向前平视。（图4-94）

图 4-94

3.腰胯稍左转，重心左移，左脚踏实，撑左腿，蹬右腿，成左弓步；同时两臂向前平展，两手捧剑，平剑、立圆向体前压剑，腕与胸平，剑尖向前；眼看剑尖前方。（图 4-95）

图 4-95

4.右脚稍后移，重心右移，左脚前脚掌着地，成左虚步；同时两手捧剑回抽腹前，剑尖向前；眼看前方。（图 4-96）

图 4-96

要点：两手捧剑抽剑、平举、压剑、回抽连贯圆活，划一个椭圆形。

第二十六式　指南针

左脚向前迈步，脚跟先着地，重心前移，右脚向左脚跟步，前脚掌先着地再踏实，成开立步，两脚与肩同宽；同时两手捧剑向前平刺，手心向上，剑尖向前；眼看前方。（图4-97）

图4-97

要点：刺剑时劲达剑尖；立身中正，松肩沉肘，两臂撑圆，两膝不可挺直。

第二十七式　迎风掸尘

（一）左迎风掸尘

1.腰胯右转，随转体右腕内旋，向右平带剑，腕与腰平，剑尖向左前；左剑指附于右腕；眼随体转向前平视。（图4-98）

图4-98

2.上体稍左转，左脚向左前上步，脚跟着地；同时右手握剑，俯手使剑尖向右平圆划弧，继而臂外旋横剑于体前，手心向上，剑尖向右后；左手剑指附于右腕部；眼神随剑。（图4-99）

图4-99

3.腰胯继续左转，重心左移，右脚尖内扣，成左弓步；同时右手握剑，由右向左前方平斩，手心向上，剑尖向前，腕与肩高；左手剑指附于右腕内侧；眼看前方。（图4-100）

图4-100

要点： 右手握剑外旋平摆斩剑是以腰的转动带动平斩，剑身、右臂、右腿在同一线上。

（二）右迎风掸尘

1.腰胯左转，左脚尖外展，重心左移，右脚向右前上步，脚跟先着地；同时右手握剑，随体转剑尖向左平圆划弧，横剑于胸前，手心向下，剑尖向左后；左手剑指附于右腕内侧；眼随体转向前平视。（图4-101）

图 4-101

2.腰胯右转，重心右移，左脚尖内扣，成右弓步；同时右手握剑，由左向右前方平斩，手心向下，剑尖向前，腕与肩高；左手剑指仍附于右腕内侧；眼随体转向前平视。（图 4-102）

图 4-102

要点: 右手握剑内旋平摆斩剑是以腰的转动带动平斩，剑身、右臂、右腿在同一线上。

（三）左迎风掸尘

1.腰胯右转，重心在右脚，左脚向左前上步，脚跟着地；同时右手握剑，俯手使剑尖向右平圆划弧，继而臂外旋横剑于体前，手心向上，剑尖向右后；左手剑指附于右腕部；眼神随剑。（图 4-103）

图 4-103

2.腰胯继续左转，重心左移，右脚尖内扣，成左弓步；同时右手握剑，由右向左前方平斩，手心向上，剑尖向前，腕与肩高；左手剑指附于右腕内侧；眼看前方。（图4-104）

图 4-104

要点：右手握剑外旋平摆斩剑是以腰的转动带动平斩，剑身、右臂、右腿在同一线上。

第二十八式　顺水推舟

1.腰胯右转，左脚内扣，重心在左腿，右脚向右前方迈出，脚跟着地；同时随体转右手握剑，右臂内旋，转腕手心向内，使剑身立刃贴身向下劈压，向右而上经面前向左绕剑于左腰前，使剑尖绕一立圆，手心向内，剑尖向左上；左手剑指仍附于右腕。眼随体转向前平视。（图4-105）

图 4-105

2.腰胯继续右转，重心右移，右脚踏实，左腿蹬，右腿撑，成右弓步；同时随体转，右手握剑经腹前向右前下反手撩出，腕与胯平；随即前臂外旋沉腕，剑尖上挑立剑于右侧，腕与腰平，剑尖向上；左手剑指仍附于右腕。眼神随剑。（图 4-106 和图 4-107）

图 4-106

图 4-107

3.腰胯左转，重心左右腿，右脚内扣，左脚提起向前迈出，撑左腿，蹬右腿，成左弓步；同时右手握剑经面前弧形向体前反手下刺，腕与头平，剑尖向左前下；左手剑指附于右腕；眼随转体向前平视。（图 4-108）

图 4-108

要点：两肩松沉，两臂撑圆，立身中正，松腰松髋。此式如太极拳之闪通背。

第二十九式　流星赶月

腰胯右转，重心在左腿，右脚向前迈步，撑右腿，蹬左腿，成右弓步；同时右手握剑经上向前劈出，剑、臂平直，腕与肩平，剑尖向前；同时左手剑指平撑于左后侧，腕与肩平，手心向外，剑指向右；眼看前方。（图 4-109）

图 4-109

要点：右手握剑先沉右肘再立剑由上向下劈击，劲贯剑身。

第三十式　天马飞瀑

1.腰胯左转，左脚尖外展，右脚尖内扣，重心左移；同时右手握剑，随体转向体前平带剑，手心向上，腕同肩平，剑尖向右；左手剑指落于左髋侧，掌心向上，剑指向前；

眼随体转向前平视。（图4-110）

图4-110

2.腰胯右转，重心在左腿，右脚提起向前盖步，两腿交叉屈膝全蹲成歇步；同时右手握剑，内旋翻转手心向下，平剑身向体前下压剑，腕与腹平，剑尖向左前；左手剑指附于右腕；眼视剑尖方向。（图4-111）

图4-111

3.腰胯稍右转，身体起立，右腿坐实，左脚向前迈步，脚跟先着地，成左虚步；同时两手经前向体两侧下方弧形分开：右手握剑向右下反手撩剑，腕与胯平，手心向后，剑尖向下；左手剑指平撑于体侧，高与胯平，手心斜向下，剑指向前；眼视撩剑方向。（图4-112）

图 4-112

4.腰胯左转，重心在右腿，左脚提起脚跟落地，成垫步；同时两手由后而上弧形上举，右臂外旋，腕与头高，手心向左，剑尖向后；左手剑指平撑于体左侧，高与肩平，手心向左，剑指向前；眼随体转向前平视。（图 4-113）

图 4-113

5.腰胯左转，左脚尖外展，重心左移，左腿坐实，右脚向前上步，前脚掌着地，成右虚步；同时右手握剑向前下点剑，腕与腹高；左手剑指向前附于右腕内侧；眼看剑尖方向。（图 4-114）

图 4-114

要点: 点剑与虚步协调; 沉肩垂肘, 两臂撑圆, 劲贯剑身。

第三十一式 挑帘势

1.腰胯右转, 左脚尖内扣, 重心在右脚, 右脚向前迈步, 脚跟着地; 同时右手握剑, 向左上经面前划立圆绕剑于腹前, 腕与腹平, 剑尖向左, 手心向内; 左手剑指仍附于右腕内侧; 眼随体转向前平视。(图 4-115 和图 4-116)

图 4-115

图 4-116

2.腰胯向右后转, 右脚尖外展, 脚掌踏实, 右腿自然伸直, 左腿屈膝提起, 脚尖下垂, 成右独立步; 同时右手握剑, 剑柄领先向右上方提起, 剑尖向前, 手心向外, 腕高于头; 左手剑指附于右腕; 眼随体转向前平视。(图 4-117 和图 4-118)

图 4-117　　　　　　　　图 4-118

要点：立剑、贴身、立圆划弧，力达剑身前段；提膝与架剑协调一致。

第三十二式　车轮剑

（一）左车轮剑

1.左脚向左摆步，重心左移，右脚跟提起，身体左后转；同时右手握剑，向左下方挂剑；左手剑指仍附于右前臂内侧；眼看左侧。（图 4-119）

图 4-119

要点：立剑贴身环绕挂剑，连贯圆活。

2.上体稍右转，右脚向前上步，重心右移，成右弓步；同时右手握剑，经上向前劈剑，腕与肩高；左手剑指向左后平撑，腕与肩平，手心向后，剑指向前；眼看前方。（图 4-120）

图 4-120

（二）右车轮剑

1.重心左移，右脚回撤半步，脚跟着地，成右虚步；同时右手握剑沉腕立剑刃回抽于腹前，手心向左，剑尖向前上方；剑指向下附于右腕；眼看剑尖方向。（图 4-121）

图 4-121

2.重心右移，腰胯右转，右脚尖外摆，右脚踏实，右腿屈膝半蹲，左腿自然伸直，脚跟提起，成交叉步；右手握剑向右后下方反手撩剑；左手剑指置于右腹前，手心向下，剑指向右。眼看剑尖方向。（图 4-122）

图 4-122

3.腰胯左转，左脚向前上步，脚跟先着地；同时右手握剑，外旋举于头右侧上方，手心向左，剑尖向后；左手剑指，外旋置于左腰侧，剑指向前，手心向下；眼随转体向前平视。（图4-123）

图4-123

4.腰胯稍左转，左脚尖稍外展，重心左移，右脚向前上步，前脚掌着地，成右虚步；同时右手握剑，经上向前下方抢劈，腕同腹平；左手剑指由左向上经面前落于右腕；眼看前下方。（图4-124）

图4-124

要点：撩剑立圆，贴身撩出，劲贯剑刃前段；以腰带臂，向前下方劈剑，剑与右臂成一直线。

第三十三式　大鹏展翅

1.腰胯右转，左脚内扣，重心在左腿，右脚向右前方迈出，脚跟着地；同时随体转右手握剑，使剑身立刃贴身向下劈压，向右而上经面前向左绕剑于左腰前，使剑尖绕一

立圆，手心向内，剑尖向左；左手剑仍附于右腕。眼随体转向前平视。（图 4-125）

图 4-125

2.腰胯继续右转，重心右移，右脚踏实，左腿蹬，右腿撑，成右弓步；同时右手握剑外旋，经腹前向右前向右上方削剑，腕与肩平，手心向上。左手剑仍指附于右腕内侧；眼看剑尖方向。（面向东北，图 4-126）

图 4-126

3.腰胯左转；同时随体转左手剑指经下颌前向体左前展臂前指，手心向左，剑指向上；眼看剑指方向。（图 4-127）

图 4-127

要点：

（1）以腰胯右转带动左脚尖内扣、右脚迈出、绕剑和削剑；削剑动作右臂、肘、腕要先屈后展，劲贯剑尖。

（2）两臂保持弧形；剑身、右臂、右腿在同一线上。

第三十四式　海底捞月

1.上体稍右转，右脚稍内扣；同时右手握剑内旋沉腕，使剑尖上挑，腕与腹平，剑尖向上；左手剑指向右划弧经面前落于体前，手心斜向下，剑指斜向上；眼视剑身方向。（图 4-128 和图 4-128 附图）

图 4-128

图 4-128 附图

2.腰胯左转，重心右移，左脚向前移步，脚跟先落地；随即腰胯继续左转，重心左移，左脚踏实，右脚向前上步，重心右移，成右弓步；同时右手握剑经下向前立剑撩出，腕与肩平，手心向上，剑尖向前；左手剑指经面前向左后划弧，腕与肩平，手心向外，剑指向前；眼看撩剑方向。（面向正西，图 4-129 和图 4-130）

图 4-129　　　　　　　　　　　图 4-130

要点: 撩剑立圆,贴身撩出,劲贯剑刃前段;弓步、撩剑、剑指动作协调一致。

第三十五式　怀中抱月

1.腰胯稍左转,重心在右腿,左脚向左后方后撤半步,前脚掌着地;同时右手握剑向前引剑,腕与肩平;左手剑指向左后平撑,腕与肩平,手心向外,剑指向前。眼视剑尖方向。(图 4-131)

图 4-131

2.腰胯右转,重心左移,左脚踏实,右脚提起后移,前脚掌着地,成右虚步;同时右手握剑,向左带剑至腹前,剑尖向前上方;左手剑指向上划弧经面前置于右腕。眼看剑尖方向。(图 4-132)

图 4-132

第三十六式　哪吒探海

腰胯稍右转，右脚向前垫步，脚跟着地；随即重心右移，右脚踏实，右腿自然站立，左腿屈膝提起，成右独立式；同时右手握剑向前下方刺出，腕与腹平，手心斜向上；左手剑指举于左额上方，剑指向右；眼看前下方。（图 4-133 和图 4-134）

图 4-133

图 4-134

要点：右腿支撑稳固，左腿提膝过腰；右手握剑下刺与左手剑指上举对拉拔长，力达剑尖。

第三十七式　犀牛望月

1.腰胯左后转，右脚内扣，重心在右腿，左脚向前迈步，脚跟先着地；同时右前臂外旋，右手握剑向上提起，剑尖向后，手心斜向上；左手剑指向下经腹前向左上划弧。

眼随体转向前平视。（图 4-135）

图 4-135

2.腰胯左转，重心左移，左脚踏实，撑左腿，蹬右腿，成左弓步；同时右手握剑，随体转向左上方带剑，手心向里，腕同头平，剑尖向右；左手剑指附于右腕；眼看剑尖方向。（图 4-136）

图 4-136

要点：

（1）右脚尖内扣要借腰胯左转的惯性拧转，转体时左膝要提住，重心才能保持平稳；右腿先屈膝，左脚再迈步；立身中正，松肩沉肘。

（2）弓步与两手带剑动作要协调一致；身体中正，松肩沉肘，两臂撑圆。此式如太极拳之打虎势。

第三十八式　射雁势

1.腰胯左转，重心在左脚，右脚向左脚跟步，前脚掌着地；同时右手握剑向前下点剑，腕与腹平；左手剑指附于右腕；眼视剑尖方向。（图4-137）

图4-137

2.腰胯右转，右脚跟内扣踏实，左脚向前上步，前脚掌着地，成左虚步；同时右手握剑抽至右胯旁，剑尖向左前下，与膝同高；左手剑指向前指出；眼看前方。（面向东南，图4-138）

图4-138

要点: 右手握剑提腕点剑，劲贯剑尖，上下动作相随，协调一致。

第三十九式　青龙探爪

1.左脚后撤半步，重心仍在右脚；同时右手握剑向右展举，手心向下，剑尖向前；左手剑指向左展举，手心向下，剑指向前；眼看前方。（图4-139）

图4-139

2.重心左移，右脚收提至左脚内侧（脚不着地）；同时两手收至腹前捧剑，剑尖向前；随即右脚向右开步，两腿屈膝半蹲，成马步；同时两手一起向前刺出，腕与肩平；眼看前方。（图4-140）

图4-140

要点：立身中正，两臂撑圆，劲贯剑尖。

第四十式　凤凰双展翅

1.腰向右转；同时两手捧剑，随转体右腕内旋、左腕外旋使剑翻转180°，剑尖仍向

前；眼看前方。（图 4-141）

图 4-141

2.重心左移，右脚收至左脚内侧，脚尖自然下垂；同时右手握剑，随转体右腕外旋向左前下方截剑，剑尖斜向前，手心斜向上；左手剑指附于右肩前，手心斜向下；眼看左前方。（图 4-142）

图 4-142

3.腰胯右转，开胯旋腿，右膝如扇面打开，右脚向右前方（西北方向）迈步，脚尖向前，脚跟先着地；同时两手随体转"合再合"，两腕上下相对置于胸腹中线前，成剪掌。右手持剑稍左引伸时掌心向左偏下，否则，下个动作无臂可旋；左手剑指手心向右偏下；眼看前方。（图 4-143）

图 4-143

4.腰胯右转，撑右腿，蹬左腿，成右弓步；同时右手握剑，自腹前向右前方削剑，手心向上，剑身平直；左手剑指向左展举，手心向下；眼看前方。（面向西北，图 4-144）

图 4-144

要点: 剑身、右臂、右腿在同一线上。此式如太极拳之野马分鬃。

第四十一式　左右跨拦

（一）左跨拦

1.腰胯左转，重心左移，右脚提起向左脚前盖步，脚跟先着地，脚尖外展，两腿交叉；同时右臂内旋，右手握剑，向前伸送后自右向左弧形抹带，腕与肩平，手心向下；左手剑指附于右腕。眼看剑尖方向。（图 4-145）

图 4-145

2.腰胯右转，重心右移，右脚踏实，左脚向左迈步，脚跟先着地；同时右手握剑，以腕关节为轴在面前使剑尖自前向左、向后、向右划弧云剑，剑身平举，腕与头高，手心向内，剑尖向右；左手剑指仍附于右腕；眼随体转平视。（图 4-146 和图 4-147）

图 4-146

图 4-147

3.腰胯左转，重心左移，左脚踏实，撑左腿，蹬右腿，成左弓步；同时右手握剑，随体转经面前向左前拦架，剑身平举，腕与头平，手心向内，剑尖向右；左手剑指仍附于右腕；眼随体转平视剑身方向。（面向西南，图 4-148）

图 4-148

要点：盖步时剑身与右脚上下相对；云剑时仰头以腕关节为轴，使剑平圆旋绕一周；拦架时右手在身体左侧，剑身与眉平。

目前，左跨拦有上述自右向左弧形抹剑和向左下方刺出两种练法。即右脚盖步的同时，右手握剑内旋剑尖自右而上经面前平剑身向左下方刺出，腕与腹平，手心向下，剑尖向左下，左手剑指附于右腕；然后接顺时针方向云剑。

（二）右跨拦

1.腰胯右转，重心右移，右腿屈膝半蹲，左脚尖翘起成左虚步；同时右手握剑平剑身向左平展，腕与胸高，手心向上，剑尖向左前；左手剑指附于右腕；眼看剑尖方向。（图 4-149）

图 4-149

2.腰胯右转，重心在右腿，左脚提起向右脚前盖步，脚跟先落地，脚尖外展，两腿

交叉；同时随体转，右手握剑内旋翻转手心向下，剑尖向左，腕与胸平；左手剑指仍附于右腕；眼看剑尖方向。（图4-150）

图 4-150

3.腰胯右转，重心左移，左脚踏实，右脚提起向前（西北方向）迈步，右腿撑，左腿蹬，成右弓步；同时右手握剑，随转体经面前向右侧架剑，腕与头平，剑身平举，手心向外，剑尖向左；左手剑指仍附于右腕；眼随体转视剑身前方。（面向西北，图4-151）

图 4-151

要点：拦架时右手在身体右侧，剑身与眉平。此式如太极拳之打虎势。

第四十二式 射雁势

1.腰胯右转，重心左移，右脚收至左脚内侧，前脚掌着地，成右虚步；同时右手握剑，随转体向前下方点剑，腕与腹平，手心向左；左手剑指附于右腕；眼看剑尖方向。（图4-152）

图 4-152

2.腰胯右转，右脚跟内扣踏实，左脚向前上步，前脚掌着地，成左虚步；同时右手握剑抽至右胯旁，剑尖向左前下，与膝同高；左手剑指向前指出；眼看前方。（面向西北，图 4-153 和图 4-153 附图）

图 4-153　　　　　　　　　图 4-153 附图

要点：右手握剑提腕点剑，劲贯剑尖，上下动作相随，协调一致。

第四十三式　白猿献果

左脚向左移步，随即重心左移，右脚向前上步，前脚掌着地，成右虚步；同时右手握剑弧形由右向体前摆举，左手与右手相合捧剑，腕与胸高，手心相对，剑身平直，剑尖向前；眼看前方。（面向正西，图 4-154）

图 4-154

要点: 立身中正, 两臂撑圆, 剑在身体中心线。

第四十四式　左右落花

(一) 右落花

1.腰胯左转; 同时右手握剑, 随转体向左带剑, 剑尖向前上方, 手心向上, 腕与腰平; 左手剑指仍附于右腕。眼随转体视剑尖方向。(图 4-155)

图 4-155

2.腰胯继续左转, 重心在左腿, 右脚向右后方后退步, 前脚掌着地; 同时右手握剑, 随转体左平扫剑, 手心向上, 继而臂内旋, 平剑横摆于右腰侧, 手心向下, 剑尖向左后方; 左手剑指仍附于右腕。眼随转体视剑尖方向。(图 4-156)

图 4-156

3.腰胯右转，重心右移，右脚踏实，左脚掌为轴转正，成左虚步；同时右手握剑内旋由体前向右后带剑，腕与腰平，手心向下，剑尖向左前方；左手剑指仍附于右腕。眼随转体向前平视。（图 4-157）

图 4-157

要点: 以身带臂，以臂带剑，身械合一。

（二）左落花

1.腰胯稍右转，重心在右脚，左脚向左后方后退步，前脚掌着地；同时右手握剑外旋收于右腰侧，手心向上，剑尖向前；左手剑指向前展，手心侧向前，剑指向右。眼随转体向前平视。（图 4-158）

图 4-158

2.腰胯左转，重心在右脚，同时右手握剑随体转向前刺出，手心向上，剑尖向前；左手剑指经下向左后方平展；腕与胸高，手心向外，剑指向前；继而重心左移，右脚前脚掌着地，成右虚步；同时右手握剑自前向左平带剑，置于腹前，手心向上，剑尖向前上方；左手剑指自左而上经面前附于右腕。眼随转体向前平视。（图 4-159 和图 4-160）

图 4-158

图 4-160

要点：以身带臂，以臂带剑，身械合一。

（三）右落花

1.腰胯左转，重心在左腿，右脚向右后方后退步，前脚掌着地；同时右手握剑，随转体左平扫剑，手心向上，继而臂内旋，平剑横摆于右腰侧，手心向下，剑尖向左后方；左手剑指仍附于右腕。眼随转体视剑尖方向。（图 4-161）

图 4-161

3.腰胯右转，重心右移，右脚踏实，左脚掌为轴转正，成左虚步；同时右手握剑由体前向右带剑，腕与腰平，手心向下，剑尖向左前方；左手剑指仍附于右腕。眼随转体向前平视。（图 4-162）

图 4-162

要点：以身带臂，以臂带剑，身械合一。

（四）左落花

1.腰胯稍右转，重心在右脚，左脚向左后方后退步，前脚掌着地；同时右手握剑外旋收于右腰侧，手心向上，剑尖向前；左手剑指向前展，手心侧向前，剑指向右。眼随转体向前平视。（图 4-163）

图 4-163

2.腰胯左转，重心在右脚，同时右手握剑随体转向前刺出，手心向上，剑尖向前；左手剑指经下向左后方平展；腕与胸高，手心向外，剑指向前；继而重心左移，右脚前脚掌着地，成右虚步；同时自前向左平带剑，置于腹前，手心向上，剑尖向前上方；左手剑指仍附于右腕。眼随转体向前平视。（图 4-164 和图 4-165）

图 4-164　　　　　　　　　　　　图 4-165

要点： 以身带臂，以臂带剑，身械合一；刺剑、扫剑要连贯圆活。

（五）右落花

1.腰胯左转，重心在左腿，右脚向右后方后退步，前脚掌着地；同时右手握剑，随转体左平扫剑，手心向上，继而臂内旋，平剑横摆于右腰侧，手心向下，剑尖向左后方；左手剑指仍附于右腕。眼随转体视剑尖方向。（图 4-166）

图 4-166

4.腰胯右转，重心右移，右脚踏实，左脚掌为轴转正，成左虚步；同时右手握剑由体前向右带剑，腕与腰平，手心向下，剑尖向左前方；左手剑指仍附于右腕。眼随转体向前平视。（图 4-167）

图 4-167

要点: 五个扫剑动作: 高度由高到低，幅度由小到大。

第四十五式　玉女穿梭

1.腰胯左转，右脚尖内扣 45°，左脚向前迈步，脚跟先着地；同时右手握剑，臂外旋置于右腰侧，手心向上，剑尖向前；左手剑指向前下划弧，与腹平，手心向下，剑指向右；眼随体转向前平视。（图 4-168）

图 4-168

2.腰胯稍左转，撑左腿，蹬右腿，成左弓步；同时右手握剑向前下方刺出；左手剑指经下向左上方划弧，举于左额上方，手心向外；眼看前方。（面向正南）此式如太极拳之玉女穿梭。（图 4-169）

图 4-169

第四十六式　猛虎揽尾

1.腰胯右转，左脚内扣，重心在左腿，右脚向右前方迈出，脚跟着地；同时随体转右手握剑，右臂内旋，转腕手心向内，使剑身立刃贴身向下劈压，向右而上经面前向左绕剑于左腰前，使剑尖绕一立圆，手心向内，剑尖向左上；左手剑指经面前下落附于右腕。眼随体转向前平视。（图 4-170）

图 4-170

2.腰胯继续右转，重心右移，右脚踏实，左腿蹬，右腿撑，成右弓步；同时随体转，右手握剑经腹前向右前下反手撩出，腕与胯平；随即前臂外旋沉腕，剑尖上挑立剑于右侧，腕与腰平，剑尖向上；左手剑指仍附于右腕。眼神随剑。（图 4-171 和图 4-172）

图 4-171

图 4-172

3.腰胯左转，成右侧弓步；右手握剑，沉肩坠肘坐腕，立剑于体右侧，腕与腹平，手心向左，剑尖向上；左手剑指经胸前向体前展臂指出，腕与肩平，手心向前，剑指向上；眼向前平视。（图 4-173）

图 4-173

要点：

以腰胯右转带动左脚尖内扣、右脚迈出、绕剑和撩剑。

第四十七式　虎抱头

左脚向前移步，重心左移，左腿自然直立，右腿屈膝提起，右脚收至裆前，脚尖上翘内扣，成左独立式；同时两手自体两侧经腹前向前合抱捧剑，右手握剑平剑向体前平扫，腕与腰平，剑尖上挑，剑尖向前上；左手变掌托于右手下，掌心向上，掌指向右；眼看剑尖方向。（面向正西，图 4-174）

图 4-174

要点：左腿支撑稳固，右脚自后向右、向前划弧收于裆前，右腿提膝过腰，右膝与右肘相对。

第四十八式　鱼跳龙门

1. 身体保持中正，保持左独立式，右脚以脚跟向前蹬出，两手仍捧剑，屈肘收于腹前，剑尖上挑；随即右脚向前落步，脚跟先着地。眼看剑尖方向。（图 4-175）

图 4-175

2.重心右移，右脚踏实，蹬左腿，撑右腿，成右弓步；同时两手捧剑向前下方刺出；眼看剑尖方向。（图4-176）

图4-176

3.右脚蹬地向前跳步，左腿提膝前摆；同时两手捧剑自下而上屈肘弧形抽回置于胸前；眼看前方。（图4-177）

图4-177

4.左脚向前跳步落地，右脚提起向前迈步，脚跟先着地；同时两手捧剑置于腹前，剑尖斜向上；眼看前方。（图4-178）

图4-178

5.重心右移，右脚踏实，蹬左腿，撑右腿，成右弓步；同时两手捧剑向前下方刺出，腕与髋平。眼看前方。（图 4-179）

图 4-179

要点：

（1）右脚用力蹬地，左腿提膝过腰，腾空轻灵，上体稍前倾。

（2）左腿屈膝上提与两手捧剑上抬协调一致；捧剑弧形抽回动作要以立圆完成。

（3）右手之剑刺出后，又略收回向前一点。此之谓蜻蜓点水。

第四十九式　乌龙绞柱

1.腰胯左转，重心左移，身体直起，右脚提起向前垫步，脚跟着地；同时右手握剑，随体转右臂外旋向上、向左经面前划立圆绕剑于左腰侧，手心向内，剑尖斜向上；左手剑指附于右腕；眼随体转向前平视。（图 4-180）

图 4-180

2.腰胯右转，右脚尖外展、踏实，重心右移，左脚跟提起；同时随转体右手握剑，自左向下、向前上方立圆撩剑，腕与头平，手心向外，剑尖向前下；左手剑指仍附于右腕；眼随体转看剑尖方向。（图 4-181）

图 4-181

3.腰胯继续右转，左脚向前迈步，脚跟着地；同时右手握剑，向右后侧提腕点剑，腕与腰平；左手剑指仍附于右腕；眼看剑尖方向。（图 4-182）

图 4-182

要点：

（1）立剑由前向上、向左、向下、向前贴身立圆划弧一圈，以身带剑，连贯圆活。

（2）点剑与左脚上步动作协调一致。

第五十式　白蛇吐信

1.腰胯左转，左脚提起向前垫步，脚跟着地；同时右手握剑屈肘外旋，使剑尖向前下，手心向上，腕与髋平；左手剑指随体转置于体前，剑指向右，手心向前；眼随体转向前平视。（图 4-183）

图 4–183

2.腰胯左转，左脚外展踏实，重心左移；随即右脚向前上步，成右弓步；同时右手握剑，向前上方刺出；左手剑指经左向上划弧，举于左额上方；眼看剑尖方向。（图 4–184）

图 4–184

要点：剑臂一线，劲贯剑尖。此式如太极拳之闪通背。

第五十一式　朝天一炷香

1.身体向左后转，右脚尖内扣，重心在右腿，左脚向前迈步，脚跟先着地；同时随体转，右手握剑内旋平举，手心向前，剑尖向后；左手剑指，经面前向下、向左划弧，手心向右，剑指向前；眼看剑指方向。（图 4–185）

图 4-185

2. 腰胯稍左转，左脚踏实，撑左腿，蹬右腿，成左弓步；同时随体转，右手握剑经面前立圆划弧立剑，剑尖向上，腕与腹平；左手剑指经面前立圆划弧附于右腕；眼看剑刃方向。（图 4-186）

图 4-186

要点： 两手由平圆向立圆划弧于体前，立身中正，两臂撑圆。

第五十二式　风扫梅花

1. 腰胯右转，左脚尖内扣，重心在左腿；同时右手握剑内旋，使剑身横置于腰侧，剑尖向左后方，手心向下；左手剑指附于右腕，手心向下；眼随体转向前平视。（图 4-187）

图 4-187

2.腰胯继续右转，重心在左腿，右脚摆步；重心右移，左脚扣步；右手握剑保持横剑，随体转向右平抹；左手剑指仍附于右腕；眼随体转向前平视。（图 4-188 和图 4-189）

图 4-188

图 4-189

3.以左脚跟为轴，身体向右后转，面向正南，右脚收提至左脚内侧（脚不落地）；同时右手握剑，随体转使剑由左、向前、向右抹剑至右胯旁，剑尖向前；左手剑指向左划弧至左胯旁，手心向下；眼随体转向前平视。（图 4-190）

图 4-190

4.左脚踏实，右脚经左脚内侧向前迈出，前脚掌着地，成右虚步；同时两手向体前合抱，右手握剑，向体前削剑，腕与腹平，剑尖斜向上；左手剑指变掌托于右手下，手心向上，手指向右；眼随体转向前平视。（图 4-191）

图 4-191

要点：

（1）摆步、扣步时右、左脚依次向右前方弧形上步，脚跟先着地再踏实，两腿屈膝，重心平稳，步幅均匀，步法流畅。

（2）变换虚实时，一脚踏实，另一脚即起，此伏彼起。

第五十三式　抱笏势

1.重心在左腿，右脚向前垫步，脚跟着地；同时两手捧剑向内弧形屈收于腹前，剑尖斜向上；眼随体转向前平视。（图 4-192）

图 4-192

2.重心右移，右脚踏实，左脚上步，两腿屈膝半蹲，成马步；同时两手体前捧剑向前上刺出，剑尖向前上，腕与胸平；眼看剑尖方向。（图 4-193）

图 4-193

要点：立身中正，两臂撑圆，松腰松髋。

第五十四式　收势

1.左手准备接剑：右手握剑内旋，剑尖向左后划弧，剑身平贴左臂；左手托剑，两手心相对；眼看前方。（图 4-194）

图 4-194

2.身体直起，左脚内收，脚尖向前，与肩同宽，成开立步，两腿微屈蹲；同时左手顺势抱剑，两臂经腹前向体两侧屈臂内旋翻转（以肘关节为圆心，前臂做立圆旋转），使右手手心向前，剑指向上；左手手心向前，剑尖向左下；眼看前方。（图 4-195 和图4-196）

图 4-195

图 4-196

3.两腿微伸展；同时两手向前、向体两侧下落，左手背剑，剑尖向上；右手剑指向下；眼看前方。（图 4-197）

图 4-197

4.左脚向右脚并步，身体自然站立，两臂垂于体侧，还原成预备姿势；眼向前平视。（图 4-198）

图 4-198

要点： 立身中正、虚领顶劲、气沉丹田、尾闾中正、含胸拔背。此式如太极拳之收势。

第五章　传统杨式太极枪

第一节　传统杨式太极枪简介

枪在古代称作矛，为刺兵器，杀伤力大，其长而锋利，使用灵便，取胜之法，精微独到，其他兵器难与匹敌，故称之为"百兵之王"或"兵器之王"。古代将士在战场多是以手持长枪勇猛杀敌而扬名。无论何种枪法，其共同特点是："画圆点星"，即拦、拿、扎。运用于实战之中，当对方用枪、剑、刀、棍等进攻我，我用枪做拦、拿动作将其拨开，随即枪扎反击。扎枪要求"三尖相对"即枪尖、鼻尖、脚尖方向一致；"四平"即头平、肩平、胯平、枪平。扎枪有上平、中平、下平之分，以中平为要法，故有"中平枪，枪中王"之说。注重直扎远取、拦拿封劈、中平为王的技法和其利在尖、贵在长及"一寸长一寸强"的优势。

传统杨式太极枪（又称十三枪）是太极拳类的枪术套路，其特点是：出枪扎一点，枪走一条线；把住松活圆，枪杆随身转。平刺心窝，下刺脚面，斜刺膀尖，上刺咽喉。全套动作内容丰富，动作简洁，枪法突出，注重实战，具有柔中寓刚、绵里藏针、连绵不断、行云流水、枪如游龙、人枪合一等特点。长枪或长杆就是手臂的延伸，发劲时以丹田为核心，一动全动，节节贯串，松活弹抖；力起于足，传于腰，达于枪（杆）梢。通过旋胯、拧腰，使力传递到背、肩、臂，力达枪（杆）梢，发劲完整。通过长期锻炼使整体混圆，既长内劲，又长臂力，对提高功力十分有效。太极枪的基本技法如下。

一、枪的握法

1. 正握：虎口朝枪头方位握枪。

2. 反握：虎口背向枪头或枪把握枪。

3. 滑握：握枪的手松握后沿枪杆滑动，以改变握枪的位置。

二、枪的基本技法

1. 拦枪：两手握枪（以左手在前为例，下同），左手外旋，右手内旋（向上翻腕），向左拧劲，使枪尖向左、向下弧形挥动（按逆时针方向绕一直径为30cm的半圆）；力点在枪梢前部。

2.拿枪：两手握枪，左手内旋，右手外旋（向下翻腕），向右拧劲，使枪尖向右、向下弧形挥动（按顺时针方向绕一直径为30cm的半圆）；力点在枪梢前部。

3.扎枪：两手握枪，左手松握，右手握把端，右臂由屈到伸，使枪向前平伸扎出，力达枪尖。

4.劈枪：两手握枪，使枪尖由上向前劈下，力达枪梢段。

5.崩枪：两手握枪，右手向后抽枪把，左手滑握枪身前段，左腕向下沉压，使枪尖上崩，力达枪尖，枪尖朝前上方。

6.扫枪：两手握枪，使枪接近地面向左（右）平行横摆，力达梢段。

7.压枪：两手握枪，使枪杆左（右）拧动平直向下沉劲，力达梢段。

8.盖把：两手握枪，一手反握枪把段，使其由上向下盖打，力达把端。

9.横把：两手握枪，一手反握枪把段，以把端向左（右）横击对方。

10.架枪：两手握枪，两臂由屈到伸，使枪向头上横架或斜架，力达枪身中部。

11.扑枪：两手握枪，使枪身整体由上向下挥落，接近地面。

12.拨枪：两手握枪，使枪头或把端在身体上方或下方横向用力拨动。

13.圈枪：两手握枪，使枪尖按一个圆形轨迹重复划圆运动。

14.缠枪：两手握枪，使枪尖动作划圆圈螺旋前进。

15.点枪：两手握枪，右手前上凸腕推枪把（手心朝上），同时左手向后滑握把端于右手前（手心朝下），使枪尖由上向下点击，力达枪尖。

16.戳把：两手握枪，一手反握枪把段，以把顶直击对方。

17.拉枪：右手握把端，左手滑握枪身，向后伸臂，使枪斜着收贴近身体。

18.挑枪：两手握枪，枪尖或枪把由下向上挑起，力达枪尖或把顶。

19.穿枪：一手反握枪缨处，使枪尖随转身由前经体侧向后扎出，另一手滑握枪身后段。

20.挂枪：枪梢（或把段）为力点，由前向上、向后或向下、向后挂防。

第二节　传统杨式太极枪动作名称

起势

第一式　　青龙出水连环枪

第二式　　右拦左截奔中堂

第三式　　狮子回头遮下方

第四式　　拨草寻蛇向上刺

第五式　　风扫荷花叶内藏

第三节　传统杨式太极枪动作图解

起势

1.右手持枪，并步站立，枪垂于身体右侧，枪把触地面，目视前方。（图5-1）

图5-1

要点： 精神集中，立身中正。

2.左脚向左轻轻开步，相距与肩同宽，脚尖向前，成开立步。（图5-2）

图 5-2

3.左臂外旋，从左侧向左慢慢平举，左肘微屈，沉肩垂肘，掌心向上；眼神关顾左掌。（图 5-3）

图 5-3

4.左手内旋以肘为轴慢慢由左向上、向前、向下划弧，按掌至左胯旁，掌心向下，掌指向前；同时两腿缓缓屈膝半蹲，随即左手抓握枪杆，置于右手上侧；眼向前平视。（图 5-4 和图 5-5）

图 5-4   图 5-5

5. 左手抓握枪杆，置于右手上侧。以左脚跟、右脚掌为轴腰胯左转；同时左手向左上方抽提枪身，右手滑握枪把端。目视前方。（图 5-6）

图 5-6

6. 右脚随即向左脚内侧并步；左手向下滑握枪把，右手向前下推枪把，使枪尖着地。随即左手松开成侧立掌，附于右腕内侧。目视枪尖。（图 5-7）

图 5-7

要点： 枪尖、脚尖、鼻尖相对。

7.腰胯左转，右脚内扣，重心在右脚，左脚轻轻提起向左跨一大步，左腿屈膝半蹲，右腿自然蹬直，成左侧弓步。同时左臂外旋，左手经体前下方向左上方，置于左额上方，掌心斜向上；右臂内旋，使手腕向前、向下绕一小环，反臂持枪。（图 5-8）

图 5-8

第一式　青龙出水连环枪

1.右手握枪把后端，用内劲将枪向上平举，同时右脚后收半脚。随即左脚向前上一步，左手由后向前接握枪把，身体右后转180°，重心后移，两腿屈膝半蹲成半马步，同时右手向后抽枪把至右腰侧后向上翻腕，使枪尖按逆时针方向绕一直径约为30cm的半圆，左手前滑至握枪身中段平托枪身，手臂外旋（此叫拦枪，以后重复的拦枪动作与此相同）。目视枪尖。（图 5-9 和图 5-10）

图 5-9　　　　　　　　　　　　　　图 5-10

2. 重心稍前移，仍然成蓄势半马步；右手握把向下翻腕收于右腰侧，左手握枪内旋，使枪尖按顺时针方向绕一直径约为 30cm 的半圆（此叫拿枪，以后重复的拿枪动作与此相同）。目视枪尖。（图 5-11）

图 5-11

3. 重心前移，上体左转，成左弓步。同时右手握把直臂前推，使枪向前平伸扎出，枪臂一线，力达枪尖（以后重复的弓步中平扎枪动作与此相同）。目视枪尖。（图 5-12）

图 5-12

4. 右脚从身后向左插步，两腿前后交叉。同时上体右转，右手向后抽枪把至右腰侧后向上翻腕，左手前滑至握枪身中段平托枪身，手臂外旋拦枪。目视枪尖。（图 5-13）

图 5-13

5. 左脚向左迈步，两腿屈膝成半马步，同时右手握把下翻收于右腰侧，左手握枪内旋拿枪。目视枪尖。（图 5-14）

图 5-14

6. 上体微左转，重心前移，成左弓步，同时右手握把向前扎枪，力达枪尖。目视枪尖。（面向正东，图 5-15）

图 5-15

要点：

1. 拦拿枪手、把、腰一体，借助腰胯之力使枪尖划弧；扎枪时收左胯，送右胯，两胯相合，腰腿蹬转合力，力由脊发，中平直线向前扎出，枪身与肩平，力达枪尖。连续做拦拿扎枪连贯流畅。

2.弓步屈蹲腿达水平，前腿膝部与脚背垂直，后脚内扣。

第二式　右拦左截奔中堂

1.右脚向右前方上步，右腿屈膝半蹲，左腿蹬直，成右弓步；同时上体稍左转，右手向右上抽提枪把，左手向左后下拉，并滑握于枪身前段，使枪尖后下拨。目随枪尖。（图5-16）

图 5-16

2.下肢不动。上体右转，同时右手向左前下推枪把，左手向右前下推枪身，并上滑握于枪身后段，使枪尖向前下拨动。目随枪尖。（面向东南，图5-17）

图 5-17

3.左脚从身前向右盖步，脚尖外撇，两腿交叉。同时右手内旋屈肘，向后抽提枪把；左手向上、向左绕动，并滑握于枪身前段，使枪尖向上、向左划弧，上体左转。目随枪尖。（图5-18）

图 5-18

4.右脚向前上一步，右腿屈膝半蹲，左腿蹬直，成右弓步；同时上体右转，右手向左前下推枪把，左手向右前下推枪身，并上滑握于枪身后段，使枪尖向前下拨动。目随枪尖。（面向东南，图5-19）

图 5-19

5.重心上升，右脚经左腿后向左插步，同时右手向右上抽提枪把，左手向左后下拉，并滑握于枪身前段，使枪尖后下拨，上体左转。目随枪尖。（图5-20）

图 5-20

6. 左脚向后退一步，右腿屈膝，左腿伸直，成右弓步。同时左手向上、向前绕动，并滑握于枪身后段，使枪尖由上向前劈下，枪尖与肩平；右手握枪把置于右腰侧。目视枪尖。（图 5-21）

图 5-21

7. 上体左转，同时右手直臂前推，使枪尖向前平伸扎出。目视枪尖。（图 5-22）

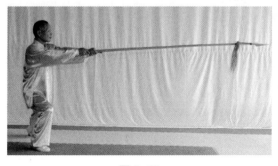

图 5-22

8. 右手向右后抽枪把，左手前滑握于枪身前段，左腕向下沉压，使枪尖上崩；同时左脚向前上一步，脚尖点地，成左虚步。目视枪尖。（图 5-23）

图 5-23

9. 两腿屈膝成马步，同时做拿枪动作。目视枪尖。（图 5-24）

图 5-24

10. 上体稍左转，重心前移成左弓步。同时右手握把向前扎枪，力达枪尖。目视枪尖。（面向正东，图 5-25）

图 5-25

第三式　狮子回头遮下方

右脚向前上一步，身体向左向后转 180°，使枪头向左平扫；随即右腿挺膝直立，左腿屈膝前提。同时右手随转体向右上抽提枪把至右肩前，左手从左膝外下滑握枪身前段，

向左下方拨摆。目随枪尖。(面向正西，图 5-26)

图 5-26

要点：上步转体协调自然，支撑稳固，提膝腿过腰贴于胸前；两手抽枪身，左手滑移向左下方拨摆后制动，使枪前段向左斜下方弹拨发力。

第四式　拨草寻蛇向上刺

1.左脚向左前方落步，上体稍向左前探倾，左腿屈膝半蹲，右腿蹬直，成左弓步。同时右手向左前方推枪把，左手向右前下推枪身，并上滑握于枪身后段，使枪尖向前下拨动。目随枪尖。(图 5-27)

图 5-27

2.右脚经左腿后向左插步，同时右手向右上抽枪把，左手向左后下拉，并下滑握于枪身前段，使枪尖后下拨。目随枪尖。(图 5-28)

图 5-28

3. 左脚向左前方上步，上体稍向左前探倾，左腿屈膝半蹲，右腿蹬直，成左弓步。同时右手向左前方推枪把，左手向右前下推枪身，并上滑握于枪身后段，使枪尖向前下拨动。目随枪尖。（图 5-29）

图 5-29

4. 右脚经左腿后向左插步，同时右手向右上抽枪把，左手向左后下拉，并下滑握于枪身前段，使枪尖后下拨。目随枪尖。（面向东西，图 5-30）

图 5-30

5.左脚向左前方跨一步，两腿屈膝半蹲。同时两手使枪尖由下向后、向上、向前、向下划圆。目随枪尖。（图5-31）

图5-31

6.右脚从身前向左盖步，脚尖外撇，两腿交叉。同时两手使枪尖由下向后、向上、向前、向下划圆。目随枪尖。（图5-32）

图5-32

7.左脚向前上一步，两腿屈膝半蹲。同时两手使枪尖由下向后、向上、向前、向下划圆；随即右手握把向下翻腕收于右腰侧，左手握枪内旋。目随枪尖。（图5-33和图5-34）

图5-33

图5-34

8.上体稍左转，弓左腿，蹬右腿，成左弓步。同时向前做扎枪动作。目视枪尖。（面向西北，图5-35）

图5-35

要点：右脚向左脚后插步，握枪滑杆，左手松活随腰引枪向左下方拨摆，插步、拨枪协调一致，力达枪身前段。

第五式　风扫荷花叶内藏

1.重心右移，右腿稍屈，左腿自然伸直；同时右手向右上方抽提枪把，左手下滑握于枪身前段，使枪尖斜向下。目视前方。（图5-36）

图5-36

2.两手握枪上举过头，左手先屈臂后直臂向左、向后、向右、向前绕环，使枪尖由下向左、向后、向右、向前绕行；右手由上向右、向前、向左收于左腋下，使枪把由上向右、向前、向左、向后绕行，重心左移；同时左脚稍前移，成左弓步。目随枪尖。（图

5-37 和图 5-38)

图 5-37   图 5-38

要点：两手握枪在头部上方使枪尖平云一周。以腰带枪身。

3. 右脚上步，重心右移，腰胯左转，左腿屈膝提起；同时右手滑握枪把由腋下经腹前提至右胸前；同时左手使枪尖在体前逆时针方向绕一小环。目随枪尖。（图 5-39）

图 5-39

4. 左脚向前落步，重心稍前移，两腿屈膝，同时右手握把下翻收于右腰侧，左手握枪内旋拿枪。目随枪尖。（图 5-40）

图 5-40

要点: 接上动作,划一个"8"字,体现出连绵不断、行云流水、枪如游龙的运动特点

5.上体左转,重心前移成左弓步,同时右手握把向前扎枪,力达枪尖。目视枪尖。(图 5-41)

图 5-41

第六式　玉女穿梭八方势

1.重心右移,右腿屈膝,成侧弓步,上体微右转,并向右侧倾倒。同时右手向右上方抽提枪把并于胸前上翻,左手下滑握于枪身前段,外旋拦枪,使枪尖向左划半弧。目随枪尖。(图 5-42)

图 5-42

2.右脚向前上一大步，成右弓步。同时左手先直臂后屈肘由前向上、向后拉至左胸前，右手先屈肘后直臂由下向前上推枪把，并向后滑握于枪身中段，使枪把向前上挑出，枪把略高于肩。随即，两手握枪，以把端由左向右横击，以腰带轴。目视枪把。（面向西南，图 5-43）

图 5-43

3.上体稍左转，左脚稍后移，两腿屈膝，右脚尖内扣，左脚尖向左，成半马步。同时右手滑握枪把后端，左手滑握枪身中段，并右手握把下翻收于右腰侧，左手握枪内旋拿枪。（图 5-44）

图 5-44

4. 上体微左转，重心前移成左弓步，同时右手握把向前扎枪，力达枪尖。目视枪尖。（面向东北，图 5-45）

图 5-45

5. 重心右移，右腿屈膝，成侧弓步，上体微右转，并向右侧倾倒。同时右手向右上方抽提枪把并于胸前上翻，左手下滑握于枪身前段，外旋拦枪，使枪尖向左划半弧。目随枪尖。（图 5-46）

图 5-46

6. 右脚向前上一大步，成右弓步。同时左手先直臂后屈肘由前向上、向后拉至左胸前，右手先屈肘后直臂由下向前上推枪把，并向后滑握于枪身中段，使枪把向前上挑出，枪把略高于肩。随即，两手握枪，以把端由左向右横击，以腰带轴。目视枪把。（面向东北，图 5-47）

图 5-47

7. 左脚向右脚跟步，前脚掌着地；同时右手向右上方抽提枪把，左手下滑握于枪身前段，使枪尖向下。目视前方。（图 5-48）

图 5-48

8. 以右脚脚跟为轴，身体向左后转身约 270°；随即左脚向左上一步，脚尖向左，两腿半屈膝，成半马步。同时右手握把下翻收于右腰侧，左手握枪内旋拿枪。（图 5-49）

图 5-49

9. 上体微左转，重心前移成左弓步，同时右手握把向前扎枪，力达枪尖。目视枪尖。（图 5-50）

图 5-50

10.重心右移，右腿屈膝，成侧弓步，上体微右转，并向右侧倾倒。同时右手向右上方抽提枪把并于胸前上翻，左手下滑握于枪身前段，外旋拦枪，使枪尖向左划半弧。目随枪尖。（图5-51）

图 5-51

11.右脚向前上一大步，成右弓步。同时左手先直臂后屈肘由前向上、向后拉至左胸前，右手先屈肘后直臂由下向前上推枪把，并向后滑握于枪身中段，使枪把向前上挑出，枪把略高于肩。随即，两手握枪，以把端由左向右横击，以腰带轴。目视枪把。（面向东南，图5-52）

图 5-52

12.上体稍左转，左脚稍后移，两腿屈膝，右脚尖内扣，左脚尖向左，成半马步。同时右手滑握枪把后端，左手滑握枪身中段，并右手握把下翻收于右腰侧，左手握枪内旋拿枪。（图5-53）

图 5-53

13.上体微左转，重心前移成左弓步，同时右手握把向前扎枪，力达枪尖。目视枪尖。（面向西北，图5-54）

图 5-54

第七式　枪法舞动车轮转

1.左腿蹬，右腿撑，成右侧弓步。同时上体右转，右手握把外翻上举过头，左手外旋滑握于枪身前段托枪。目随枪尖。（图5-55）

图 5-55

要点： 架枪与弓步完整一致，枪尖略低于把，随腰拧转托枪，力达枪身。

2. 左手先屈臂后伸臂由下向左、向后、向右、向前绕环，使枪尖由下向左、向后、向右、向前绕行；右手先伸臂后屈臂由上向右、向前、向左收于左腋下，使枪把由上向右、向前、向左、向后绕行，重心左移，成左弓步。目随枪尖。（图 5-56 和图 5-57）

图 5-56　　　　　　　　　　　图 5-57

要点： 舞花时以腰带枪身，腰先右拧再向左拧。

3. 右脚向前上一大步，成右弓步。同时左手屈肘由前向上、向后拉至胸前，右手由下向前推枪把，并向后滑握于枪身中段，使枪把向前戳出。目视枪把。（图 5-58）

图 5-58

要点： 力达枪把端。

4. 重心左移，身体起立，右手由前向下、向后绕环，并滑握枪身下 1/3 处，收于左腋下，使枪把由前向下、向后绕行；左手由左胸前向上、向前伸臂绕环，使枪尖由后向上、向前绕行。（图 5-59）

图 5-59

5.上动不停。左手向下、向右绕环，使枪尖向下、经右腿外侧、向后绕行，两臂体前交叉，左臂在上，枪尖向后。目随枪尖。（图 5-60）

图 5-60

6.上动不停。右手伸臂向上、向前绕环，使枪把由后向上、向前绕行；左手向下、向后收于右腋下，使枪尖由前向下、向后绕行。（图 5-61）

图 5-61

7.上动不停。右手直臂向上、向前绕环，使枪把由后向上、向前绕行；左手向下、向后收于右腋下，使枪尖由前向下、向后绕行。（图 5-62）

图 5-62

8.上动不停。上体左转，右手由前向下、向左后绕动，使枪把向下、经左腿外侧向后划半立圆，两臂交叉，右臂在上，左手仍在右腋下。（图 5-63）

图 5-63

9.上动不停。左手换把正握，右手向上、向前绕环，使枪把向上、向前划半立圆。目随枪尖。（图 5-64）

图 5-64

10.上动不停。左脚上前一步，上体右转，右脚尖自然外撇。同时左手向上、向前绕环，两手滑握于枪身中段，使枪尖向上、向前划半立圆；继而左手向下、向后绕环，使枪尖向下、经右腿外侧向后划半立圆，两臂体前交叉，左臂在上。目视枪尖。（图 5-65

和图 5-66）

图 5-65　　　　　　　　　　　　　图 5-66

11.上动不停。右手换把正握，左手向上、向前绕环，使枪尖向上、向前划半立圆。目随枪尖。（图 5-67）

图 5-67

12.上动不停。右脚上前一步，左脚尖自然外撇。同时右手伸臂向上、向前绕环，使枪把由后向上、向前绕行；左手向下、向后收于右腋下，使枪尖由前向下、向后绕行，上体随之左转。（图 5-68）

图 5-68

13.上动不停。上体左转，右手由前向下、向左后绕动，使枪把向下、经左腿外侧向后划半立圆，两臂交叉，右臂在上，左手仍在右腋下。（图5-69）

图5-69

14.上动不停。左手换把正握，右手向上、向前绕环，使枪把向上、向前划半立圆。目随枪尖。（图5-70）

图5-70

15.上动不停。腰胯右转，左脚上前一步，右脚尖自然外撇。同时左手向上、向前绕环，两手滑握于枪身中段，使枪尖向上、向前划半立圆；随即身体继续右转，右脚向左脚并步，左手向下、向后绕环，使枪尖向下、经右腿外侧向后划半立圆，两臂体前交叉，左臂在上。目视枪尖。（图5-71和图5-72）

图 5-71　　　　　　　　　　　　图 5-72

16. 上动不停。右手换把正握，左手向上、向前绕环，使枪尖向上、向前划半立圆。目随枪尖。（图 5-73）

图 5-73

17. 以左脚掌为轴，身体经右向后转身 180°，右脚向右侧跨一大步，左腿蹬，右腿撑，成右侧弓步。同时右手握把外翻上举过头，左手外旋滑握于枪身前段托枪。目随枪尖。（面向正东，图 5-74）

图 5-74

要点: 架枪与弓步完整一致,枪尖略低于把,随腰拧转托枪,力达枪身。

八、怪蟒回首奔喉上

1.右手向后抽枪把,左手滑握枪身中段,右脚跺地震脚,两腿屈膝成半马步,同时右手握把下翻收于右腰侧,左手握枪内旋拿枪。(5-75)

图 5-75

2.重心前移,上体微左转,成左弓步。同时右手握把向前扎枪,力达枪尖。目视枪尖。(图 5-76)

图 5-76

3.上动不停。左脚向左侧跨一步,右脚随即向左脚内侧落步,脚尖点地,成右丁步。同时左手伸臂向左平摆枪,使枪尖向左扫摆;右手置于左腋下。左手心向下,右手心向上。(面向正东,图 5-77 和图 5-78)

图 5-77

图 5-78

要点： 两手握枪，使枪向左平行横摆，力达梢段。

4.右脚向右侧跨一步，左脚随即向左前上步，两腿屈膝成半马步。同时右手向右后抽枪把并翻腕，右手握把上翻，左手握枪外旋拦枪。（图 5-79 和图 5-80 ）

图 5-79　　　　　　　　　　　　　　图 5-80

5.右脚从身前向左盖步，两腿交叉；同时右手握把下翻收于右腰侧，左手握枪内旋拿枪。（图 5-81 ）

图 5-81

6.左脚向前上一步，重心前移成左弓步；同时右手握把向前扎枪，力达枪尖。（面向正东，图 5-82 ）

图 5-82

第九式 乌龙摆尾左右防

1.重心右移，上体右转，右手向右抽枪把至右腰侧，左手滑握枪身中段；随即重心左移，右脚向前上一步，腰胯左转180°，两腿屈膝成马步；同时滑握枪身中段，左手滑握枪身前段；右手由后向前绕动，使枪把由后向前扫击；左手由前向后收于左胸前，使枪尖由前向左、向后绕行。目视枪把。（图5-83和图5-84）

图5-83　　　　　　　　　　　　　　图5-84

2.身体自然直立，左脚向右脚并步。同时两手滑握枪身中段，左手向上、向前绕环，使枪尖向上、向前抢绕；右手由前向下、向后绕环置于左腋下，使枪把由前向下、向后绕行。目随枪尖。（图5-85）

图5-85

3.上动不停，腰胯右转。同时左手向下、向后绕环，使枪尖由前向下经右腿外侧向后划半立圆，两臂交叉，左臂在上，枪尖向后。目随枪尖。（图5-86）

图 5-86

4. 上动不停。左手由后向上、向前绕环，两手分别向枪的两端滑握，右手滑握枪的把端，左手滑握枪身前段，使枪尖由后向上、向前划半立圆；随即右脚提起震脚，左脚向前迈步，两腿屈膝成半马步；同时右手握把下翻收于右腰侧，左手握枪内旋拿枪。（图 5-87 和图 5-88 ）

图 5-87

图 5-88

5. 重心前移，上体微左转，成左弓步。同时右手握把向前扎枪，力达枪尖。目视枪尖。（面向正东，图 5-89）

图 5-89

第十式　野马跳涧中平枪

1.重心后移，左脚尖点地，成左丁步；同时右手向后抽枪把，至右腰侧。目视枪尖。（图5-90）

图 5-90

2.右脚蹬地，左脚上步，同时两手持枪向前平伸扎枪。（图5-91）

图 5-91

3.上动不停。右腿屈膝向前上提摆，左脚蹬地向上起跳，身体腾空向前跃起；同时右手向后抽枪把，左手滑握于枪身中段，上体稍右转并做拦枪动作。（图5-92和图5-93）

图 5-92

图 5-93

4.上动不停。右脚先着地，继而左脚向前落步，两腿屈膝成半马步；同时做拿枪动作。（图5-94）

图5-94

5.重心前移，上体微左转，成左弓步。同时右手握把向前扎枪，力达枪尖。目视枪尖。（面向正东，图5-95）

图5-95

6.重心右移，上体右转，成半马步；同时右手向后抽把至右腰侧后握把上翻，左手握枪外旋拦枪；目视枪尖。（图5-96）

图5-96

7.上动不停。左脚向左侧跨一步，左腿撑，右腿蹬，成左弓步。同时左手伸臂向左平摆枪，使枪尖向左扫摆；右手置于左腋下。左手心向下，右手心向上。（面向正东，图5-97）

图 5-97

要点: 两手握枪,使枪向左平行横摆,力达梢段。

8. 右脚向前上一步,随即左脚跟步,前脚掌着地,成左丁步;同时右手由左腋处向下、向前、向上绕环,使枪把由向下、向前、向上弧形上挑,并滑握枪身中段;左手由前向上、向后、向下绕环,使枪尖由前向上、向后、向下绕行,并滑握枪身前段。目视枪把。(图 5-98 和图 5-99)

图 5-98

图 5-99

9. 以右脚跟为轴,身体向左后转 180°,成半马步。同时右手滑握枪把,左手滑握枪身中段,右手握把下翻收于右腰侧,左手握枪内旋拿枪。(图 5-100)

图 5-100

10.重心前移，上体微左转，成左弓步。同时右手握把向前扎枪，力达枪尖。目视枪尖。（面向正东，图 5-101）

图 5-101

第十一式　上挑滑车回身转

1.右腿独立支撑，左腿屈膝前提；同时右手向右上抽提枪把，左手从左膝外下滑握枪身前段，使枪尖从左腿外向下、向左横提，枪尖指向左后方。（图 5-102）

图 5-102

2.左脚向前落步，左腿撑，右腿蹬，成左弓步。同时右手向左前下推枪把，左手向右前下推枪身，并上滑握于枪身后段，使枪尖向前下拨动。目随枪尖。（图5-103）

图5-103

3.右脚向前上步，右腿撑，左腿蹬，成右弓步。同时右手滑握把端并沉腕下按枪把，左手向前上举枪并上滑握于枪身前段，左臂微屈，使枪尖上挑，枪身垂于地面，右手握枪把于右胯侧。目视枪尖。（图5-104）

图5-104

要点：左臂微屈，右手下按枪把起杠杆作用。

4.腰胯左转，右腿独立支撑，左腿屈膝前提；同时右手向右上提枪把，左手从左膝外下滑握枪身前段，使枪尖从左腿外向下、向左横提，枪尖指向左后方。（图5-105）

图 5-105

5.腰胯左转，右脚尖内扣，左脚向左前方落步，两腿屈膝半蹲，成半马步；同时右手握把下翻收于右腰侧，左手握枪内旋拿枪。（图 5-106）

图 5-106

6.重心前移，上体微左转，成左弓步。同时右手握把向前扎枪，力达枪尖。目视枪尖。（图 5-107）

图 5-107

第十二式　白蛇翻身枪锁喉

1.重心右移，腰胯右转，右腿屈膝，左脚尖内扣；同时右手向后直拉枪把，左手滑握枪身前段，右手松把，外旋变掌，掌心托枪把；左手则向前推枪并及时松开，使枪身在右掌上前滑，右手及时握住枪缨处。（图5-108 和图5-109）

图5-108　　　　　　　　　　　　　图5-109

2.腰胯右转，右脚后退与左脚并步；随即右脚向右跨一大步，右腿撑，左腿蹬，成右弓步；同时左手接握枪把于右手前，右手经胸前向右侧拉枪，左手随右手拉枪的同时，滑握于枪身后段。目视枪尖。（图5-110 和图5-111）

图5-110　　　　　　　　　　　　　图5-111

3.重心左移，上体左转，右脚尖内扣；同时右手握于枪缨处，经胸前向左推送，左手滑握枪身前段；随即左脚后退与右脚并步，同时上体左后转180°。（图5-112）

图 5-112

4. 身体继续左转，左脚向左跨一大步，左腿撑，右腿蹬，成左弓步。同时右手接握枪把于左手前，左手经胸前向左侧拉枪，右手随左手拉枪的同时，滑握于枪身后段。目视枪尖。（图 5-113）

图 5-113

5. 重心右移，上体右转，左脚尖内扣；同时左手握于枪缨处，经胸前向右推送，右手滑握枪身前段；随即右脚后退与左脚并步，同时上体右后转 180°。（图 5-114 和图 5-115）

图 5-114

图 5-115

6. 右脚向右跨一大步，右腿撑，左腿蹬，成右弓步。同时左手接握枪把于右手前，右手经胸前向右侧拉枪，左手随右手拉枪的同时，滑握于枪身后段。目视枪尖。（图 5-116）

图 5-116

第十三式 卞和携石凤还巢

1.重心左移，右脚收至左脚内侧，脚尖点地；同时右手握于枪缨处，经胸前向左推送；左手滑握枪身前段。当右手送至胸前时，使枪杆夹握于食指与中指之间，仍握在贴近枪缨处。目随枪尖。（图 5-117）

图 5-117

2.上动不停。右脚右跨步。同时右手指夹握枪缨处，向右平拉枪，使枪尖靠近喉部并向右平穿；左手向左滑握枪把并用手心顶住枪把，五指合抓把端。（图 5-118）

图 5-118

3.上动不停。重心右移,右手松握,左手向右推枪把,并及时松开,使枪继续在右掌上前滑穿枪。当枪把滑至右掌上时,应及时握住枪把,左脚向前上步,腰胯右转,随即右手向右抽枪把,左手前滑至握枪身中后段,目随枪尖。(图5-119)

图 5-119

4.上动不停。右腿经左脚后插步,同时右手握把上翻,左手握枪外旋拦枪。(图5-120)

图 5-120

5.左脚上步,两腿屈膝,同时右手握把下翻收于右腰侧,左手握枪内旋拿枪。(图5-121)

图 5-121

6.重心前移，上体微左转，成左弓步。同时右手握把向前扎枪，力达枪尖。目视枪尖。（图5-122）

图 5-122

7.右脚向前上一步，身体从左向后转180°，使枪头向左平扫；随即右腿独立支撑，左腿屈膝前提。同时右手随转体向右上抽提枪把，左手从左膝外下滑握枪身前段，使枪尖从左腿外向下、向左横提，枪尖指向左后方。目视前方。（图5-123）

图 5-123

8.左脚向前落步，两腿屈膝成半马步，同时左手滑握于枪身后段，由左向上、向前绕行，使枪尖由左上向前劈下。目视枪尖。（图5-124）

图 5-124

9.重心前移，上体微左转，成左弓步。同时右手握把向前扎枪，力达枪尖。目视枪尖。（图5-125）

图 5-125

10.重心右移，右腿屈膝半蹲；左脚后移半脚，脚尖点地，成左虚步。同时右手抽枪把于右腰侧，左手滑握枪身前段，左腕向下沉压，使枪尖上崩，目视枪尖。（面向正东，图 5-126）

图 5-126

收势

1.上体右转，左脚向后退步，成右弓步；同时右手向左前下推枪把，左手向右前下推枪身，并上滑握于枪身后段，使枪尖向前下拨动。目随枪尖。（面向正南，图 5-127）

图 5-127

2.右手沉腕下按枪把，左手向前上举枪并上滑握于枪身前段，左臂微屈，使枪尖上挑，枪身垂于地面。随即右脚向后退步，两脚与肩同宽，脚尖向前，成开立步；右手握枪把于右胯侧。目视枪尖。（图5-128和图5-129）

图5-128　　　　　　图5-129

要点： 左臂微屈，右手下按枪把起杠杆作用。

3.右手松握使枪落于身体右侧，把端触地，右手持枪于右胯旁，左手松握枪身上端。（图5-130）

图5-130

4.左手松开变掌，从右胸前向下、向左、向上慢慢绕环，高不过肩，掌心向上，左肘微屈。（图5-131和图5-132）

图 5-131　　　　　　图 5-132

5.上动不停。左掌以肘为轴，前臂上屈经右胸前，轻轻下按，落于左胯侧；同时左脚向右脚靠拢，身体自然站立。（图 5-133）

图 5-133

第六章　桩功

桩功在我国具有悠久的历史，经过数千年的传承和发展，已成为我国宝贵的传统文化遗产。桩功从运动形式分为静力桩与动力桩。本章介绍静力桩。静力桩外养形态，内固精神。在静止状态下，找身体肢体和身法的感觉，身正、体松、心静，腰、胯、膝松沉，膝盖（垂直线）不可超过脚尖，这是太极拳的入门功夫。

静力桩强调气息平静，以意导气，使气血运行通畅。通过站桩达到正体圆招、凝神劲整、壮内增力、稳固下盘。站桩时身体松沉、精神饱满、自然呼吸、气沉丹田，达到内外兼修的效果。其外在表现是身体放松、姿态端正、动作潇洒，其内在表现则是充满生机、充满活力、坚韧不拔。习练者在静止状态下，天人合一、守静生动，采天地之灵气，聚日月之精华。

关于站桩姿势的高低与时间的长短，因人而异，《武当三丰太极拳》云："高低桩位随自己，越低越久显功力"；随着习武者下肢力量的增强和运动技能的提高，逐渐延长站桩时间，逐渐加大下蹲幅度。太极拳的每个姿势都是"桩"，可以单独练一个动作，也可以把几个姿势组合起来练习。

第一节　无极桩

无极桩也叫自然桩，是修炼太极拳内功的重要桩法，是太极拳运动的根基。拳理说："太极者，无极而生，阴阳之母也。"练习此桩时心无杂念，周身放松，意形合一，阴阳相调，无形无象，是一种平衡和谐的内在运动。

动作方法：

身体自然直立，两脚并拢，重心在两脚涌泉穴，头颈端正，胸腹舒松，肩臂松垂，两手轻贴大腿外侧，脚要自然放松，意想足心吻地，聚气敛神，呼吸自然，意守丹田。松腰实腹，上虚下实。目视前方。（图6-1）

图 6-1

要点：

（1）立身中正，不偏不倚，不俯不仰；虚领顶劲（竖项），下颏微收；沉肩松臂，臂不贴身（虚腋），指尖贴腿；敛臀收腹（提肛），两膝微屈，脚踏实地，意在足心。

（2）此桩有三个原则：身正、体松、心静。其中心静指意守丹田，排除杂念。太极拳以此原则进行演练、变化，这是练好太极拳的第一步，这也是养生之道。

（3）意境：立身中正即以顶天立地的气势、气魄，来塑造自己刚强的形象，培养自己豪迈的气质。有人说，习武者在山顶上练功，是和宇宙接轨，山高、风大，站不稳容易被风刮的失去重心，因此站时一定要有精气神，站如钉、立如松。

（4）作用：培养元气，放松身体，稳固身体重心，端正身体姿势，增强腿部力量。

（5）收功：做数次深呼吸。呼气时意想将全身的病浊之气排出体外；吸气时意想把自然界的精华之气收进体内。

第二节 太极桩

动作方法：

（1）预备姿势：身体自然直立，两脚并拢。

（2）左脚向左轻轻开步，与肩同宽，两手慢慢向前平举，与肩同高，手心向下，两臂相距同肩宽，手指朝前，目视前方。

（3）两腿屈膝下蹲，右掌屈收于胸前，指尖向上，掌心向左，成胸前立掌，与胸一手掌距离，食指与鼻同高；同时左手五指第一指节捏拢成勾手，贴于身后腰椎位置，屈腕勾尖向上。意守丹田，聚气敛神，心静体松，前后平衡，耳听八方，目视前方。

（4）站 3~5 分钟后，左右手交替进行。

（5）两手慢慢下落至两大腿外侧，同时两腿慢慢直立，目视前方。

（6）左脚收至右脚旁，两脚并拢，脚尖向前，身体自然站立，呼吸平稳均匀，目视前方。（图 6-2 至图 6-5）

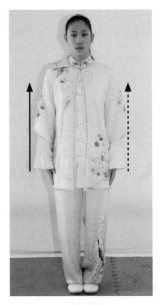

图 6-2　　　　　　　　　　图 6-3

图 6-4　　　　　　　　　　图 6-5

要点：

立身中正、虚领顶劲、下颏内收、牙齿轻合、嘴唇微闭、舌舐上腭、沉肩垂肘、含胸塌腰、敛臀坐胯、双脚平踏、足心吻地、涌泉穴空、周身放松、平心静气，用鼻自然呼吸，双眼似睁非睁，似合非合。做到手心空、脚心空、心中空（指：保持内心的空明），敬静练功。

第三节　怀抱日月

动作方法：

（1）身体自然直立，两脚并拢。

（2）左脚向左轻轻开步，与肩同宽，脚尖向前，目视前方。

（3）两手慢慢向前平举，与肩同高同宽，手心向下，肘微下垂。

（4）两腿屈膝下蹲，两掌轻轻下按至小腹前抱圆，即左手四指并拢微屈，手心向上，右手握拳（松握），手心向上；左手掌抱（托）着右拳贴在小腹前（丹田处）。聚气敛神，意守丹田，目视前方。

（5）站3~5分钟后，两手慢慢下落至两大腿外侧，同时两腿慢慢直立，目视前方。

（6）左脚收至右脚旁，两脚并拢，脚尖向前，身体自然站立，呼吸平稳均匀，目视前方。（图6-6至图6-8）

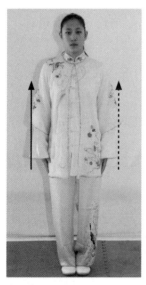 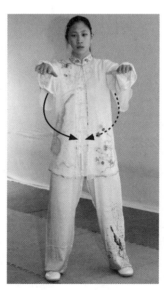 

图6-6　　　　　　　图6-7　　　　　　　图6-8

要点：

（1）"怀抱日月"：握拳的右手代表"太阳"，左手代表"月亮"；意想我们胸怀月亮和太阳，两臂的轮廓像日月一样圆，说明我们胸怀像日月那样博大。

（2）身体要领与"无极桩"同。要求"虚腋"，不要夹臂，两臂保持圆。膝与脚尖对正，不要里合，不要外展，否则容易使膝关节扭伤，这是太极拳在变化中的一个重要原则，也符合太极拳"圆裆"的要求，裆要松要圆，夹膝则不圆。

（3）练习时间：一般3~5分钟，如果单独练腿部力量，练稳定性，时间可以延长到10~20分钟。

第四节　混圆桩

1.动作方法：

（1）预备姿势：身体自然直立，两脚并拢，头颈端正，胸腹舒松，肩臂松垂，两手轻贴大腿外侧，脚要自然放松，意想足心吻地，聚气敛神，呼吸自然，意守丹田，目视前方。

（2）左脚向左轻轻开步，与肩同宽，两臂平举，与肩同高，手心向下，手指朝前，目视前方。

（3）两腿屈膝下蹲，同时两掌轻轻下按至胸前，沉肩垂肘，手心均向前下方，目视前方。

（4）两臂外旋，胸前环抱，掌指微屈，自然伸开，掌心向内，掌指相对，相距约10cm，如抱球状，意念平静，周身放松，目视前方。

（5）上述站一定时间后收势：两腿慢慢直立，两臂边内旋边前伸，高与肩平，手心向下，目视前方。

（6）两掌慢慢下落至两腿外侧，松肩垂臂；左脚收至右脚旁，两脚并拢，身体自然直立，呼吸平稳均匀；目视前方。（图6-9至图6-12）

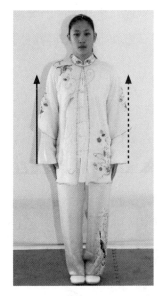 

图 6-9　　　　　　　　　　图 6-10

图 6-11　　　　　　　　　　图 6-12

2.动作方法：

（1）预备姿势：身体自然直立，两脚并拢，头颈端正，胸腹舒松，肩臂松垂，两手轻贴大腿外侧，脚要自然放松，意想足心吻地，聚气敛神，呼吸自然，意守丹田，目视前方。

（2）左脚向左轻轻开步，与肩同宽，两臂平举，与肩同高，手心向下，手指朝前，目视前方。

（3）两腿屈膝下蹲，同时两掌轻轻下按至胸前，沉肩垂肘，手心均向前下方，目视前方。

（4）两臂外旋，自然伸开，手心相对，掌指微屈，手与肩平，沉肩垂肘，目视前方（或两眼轻闭）。姿势分高桩、中桩、低桩，其中高桩和中桩两脚与肩同宽，低桩两脚宽于肩。

（5）上述站一定时间后收势：两腿慢慢直立，两臂边内旋边前伸，高与肩平，手心向下，目视前方。

（6）两掌慢慢下落至两腿外侧，松肩垂臂；左脚收至右脚旁，两脚并拢，身体自然直立，呼吸平稳均匀；目视前方。（图 6-13 至图 6-15）

图 6-13　　　　　　　　图 6-14　　　　　　　　图 6-15

要点：

（1）头直目正，松静自然，身体端正，虚领顶劲，颏向里收，含胸拔背，沉肩垂肘，松腰敛臀，聚气敛神，呼吸均匀。双脚平踏，足心吻地；膝不超过脚尖的垂直线。

（2）作用：一是练气，锻炼周身气血的活畅，心静体松，养气养神，均匀呼吸，深深吸气，徐徐呼气，逐渐达到至静至寂之境；练之气血平和，平和则畅达，畅达则气血活。二是练力，增强腿部肌腱及脚部韧带的力量和坚韧，并增强两手的掤劲。

第五节　三才桩

（1）预备姿势：身体自然直立，两脚并拢。

（2）左脚尖外摆 45°，两手外旋侧上举至头上方，手心相对，手指向上，目视前方。

（3）两掌向内，经脸、胸下按到腹前，掌心向下，掌指向前；同时两腿屈膝下蹲，重心右移，左脚前脚掌着地，目视前方。

（4）左脚向前上步，成三七步，重心三七分，前三后七，同时左手向前上方按出，坐腕立掌，掌指斜向上，掌心斜向下；右手坐腕按至小腹前并紧贴小腹部，掌指斜向上，掌心斜向下。眼看左手。左脚在前为左势，右脚在前为右势。

（5）左、右势交替练习后，前脚收到后脚旁，两脚并拢，同时两手外旋侧上举至头上方，手心相对，手指向上，深深吸气，目视前方。

（6）两手向前、向下慢慢下落至两腿外侧，松肩垂臂，身体自然站立，深深呼气，目视前方。（图6-16至图6-19）

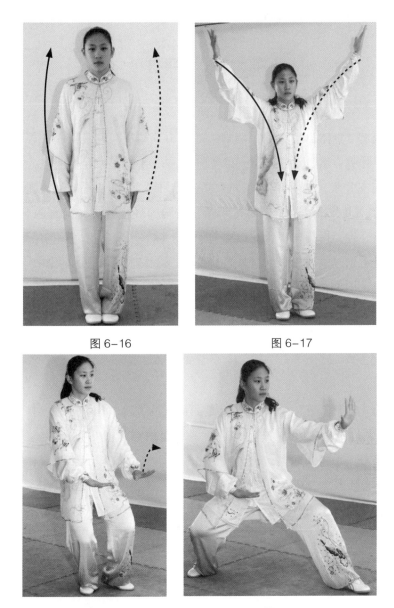

图6-16　　　　　　　　　　图6-17

图6-18　　　　　　　　　　图6-19

要点：

（1）身体端正，虚领顶劲，含胸拔背，松腰圆裆，沉肩垂肘，坐腕舒指，三尖相对（鼻尖、手尖、脚尖）。

（2）左、右势交替时上步或撤步，"三七步"前脚尖内侧与后脚跟内侧基本成一直线，双脚平踏，足心吻地。站此桩以轻松、灵活为好，不可用劲，以免僵滞。

上述五个静力桩为"静中求动"，就是在平静中锻炼内部气息的调动，求得气血和畅，锻炼劲力的增长和下盘的稳固。

第六节　四平桩

动作方法：

（1）预备姿势：身体自然直立，两脚并拢，头颈端正，胸腹舒松，肩臂松垂，两手轻贴大腿外侧，呼吸自然，意守丹田，目视前方。

（2）左脚向左开步，两脚间距为身高的一半，屈膝下蹲成马步，大腿用劲屈平，两脚尖用劲内扣，两膝用劲外撑；同时，两臂屈肘胸前环抱外撑，前臂内旋，手心向外，手指相对，四指并拢，拇指向下，虎口用劲张开，腕部用劲前撑，手指用劲向掌背伸张。意念怒奋，周身运劲，气贯丹田。以鼻徐徐吸气、徐徐呼气。目视两手。

（3）练习一定时间后，左脚回收到右脚旁，两脚并拢，同时两手外旋侧上举至头上方，手心相对，手指向上，深深吸气，目视前方。

（4）两手向前、向下慢慢下落至两腿外侧，松肩垂臂，身体自然站立，深深呼气，目视前方。

作用：

（1）此桩为"动中求静"，所谓动，就是通过气的鼓荡，周身运劲，在运劲的动中求得气血平静；所谓静，指在运劲中外示安逸，在怒奋的意念中外示平和。

（2）练习者在"手脚同时用劲"这一紧张的运动中，气却依然沉着、平和。如此日久锻炼：可以磨炼意志，去其浮躁，使内脏、呼吸、神经等系统适应紧张运动的需要；可以锻炼周身内外的整劲，使劲与气合、内与外合，达到一气贯通，内外协调一致。（图6-20和图6-21）

图 6-20　　　　　　　　　图 6-21

要点：

（1）头正悬顶，颏向里收，沉肩垂肘，挺胸、直背、塌腰、圆裆。做到四平，即"顶平、肩平、腿平、心平"。《华拳谱》中说："顶平则头正，肩平则身正，腿平则劲正，心平则气正。"

（2）时间安排：初练者每次站桩 1~2 分钟，站 1~2 次。

附录

一、太极拳之练习谈

杨澄甫口述

张鸿逵笔录

中国之拳术，虽派别繁多，要知皆寓有哲理之技术，历来古人穷毕生之精力，而不能尽其玄妙者，在在皆是，学者若费一日之功力，即得有一日之成效，日积月累，水到渠成。

太极拳，乃柔中寓刚、绵里藏针之艺术，于技术上、生理上、力学上，有相当之哲理存焉。故研究此道者，须经过一定之程序与相当之时日，虽然良师之指导、好友之切磋，固不可少，而最紧要者，是在逐日自身之锻炼。否则谈论终日，思慕经年，一朝交手，空洞无物，依然是门外汉者，未有逐日功夫。古人所谓，终思无益，不如学也。若能晨昏无间，寒暑不易，一经动念，即举摹练，无论老幼男女，及其成功则一也。

近来研究太极拳者，由北而南，同志日增，不禁为武术前途喜。然同志中，专心苦练，诚心向学，将来不可限量者，固不乏人，但普通不免入于两途，一则天才既具，年力又强，举一反三，颖悟出群，惜乎稍有小成，便是满足，遽尔中辍，未能大受；其次急求速效，忽略而成，未经一载，拳、剑、刀、枪皆已学全，虽能依样葫芦，而实际未得此中三昧，一经考究其方向动作，上下内外，皆未合度，如欲改正，则式式皆须修改，且朝经改正，而夕已忘却。故常闻人曰："习拳容易改拳难。"此语之来，皆由速成而致此。如此辈者，以误传误，必致自误误人，最为技术前途忧者也。

太极拳开始，先练拳架。所谓拳架者，即照拳谱上各式名称，一式一式由师指教，学者悉心静气，默记揣摩，而照行之，谓之练架子。此时学者应注意内外上下：属于内者，即所谓用意不用力，下则气沉丹田，上则虚灵顶劲；属于外者，周身轻灵，节节贯串，由脚而腿而腰，沉肩曲肘等是也。初学之时，先此数句，朝夕揣摩，而体会之，一式一手，总须仔细推求，举动练习，务求正确。习练既纯，再求二式，于是逐渐而至于习完，如是则毋事改正，日久亦不致更变要领也。

习练运行时，周身骨节，均须松开自然。其一，口腹不可闭气；其二，四肢腰腿，不可起强劲。此二句，学内家拳者，类能道之，但一举动，一转身，或踢腿摆腰，其气喘矣，其身摇矣，其病皆由闭气与起强劲也。

1.摹练时头部不可偏侧与俯仰，所谓要"顶头悬"，即若有物顶于头上之意，切忌硬直，所谓悬字意义也。目光虽然向前平视，有时当随身法而转移，其视线虽属空虚，亦为变化中一紧要之动作，而补身法手法之不足也。其口似开非开，似闭非闭，口呼鼻吸，任其自然。如舌下生津，当随时咽入，勿吐弃之。

2.身躯宜中正而不倚，脊梁与尾闾，宜垂直而不偏；但遇开合变化时，有含胸拔背、沉肩转腰之活动，初学时节须注意，否则日久难改，必流于板滞，功夫虽深，难以得益致用矣。

3.两臂骨节均须松开，肩应下垂，肘应下曲，掌宜微伸，手尖微曲，以意运臂，以气贯指，日积月累，内劲通灵，其玄妙自生矣。

4.两腿宜分虚实，起落犹似猫行。体重移于左者，则左实，而右脚谓之虚；移于右者，则右实，而左脚谓之虚。所谓虚者，非空，其势仍未断，而留有伸缩变化之余意存焉。所谓实者，确实而已，非用劲过分，用力过猛之谓。故腿曲至垂直为准，逾此谓之过劲，身躯前扑，即失中正姿势。

5.脚掌应分踢腿（谱上左右分脚或写左右起脚）与蹬脚二式，踢腿时则注意脚尖，蹬脚时则注意全掌，意到而气到，气到而劲自到，但腿节均须松开平稳出之。此时最易起强劲，身躯波折而不稳，发腿亦无力矣。

太极拳之程序，先练拳架（属于徒手），如太极拳、太极长拳；其次单手推挽、原地推手、活步推手、大捋、散手；再次则器械，如太极剑、太极刀、太极枪（十三枪）等是也。

练习时间，每日起床后两遍，若晨起无暇，则睡前两遍，一日之中，应练七八次，至少晨昏各一遍。但醉后、饱食后，皆宜避忌。

练习地点，以庭园与厅堂，能通空气，多光线者为相宜。忌直射之烈风与有阴湿霉气之场所，因身体一经运动，呼吸定然深长，故烈风与霉气，如深入腹中，有害于肺脏，易致疾病也。练习之服装，以宽大之中服短装与阔头之布鞋为相宜。习练经时，如遇出汗，切忌脱衣裸体，或行冷水揩抹，否则未有不罹疾病也。

二、太极拳说十要

杨澄甫口述

陈微明笔录

1. 虚灵顶劲　顶劲者，头容正直，神贯于顶也。不可用力，用力则项强，气血不能流通，须有虚灵自然之意。非有虚灵顶劲，则精神不能提起也。

2. 含胸拔背　含胸者，胸略内涵，使气沉于丹田也。胸忌挺出，挺出则气拥胸际，上重下轻，脚跟易于浮起。拔背者，气贴于背也，能含胸则自能拔背，能拔背则能力由脊发、所向无敌也。

3. 松腰　腰为一身之主宰，能松腰然后两足有力，下盘稳固；虚实变化皆由腰转动，故曰："命意源头在腰隙"，有不得力必于腰腿求之也。

4. 分虚实　太极拳术以分虚实为第一义，如全身皆坐在右腿，则右腿为实，左腿为虚；全身皆坐在左腿，则左腿为实，右腿为虚。虚实能分，而后转动轻灵，毫不费力；如不能分，则迈步重滞，自立不稳，而易为人所牵动。

5. 沉肩坠肘　沉肩者，肩松开下垂也。若不能松垂，两肩端起，则气亦随之而上，全身皆不得力矣。坠肘者，肘往下松坠之意，肘若悬起，则肩不能沉，放人不远，近于外家之断劲矣。

6. 用意不用力　太极拳论云：此全是用意不用力。练太极拳全身松开，不使有分毫之拙劲，以留滞于筋骨血脉之间以自缚束，然后能轻灵变化。圆转自如。或疑不用力何以能长力？盖人身之有经络，如地之有沟洫，沟洫不塞而水行，经络不闭则气通。如浑身僵劲满经络，气血停滞，转动不灵，牵一发而全身动矣。若不用力而用意，意之所至，气即至焉，如是气血流注，日日贯输，周流全身，无时停滞。久久练习，则得真正内劲，即太极拳论中所云："极柔软，然后极坚刚"也。太极拳功夫纯熟之人，臂膊如绵裹铁，分量极沉；练外家拳者，用力则显有力，不用力时，则甚轻浮，可见其力乃外劲浮面之劲也。不用意而用力，最易引动，不足尚也。

7. 上下相随　上下相随者，即太极拳论中所云："其根在脚，发于腿，主宰于腰，形于手指，由脚而腿而腰，总须完整一气"也。手动、腰动、足动，眼神亦随之动，如是方可谓之上下相随，有一不动，即散乱也。

8. 内外相合　太极拳所练在神，故云："神为主帅，身为驱使。"精神能提得起，自然举动轻灵。架子不外虚实开合。所谓开者，不但手足开，心意亦与之俱开，所谓合者，不但手足合，心意亦与之俱合，能内外合为一气，则浑然无间矣。

9. 相连不断　外家拳术，其劲乃后天之拙劲，故有起有止，有续有断，旧力已尽，新力未生，此时最易为人所乘。太极拳用意不用力，自始至终，绵绵不断，周而复始，循环无穷。原论所谓"如长江大河，滔滔不绝"，又曰"运劲如抽丝"，皆言其贯串一气也。

10. 动中求静 外家拳术，以跳踉为能，用尽气力，故练习之后，无不喘气者。太极拳以静御动，虽动犹静，故练架子愈慢愈好。慢则呼吸深长，气沉丹田，自无血脉贲张之弊。学者细心体会，庶可得其意焉。

三、太极拳论

王宗岳

太极者无极而生。阴阳之母也。动之则分。静之则合。无过不及。随曲就伸。人刚我柔谓之走。我顺人背谓之黏。动急则急应。动缓则缓随。虽变化万端。而理为一贯。由着熟而渐悟懂劲。由懂劲而阶及神明。然非用力之久。不能豁然贯通焉。虚灵顶劲。气沉丹田。不偏不倚。忽隐忽现。左重则左虚。右重则右杳。仰之则弥高。俯之则弥深。进之则愈长。退之则愈促。一羽不能加。蝇虫不能落。人不知我，我独知人。英雄所向无敌。盖皆由此而及也。斯技旁门甚多。虽势有区别。概不外乎壮欺弱。慢让快耳。有力打无力。手慢让手快。是皆先天自然之能。非关学力而有为也。察四两拨千斤之句。显非力胜。观耄耋能御众之形。快何能为。立如平准。活似车轮。偏沉则随。双重则滞。每见数年纯功。不能运化者。率自为人制。双重之病未悟耳。欲避此病，须知阴阳。粘即是走，走即是粘。阳不离阴。阴不离阳。阴阳相济。方为懂劲。懂劲后。愈练愈精。默识揣摩。渐至从心所欲。本是舍己从人。多误舍近求远。所谓差之毫厘，谬以千里。学者不可不详辩焉。是为论。

长拳者。如长江大海。滔滔不绝也。掤捋挤按采挒肘靠。此八卦也。进步退步左顾右盼中定。此五行也。掤捋挤按。即乾坤坎离四正方也。采挒肘靠。即巽震兑艮。四斜角也。进退顾盼定。即金木水火土也。合之则为十三势也。

四、拳经总歌

陈王廷

纵放屈伸人莫知，诸靠缠绕我皆依。
劈打推压得进步，搬撂横采也难敌。
钩掤逼揽人人晓，闪惊巧取有谁知。
佯输诈走谁云败，引诱回冲致胜归。

滚栓搭扫灵微妙，横直劈砍奇更奇。

截进遮拦穿心肘，迎风接步红炮捶。

二换扫压挂面脚，左右边簪桩根腿。

截前压后无缝锁，声东击西要熟识。

上笼下提君须记，进攻退闪莫迟疑。

藏头盖面天下有，攒心剁肋世间稀。

教师不识此中理，难将武艺论高低。

五、十三势歌

（作者待考）

十三总势莫轻视。命意源头在腰际。变转虚实须留意。气遍身躯不少滞。静中触动动犹静。因敌变化示神奇。势势存心揆用意。得来不觉费功夫。刻刻留心在腰间。腹内松净气腾然。尾闾中正神贯顶。满身轻利顶头悬。仔细留心向推求。屈伸开合听自由。入门引路须口授。功夫无息法自修。若言体用何为准。意气君来骨肉臣。想推用意终何在。益寿延年不老春。歌兮歌兮百四十。字字真切义无遗。若不向此推求去。枉费工夫贻叹息。

六、十三势行功心解

武禹襄

以心行气。务令沉着。乃能收敛入骨。以气运身。务令顺遂。乃能便利从心。精神能提得起。则无迟重之虞。所谓顶头悬也。意气须换得灵。乃有圆活之趣。所谓变转虚实也。发劲须沉着松净。专主一方。立身须中正安舒。支撑八面，行气如九曲珠。无往不利（气遍身躯之谓）。运动如百炼钢。无坚不摧。形如搏兔之鹄。神如捕鼠之猫。静如山岳。动如江河。蓄劲如开弓。发劲如放箭。曲中求直。蓄而后发。力由脊发。步随身换。收即是放。断而复连。往复须有折叠。进退须有转换。极柔软。然后极坚刚。能呼吸。然后能灵活。气以直养而无害。劲以曲蓄而有余。心为令。气为旗。腰为纛。先求开展。后求紧凑。乃可臻于缜密矣。

又曰。彼不动。己不动。彼微动。己先动。劲似松非松。将展未展。劲断意不断。又曰。先在心。后在身。腹松气敛入骨。神舒体静。刻刻在心。切记一动无有不动。一静无有不静。牵动往来气贴背。而敛入脊骨。内固精神。外示安逸。迈步如猫行。运劲如抽丝。全身意在精神。不在气。在气则滞。有气者无力。无气者纯刚。气若车轮。腰如车抽。

七、太极拳论

武禹襄

一举动周身俱要轻灵。尤须贯串。气宜鼓荡。神宜内敛。无使有缺陷处。无使有凸凹处。无使有断续处。其根在脚。发于腿，主宰于腰。形于手指。由脚而腿而腰。总须完整一气。向前退后。乃能得机得势。有不得机得势处。身便散乱。其病必于腰腿求之。上下前后左右皆然。凡此皆是意。不在外面。有上即有下。有前则有后。有左则有右。如意要向上。即寓下意。若将物掀起而加以挫之之力。斯其根自断。乃坏之速而无疑。虚实宜分清楚。一处有一处虚实。处处总此一虚实。周身节节贯串。无令丝毫间断耳。

八、打手歌

王宗岳修订

掤捋挤按须认真。上下相随人难进。任他巨力来打吾。牵动四两拨千斤。引进落空合即出。沾连粘随不丢顶。

陈式太极拳主要传递系统表

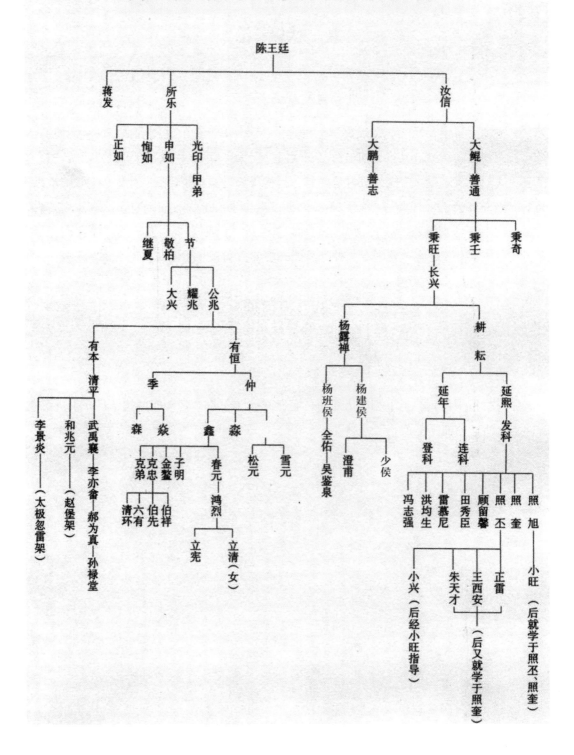

后 记

中国武术是民族文化的载体，融摄了许多中国传统文化的精髓，文化性是武术的灵魂，传承武术文化成为传承民族文化、进行思想道德建设、弘扬民族精神的有效途径，对增强民族自尊心、自信心、自豪感，发扬爱国主义，光大民族精神，具有深远的战略意义。近年来，随着《太极拳实战用法》《武术散手技法》《武术套路集成》等著作由浙江大学出版社相继出版之后，作者再次以弘扬中华武术文化为宗旨，以挖掘整理传统拳种为抓手，忙着完成本书的编写工作，意在为传承与传播传统文化尽微薄之力，尽应尽之责。

本书的编写得到了国家体育总局吴功玉同志的支持，得到了时任金华市人大常委会副主任江跃进，时任金华市体育局领导、金华市武术协会主席张国强，时任金华市体育总会秘书长张益民；得到了义乌市委、市政府、市人大、市政协领导以及楼建明、金洪卫、傅国斌、张凤德、陈文教等有关领导；《金华日报》首席记者王志坚，《义乌商报》首席记者林晓燕的重视和关注，他们或言语激励，或提出宝贵的修改意见；还得到了金华市体育局、金华市武术协会，义乌市委政法委、义乌市文化和广电旅游体育局、教育局、廿三里初中、武术协会、东方武馆等相关单位的大力支持。

此外，本书编写工作中还得到了多位专家教授及亲朋好友的帮助和支持。包括：为本书提供技术指导的中国武术九段、国家武术研究院专家委员会专家、国家级武术教练、中华武术百杰陈顺安，浙江大学体育系教授、博士生导师、国际A级武术裁判林小美，中国计量大学教授季建成，中国龙狮运动协会裁判委员会副主任、浙江省龙狮运动协会副主席、浙江师范大学副教授骆春燕，国家体育总局健身气功精英培养对象、健身气功援外教练、丽水市古琴协会主席、丽水学院副教授、博士晁胜杰，金华市武术协会副主席、义乌市武术协会主席吴冬虹，世界武术比赛冠军成成，全国武术冠军张征军、王国营、罗灯红，杨式太极拳第六代传人刘鸽飞，陈式太极拳第十二代传人、全国传统武术高级教练方艇，山东省梁山县梁山泊武术学校总教练孙久才等；担任本书医学顾问的陈洪森、王康；为本书提供历史资料的传统武术传承人王加锋；为本书提供音乐资料的丽水学院副教授晁胜杰、义乌市婺剧保护传承中心国家二级演员王建中；为本书提供出版指导的我国著名旅游地理专家、博士、二级教授、硕士生导师、浙江省高校教学名师、浙江商业职业技术学院旅游烹饪学院院长骆高远，浙江大学出版社责任编辑王元新；为本书提供摄影支持的中国摄影家协会会员、中国新闻奖获得者卢国良；为本书提供摄像支持的义乌盈嘉文化传媒有限公司总经理徐武军。还有一直致力于支持作者传承中华武术文化的浙江蓓蕾布艺有限公司董事长骆忠健，一直以来在背后默默给予支持的夫人宋妍萍和女儿骆艺……

值此该书付印之际，对以上所有帮助、支持、关心作者的人一并谢过。

骆广才

2022 年 3 月

参考文献

1. 刘金印 . 汪永泉授杨式太极拳语录及拳照 [M]. 北京：北京体育大学出版社，2010

2. 马虹 . 陈式太极拳拳谱拳法拳理 [M]. 北京：北京体育大学出版社 ,2010

3. 奚桂忠 . 杨式太极拳教程 [M]. 北京：北京体育大学出版社 ,2016

4. 崔仲三 . 传统杨式太极剑 [M]. 北京：人民体育出版社

5. 魏树人 , 齐一 . 杨式太极拳述真 [M]. 北京：人民体育出版社 ,2005

6. 顾树屏 . 杨式太极拳述真 [M]. 北京：北京体育大学出版社 ,2011

7. 周元龙 . 杨式太极拳 [M]. 北京：人民体育出版社 ,1994

8. 顾留馨 . 太极拳术 [M]. 北京：上海教育出版社 ,2010

9. 赵斌 , 赵幼斌 , 路迪民 . 杨氏太极拳真传 [M]. 北京：北京体育大学出版社 ,2009

10. 陈小旺 , 王东武 . 中国陈氏太极拳 [M]. 郑州：河南人民出版社，2009

11. 陈田良 , 张海松 . 汪永泉传杨式太极拳心法探秘 [M]. 北京：北京体育大学出版社，
    2015

12. 国家体委运动司 . 太极拳运动 [M]. 北京：人民体育出版社，1978